encia Piquer
e quiero: 1001 maneras de expresar el amor - 1a ed. -
uenos Aires : Grupo Imaginador de Ediciones, 2008.

SBN 978-950-768-622-1

ño de cubierta e interior: Agustina P. Noguerol
grafía de cubierta: Archivo Gráfico Editorial Imaginador

nera edición: enero de 2008

na hecho el depósito que establece la Ley 11.723
GIDESA, 2008

.S.B.N.: 978-950-768-622-1

Impreso En U.S.A.

Te Quier

1001 maneras de expresar el a

.Flor
Te
B

Dise
Foto

Prin

Se
©

N
tr
m
m
S

Te Quiero

1001 maneras de expresar el amor

El amor… 1001 maneras de expresarlo

El amor es un misterio que se revela de diversas maneras en nuestra vida y, en esencia, siempre es el mismo. Ese sentimiento que hace que a nuestros ojos se asomen las lágrimas sin un porqué, sin una razón, nos hace sentir vivos y potentes y es el motor que hace que funcionen todas las cosas.

El amor de pareja, pasional o reposado como un buen vino con el paso de los años; el amor que despiertan en nosotros los buenos amigos; el amor absoluto, casi imposible de describir, que sentimos por nuestros hijos; el amor de y hacia nuestros padres; el amor cargado de risas y complicidad con nuestros hermanos; el amor… presente en todos los actos de nuestra vida, tiene infinitas maneras de manifestarse.

En las páginas de este libro encontrarás frases que expresan muchas de estas maneras de amar, acompañadas de bellos textos que enseñan, ayudan e inspiran. Porque el amor es eso: inspiración para despertarnos cada día, y crecer, y aprender a vivir y a amar de nuevo, cada vez, con mayor intensidad.

Somos mucho más que dos

Mirar, de vez en cuando, el mundo con sus ojos.

Afortunadamente, ambos somos personas diferentes y con opiniones propias. ¡Qué aburrido sería pensar siempre de la misma manera! Pero tratar cada tanto de mirar el mundo con su perspectiva en lugar de utilizar la nuestra nos ayudará a comprenderlo/a más. Esta es una buena actitud a tomar cuando no nos ponemos de acuerdo. ¿Por qué no intentar ver el problema desde su punto de vista? Quizás nos ayude a darnos cuenta de que estábamos equivocados, o a hacerle comprender por qué es él/ella el equivocado/a.

Disfrutar cada segundo juntos.

A veces el ritmo vertiginoso de la vida y de nuestras actividades cotidianas nos hace perder de vista lo esencial. Muchas veces nos enfocamos en los grandes asuntos, en los grandes acontecimientos, y olvidamos que nuestro amor está hecho de pequeños gestos, de fugaces momentos, de miradas sutiles y plenas de significado. Disfrutemos cada minuto, cada segundo que pasamos juntos. Dejar que la vida transcurra no es lo mismo que existir. Hagamos que la pareja exista aquí y ahora, en este instante, cada segundo.

El amor es creer haber convencido al tiempo para que no pase.

RAMÓN GÓMEZ DE LA SERNA

Llevar una mesita al balcón para cenar a la luz de las estrellas.

La brisa cálida de la primavera… el perfume de las flores nocturnas… y nosotros dos, quebrando el silencio con risas y susurros, con secretos compartidos. Nosotros dos, rompiendo la rutina diaria, compartimos el final del día bajo las estrellas y volvemos a encontrarnos, volvemos a elegirnos. No hace falta preparar una gran comida, no hace falta tener el mejor champagne… sólo nosotros, y el amor que nos une.

Esconder un caramelo debajo de su almohada.

Hay pequeños gestos que dicen mucho. ¿Hace falta ser millonarios para demostrarle nuestro amor con un regalo caro? Sabemos que no, pues nos basta con ser millonarios en el amor. Y eso es lo que somos desde que estamos con él/ella. Aprovechemos un momento en que no nos vea y dejemos un caramelo debajo de su almohada, o alguno de sus dulces favoritos para que, al acostarse por la noche, descubra la sorpresa y nos regale uno de esos besos que nos gustan tanto.

Programar al menos una salida para los dos a la semana.

No hace falta que organicemos un gran acontecimiento. Tomémoslo como un recreo semanal para cambiar de aires y de costumbres, o como un antídoto para la tan temida rutina. Podemos proponerle un paseo por un parque, o tomar un café en un lugar pequeño y cercano a casa. Ver una película en el cine, o comer con amigos son excelentes opciones para compartir buenos momentos y salir de casa.

Declarársele solemnemente de rodillas.

Como seguramente lo habrán hecho nuestros abuelos, entre tímidos y nerviosos, frente a la mirada ansiosa y emocionada de nuestras abuelas, podemos declararle nuestro amor y proponerle, nuevamente, iniciar la aventura de querernos. ¿No es una bella manera de expresar lo que sentimos?

Porque el amor es más fuerte que los dioses y la muerte.

Teodoro de Banville

Contar hasta diez antes de comenzar una discusión.

¡Cuántas veces hemos deseado salir de casa pegando un portazo! ¡Cuántas veces nos ha irritado algo que nos ha dicho, o una falta de respuesta de su parte! Sí, es cierto, las discusiones muchas veces son inevitables y, hay que reconocerlo, son parte de nuestra vida como pareja; incluso pueden ser la antesala o la excusa para una deliciosa reconciliación. De todos modos, sabemos que son desagradables y que luego de ellas quedamos extenuados y, muchas veces, enojados y tristes. Por eso, aprendamos a contar hasta diez en nuestro interior, antes de iniciar una discusión. Tratemos de resolver nuestros malentendidos con una charla tranquila, y clarifiquemos en nuestra mente aquellos motivos que pueden estar llevándonos a iniciar una pelea. Quizás no valga la pena discutir, pues nada puede ser tan grave cuando el amor es tan fuerte.

Dejar que el amor nos guíe.

Nuestro barco no tiene brújula y la tormenta nos azota. Olas inmensas nos atemorizan y la noche, cerrada, no nos permite ver las estrellas. Todo parece estar oscuro a nuestro alrededor.

Cuando la vida parece convertirse en una tempestad, cuando una pelea no nos deja ver con claridad el camino a seguir, dejemos que el amor nos guíe para volver al puerto, para volver a casa, para volver al calor de nuestros cuerpos abrazados. Sólo hace falta bucear en nuestro corazón, para reencontrarnos con las profundas razones que nos hacen amarlo/a.

 **El amor es lo que nos pertenece sólo a nosotros...
el amor es nuestra libertad.**

Milan Kundera

Relajarse con una charla amena al costado de la carretera, en medio de un largo viaje.

Cuando viajamos no nos importa tanto el hecho de llegar como el viaje en sí. Para nosotros es tan importante el hecho de llegar como la forma en que lo hagamos. Disfrutamos de escuchar música en el automóvil, de conversar, e incluso nos detenemos cuando el paisaje nos gusta. Son esos pequeños momentos que después recordamos juntos, con una sonrisa compartida.

Cometer juntos una travesura.

¿Por qué no convertirnos, aunque sea por un rato, en viejos amigos de la infancia? ¿Por qué no escaparnos de una fiesta sin avisar a nadie, sólo por el placer de cometer una travesura, sólo por sentirnos cómplices? Porque es verdad: eso somos, además de muchas otras cosas. Cómplices del delito de amarnos, viejos conocidos, socios en el arte de alimentar el amor y la pasión que un día nació entre nosotros.

Encender juntos, cada día, la llama del amor.

Si no lo alimentamos, ese fuego que nos hizo arder al principio puede comenzar a extinguirse. El paso del tiempo y la rutina son sus mayores enemigos. Sólo de nosotros depende que la llama del amor permanezca encendida, y esta es una tarea de todos los días.

Este compromiso es de los dos y puede tomar la forma que más nos guste: un beso al despertar, una llamada telefónica a media tarde, flores frescas en un pequeño jarrón en su mesa de luz, o un abrazo inesperado mientras preparamos juntos la comida. No olvidemos nunca alimentar la fogata de nuestro amor con leños fuertes, tan fuertes, precisamente, como nuestro amor.

Hay que cultivar el amor día a día; si no, se evapora, se enfría y se pierde.

ENRIQUE ROJAS

Reconocer en nuestro interior que él/ella no es perfecto/a.

Puede sucedernos que al mismo tiempo que nos enamoramos de él/ella, nos enamoramos del amor, nos subyuga la sensación de estar enamorados, y esto puede llegar a enceguecernos. Son muchas las personas que han caído en la idealización del ser amado y lo han vislumbrado perfecto, impecable... inhumano.

Reconocer que él/ella no es perfecto/a es ni más ni menos que aceptarlo/a con sus virtudes —las que nos enamoran—, pero también con sus defectos, los que nos hacen amarlo/a con sinceridad, sin mentiras ni autoengaños y, sobre todo, sin decepciones.

Caminar abrazados por la orilla del mar, una tarde ventosa.

El sol hoy no ha salido pero nosotros no lo notamos. Caminamos descalzos por la playa y nuestros pies siguen un ritmo propio, único. Nosotros dos y el mundo, y esa gaviota solitaria que termina de darnos el marco perfecto para una caminata en la que dejamos que nuestra mente viaje lejos de aquí, en la que dejamos que los cuerpos se busquen y encuentren calor. Sólo nos importa sentirnos juntos, estar unidos.

Ayudarlo/a a descubrir su riqueza interior.

Todos pasamos por momentos difíciles; momentos en los que nuestra autoestima se ve disminuida. El amor es compañía, el amor es empuje y energía para seguir adelante. Nosotros hemos visto la belleza de su alma, sabemos de sus valores, de su capacidad de dar. No sirve de nada que, en el afán de acompañarlo/a, nos dejemos caer con él/ella. Nuestro amor es, también, una cuerda de la que puede tomarse, y rescatarse.

No permitir nunca que los celos invadan la relación.

Con los celos sucede algo parecido a lo que sucede con una caja de bombones: si comemos uno o dos, los disfrutamos; pero si nos damos un atracón no tardaremos en sentirnos mal. Los celos son un buen condimento de la pareja, en su justa medida: ¿a quién no emociona saber que su amado/a demuestra celos por alguna situación inocente? Eso sí: no permitamos nunca que los celos invadan nuestra pareja, pues lo tiñen todo de negro y, más rápidamente de lo que creemos, corroen los cimientos de la unión más fuerte de todas.

Lograr sentirnos uno, aun sabiendo que somos dos personas diferentes.

Nuestras diferencias nos enriquecen, sus opiniones —a veces opuestas a las nuestras— nos ayudan a crecer como personas. Pero aun siendo conscientes de que somos dos que nos hemos elegido, nos sentimos uno, sentimos que hay una energía común que nos hace invencibles frente a las adversidades. Podemos no estar de acuerdo en todo, pero estamos de acuerdo, completamente, en esas pocas cosas esenciales que nos hacen elegir, juntos, el mismo camino.

Amar a una persona es necesitarla, buscarla, ir tras ella, desearle lo mejor, aspirar a compartirlo todo.

ENRIQUE ROJAS

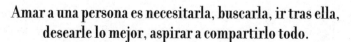

Aprender a llevar paz a su alma cuando atraviesa una tormenta.

Embarcarnos con él/ella no tiene sentido en estos casos. Debemos permanecer en el puerto, preparados para ayudarlo/a a atracar.

Cuando su alma está atravesando una tormenta, cuando un conflicto interno, del que quizás no sepamos nada, nubla su mirada, debemos mantenernos en calma y, con palabras reconfortantes, llevar paz a su corazón. Busquemos el momento adecuado para hacerle saber que estamos ahí, con pequeños gestos, como un abrazo o una nota llena de palabras dulces.

Enjugar sus lágrimas con besos dulces.

Sí, son lágrimas las que humedecen sus ojos y están a punto de rodar por sus mejillas. Ni siquiera hace falta que traigamos del arcón de los recuerdos esa promesa antigua y presente que decía "en las buenas y en las malas", porque se ha hecho carne en nosotros y está instalada en el corazón.

Besos, los más dulces, los más tiernos, besos parecidos a aquellos con que, seguramente, su madre alejaba los primeros dolores y las tristezas tempranas.

No esperar que él/ella se ocupe siempre de las mismas tareas.

Una pareja no se oxigena solamente haciendo un viaje o cambiando de casa. No olvidemos nunca que son también las pequeñas cosas, las cotidianas, las que llenan de matices diferentes esta relación única. Busquemos, entonces, intercambiar responsabilidades y tareas diarias como hacer las compras, o lavar el auto o, simplemente, preparar una deliciosa comida casera.

Ser pacientes cuando vuelve alterado/a del trabajo.

Ha tenido un mal día. Nos hemos dado cuenta y hemos hecho todo lo que estaba a nuestro alcance para que se sintiera mejor, pero aparentemente no alcanza esa comida que siempre le gustó, esas caricias con que lo/a hemos recibido, esa música relajante con que lo/a esperamos en casa.

Lo importante es no perder la paciencia y tener en claro que no somos causantes de su malestar. Enojarnos no es la solución. Es mejor estar cerca y esperando a que, de a poco, vuelva a ser quien es siempre para, en ese momento, ofrecerle nuevamente la bienvenida a ese mundo que es nuestro hogar, y que es sólo de nosotros dos.

Abrirle de par en par las ventanas de nuestro corazón.

Como en esas mañanas soleadas en que nos levantamos y, después de compartir un delicioso desayuno, abrimos de par en par todas las ventanas de la casa para que entre el sol y el aire puro. Sin reservas, sin miedo, abramos las ventanas de nuestro corazón para él/ella: la entrega total es la primera condición para un amor sincero.

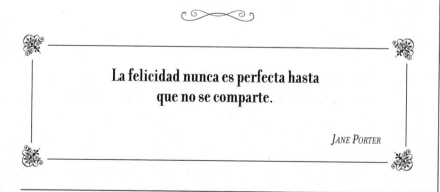

La felicidad nunca es perfecta hasta que no se comparte.

Jane Porter

Perfumar la casa con sahumerios o velas aromáticas.

La casa que compartimos es nuestro pequeño mundo, es el lugar donde recobramos fuerzas para salir a enfrentar la vida. De nosotros depende que en ella reine el equilibrio y la armonía. ¿Una clave?: los sahumerios con perfume de sándalo son ideales para desterrar la energía negativa acumulada y proteger el hogar.

Comenzar a decir "nuestro" en lugar de "mío".

Quizás nos cueste, porque llevamos mucho tiempo acostumbrados a la soledad, pero tengamos en cuenta que a medida que una pareja crece en su amor y en su confianza mutua, cambiar la palabra "mío" por la palabra "nuestro" es una de las mayores demostraciones de compromiso. Tomémoslo como un ejercicio, empezando de a poco, con pequeñas cosas: "nuestras vacaciones" o "estamos planeando tener una mascota para los dos".

Y lo que yo diga de mí, lo digo de ti, porque lo que yo tengo lo tienes tú y cada átomo de mi cuerpo es tuyo también.

WALT WHITMAN

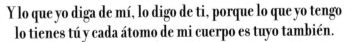

Imaginar la vejez juntos.

Ninguno de los dos sabe cuánto durará esta aventura, pero somos tan felices que nos gustaría que esto no se acabe nunca. Soñar la vejez juntos es una bella forma de reafirmar la intensidad de nuestro amor en el presente. Con ternura, nos imaginamos con el cabello plateado, el andar lento, siempre de a dos, cuidando la casa en la que recibimos a nuestros hijos y a nuestros nietos... ¡somos capaces de formar una gran familia!

Brindar por habernos encontrado el uno al otro.

¿La ocasión es especial? ¿Hace falta que las copas sean del más exquisito cristal? Sabemos que no, sabemos que el almuerzo o la cena de todos los días son el marco perfecto para que el brindis sea por habernos encontrado entre tantos millones de personas, por habernos elegido, por ser, justamente, nosotros dos.

Hacer todo lo necesario para concretar el deseo de seguir juntos.

Si bien para los dos el hecho de conocernos fue un milagro que se hizo hermosa realidad, sabemos que cada pequeño paso que fuimos dando fue consciente, sabemos que de nosotros y de nadie más depende que esta pareja crezca y se consolide.
Nadie vendrá a facilitarnos el camino asegurándonos un futuro lleno de felicidad. Somos nosotros los que debemos hacer todo lo necesario para concretar el deseo de seguir juntos.

No decir más "te lo dije".

En una pareja no pueden existir los juicios. ¿Qué derecho tenemos a dictar sentencia? Sí, es cierto, él/ella no siguió nuestro consejo y ahora paga las consecuencias de ese error. No es necesario lastimar con un "te lo dije"... ya lo sabe, ya se dio cuenta de que hubiera sido mejor hacer las cosas a nuestro modo. Pero convertirnos en jueces que lo saben todo implica una actitud de soberbia que no ayuda, y que nos aleja.

No dejar que los enojos empañen la alegría.

Hemos despertado esta mañana y, al mirar por la ventana, hacia fuera, el día nos ha recibido con un cielo cargado de nubes negras. Hace frío, ha comenzado a llover y una cierta melancolía se apodera de nosotros. En esos momentos, miremos al cielo: por encima de esas nubes tan negras está el sol, brillante, cálido, luminoso. Y las nubes, lo sabemos, son pasajeras. No dejemos que un enojo nos haga perder de vista nuestro propio sol: la alegría de los momentos compartidos.

Dejar que haga cosas por nosotros.

Dar y recibir... dar sin esperar la más mínima recompensa. Ese es el verdadero amor. ¡Cuántas veces hemos hecho cosas por él/ella, para ayudarlo/a, para aliviarle la tarea, para, simplemente, ser parte de sus cosas y de su vida! Dejemos de lado la autosuficiencia y esa actitud omnipotente que muchas veces nos critica, y aceptemos recibir la ayuda que tiene para darnos.

Enarbolar juntos la bandera del entusiasmo.

Nuestro amor es una fuerza poderosa que nos hace sentir capaces de derrotar monstruos y dragones, de rescatar príncipes y princesas, de navegar los mares más tempestuosos. El entusiasmo diario que sentimos, ese deseo de salir al mundo con alegría, nace de nuestro amor y debe ser la bandera que izamos al despertar.

El amor es lo que Dios creó en la tarde del séptimo día, para dar movimiento y vida a toda su obra anterior.

HERMANOS GONCOURT

Renovar el contrato que han firmado nuestros corazones.

Nos tenemos el uno al otro. Fueron nuestros corazones los que nos dieron los primeros indicios y luego nos fuimos conociendo, nos fuimos descubriendo. Ahora lo sabemos, sabemos que no nos hemos equivocado. Es el momento de que renovemos ese contrato tácito e invisible convirtiendo este acto en algo inolvidable, en una de esas ocasiones que merecen recordarse todos los años en un calendario.

Descolgar el teléfono en los momentos más románticos.

Ese mundo exterior que nos enriquece y nos hace aprender algo nuevo cada día puede desaparecer por un rato. Nosotros podemos huir de él y refugiarnos en el abrazo de los cuerpos desnudos que se buscan, se presienten. Nada nos interrumpe, el mundo puede esperar. Este momento es sólo nuestro.

No decirle que nosotros lo hubiéramos hecho mejor.

Hay quien dice que en cada ser humano conviven los siete pecados capitales y que aprender a reconocer este hecho es el primer paso para evitar cometerlos. La soberbia busca un lugarcito cuando nos damos cuenta de que lo hubiéramos hecho mejor. Reflexionemos y evitemos decirlo, porque también es cierto que no somos perfectos e infalibles y que él/ella, seguramente, hace otras cosas mejor que nosotros.

Aprender a sugerir en lugar de imponer.

¿Qué te parece si…? ¿No sería mejor hacerlo de este modo? ¿Y si pruebas de esta otra manera? Hay muchas formas amables de decir las cosas, y también hay muchas formas de imponer, presionar y obligar. Seguramente sabemos la respuesta a la siguiente pregunta: ¿cuál es la mejor forma de relacionarnos con él/ella?

No atormentarnos por cosas que no sabemos si van a suceder.

¿Qué provecho sacamos, qué sentido tiene dejar en suspenso nuestra vida y adelantarnos a los acontecimientos? ¿Es quizás el temor a que algún día este amor se termine? ¿Es quizás la angustia que nos provoca imaginar que se enamore de otra persona? No olvidemos que el miedo paraliza, no nos deja avanzar. No nos deja disfrutar del amor que nos brinda aquí y ahora, y que es el verdadero tesoro que tenemos que cuidar, si deseamos que dure toda la vida.

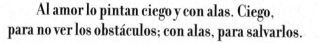

Al amor lo pintan ciego y con alas. Ciego, para no ver los obstáculos; con alas, para salvarlos.

JACINTO BENAVENTE

Aprender a comenzar de nuevo con él/ella, sin reproches ni resquemores.

Esta vez el desencuentro ha sido profundo y nuestras heridas todavía sangran. ¿Seremos capaces de comenzar de nuevo? La respuesta está en nosotros mismos: ¿podemos dar vuelta esta página de nuestra historia y comenzar a escribir de nuevo esta intensa novela de amor? Sólo nosotros sabemos si este amor merece otra oportunidad.

Penetrar en el fondo de su alma.

Desear conocerlo/a sin limitaciones, descubrir cuánto de bueno hay en su corazón, encontrar la llave que nos revele los secretos de su alma. Amar, amar, amar y después… volver a amar.

**Estar en compañía no es estar con alguien,
sino estar en alguien.**

A. PORCHIA

No dejar de ver la luz al final del camino, ni siquiera en los peores momentos.

Cuando pensamos que ya no vale la pena, o que no tiene sentido; cuando creemos que esto se terminó; cuando sentimos que el dolor se apodera de nosotros… abramos una pequeña ventana, aunque sea minúscula, por donde entre un solo rayo de luz: la esperanza.

Descubrir que ya no hace falta que nos comportemos como lobos solitarios.

Adiós a los días vacíos y las noches solitarias. Adiós a los largos silencios y a esa silla vacía en nuestra mesa. Ya no nos hace falta esa coraza alrededor del corazón. Él/ella ha llegado a nuestra vida y los muros se derrumban, y comenzamos a construir de a dos.

Esperar juntos la llegada del amanecer.

La noche se nos ha ido mucho más rápido de lo que imaginábamos. A los costados de la cama, nuestra ropa es mudo testigo, junto con la tenue luz de la luna, de nuestro encuentro. Ya no queda más vino en las copas y nosotros, embriagados de pasión, decidimos esperar la llegada del amanecer. Será el sol, entonces, quien cierre esta noche de amor con un broche de oro.

Imaginarnos solos, como únicos sobrevivientes de un naufragio, que llegan a una isla desierta.

El terror y la angustia han quedado atrás, dentro de ese barco que ahora vemos desaparecer en el horizonte. Exhaustos llegamos a esta playa desierta y paradisíaca, y somos los únicos. Los días se suceden unos a otros y ya ni siquiera deseamos que nos salven, porque nos sentimos salvados por el amor y la pasión que se despiertan cada noche, junto a esta fogata que entibia nuestros cuerpos, bajo estas estrellas que son únicos testigos de nuestra locura de amar sin límites.

Reconocer que en los celos hay más amor propio que amor.

La raíz de los celos está en nosotros mismos. Muchas veces nacen porque no creemos ser suficiente para él/ella; otras veces, porque nos parece insoportable la sola idea de que nuestro orgullo se vea herido por una posible traición. Antes de manifestarlos, reflexionemos: ¿no será que estamos atravesando una crisis personal, no será que nuestra autoestima ha decaído?

Hacer propia la frase que dice que el más poderoso hechizo para ser amados es amar.

Podemos recurrir a conjuros y hechizos, podemos conseguir el amuleto más poderoso, pero nada será tan efectivo para que nos ame como el hecho de amarlo/a, mimarlo/a, cuidarlo/a, todos los días, cada uno de los días de la vida.

Sentir el placer de vivir la vida con él/ella.

Desde que llegó a nuestra vida nos sentimos capaces de vencer en las más cruentas batallas, fuertes para enfrentar las más crueles tempestades, sensibles para saber apreciar la maravilla de la vida que nace cada día en cada flor que se abre en nuestro jardín.
Cada día, al despertar a su lado, sentimos el placer de estar juntos.

Permitirle que nos rescate.

Cuando sentimos que estamos solos en el ojo del huracán, y que todo gira a nuestro alrededor sin que podamos aferrarnos a nada, tenemos dos caminos: escondernos en nosotros mismos y cerrar los ojos, esperando a que la tormenta pase, o extender la mano buscando la suya, y dejar que nos rescate.

Sentir que podríamos seguir conversando con él/ella hasta nuestra vejez, sin aburrirnos nunca.

Este diálogo que hemos comenzado juntos, esta conversación que a veces deja de ser palabra y es gesto, y es abrazo, es lo que no queremos perder nunca. Hasta los silencios compartidos están llenos de significado para los dos. De nosotros depende, también, que esta conversación siempre se enriquezca con nuevos temas, nuevas formas, pero que conserve siempre el tono justo en que vibra el amor.

Nunca encerrar al amor en una jaula por temor a que se nos escape.

"Si amas a alguien, déjalo ir. Si regresa, es tuyo. Si no regresa, nunca lo fue". El amor, aprisionado aun en la más bella jaula de oro, se asfixia y muere.

El amor tiene gran ligereza y dos alas para volar; por consiguiente, no creáis que es tan fácil sujetarlo.

OVIDIO

Aprender a detectar los síntomas de haber caído en la rutina.

Si notamos que ya no nos abrazamos con la misma fuerza, o que las actividades que tenemos en común ya no nos entusiasman como antes, es posible que la rutina haya comenzado a hacer su lento trabajo de desgaste. Estemos atentos y demos un golpe de timón a nuestro barco, pues todavía estamos a tiempo de cambiar el rumbo.

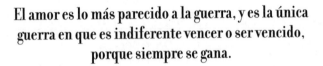

El amor es lo más parecido a la guerra, y es la única guerra en que es indiferente vencer o ser vencido, porque siempre se gana.

JACINTO BENAVENTE

Disfrutar de las pequeñas alegrías pero sin negar los momentos de tristeza.

Son los momentos difíciles los que nos hacen apreciar aún más las alegrías y la felicidad que nos brinda el hecho de estar juntos. Negar los momentos de tristeza sólo servirá para postergar el duelo y la angustia, y para empañar todo lo bueno que tenemos por vivir todavía.

Escribirle una notita que acompañe cada regalo que le hacemos.

Además de ese obsequio con el que queremos expresar tanto, ¿por qué no personalizar nuestro regalo acompañándolo con una breve nota que explique por qué se lo damos? No hace falta escribir una larga carta: dos o tres frases sentidas son suficientes para que sepa, nuevamente, cuánto pensamos en él/ella.

Hacerle un masaje relajante.

Con suavidad le vamos quitando la ropa y hacemos que se recueste sobre la esterilla que tenemos preparada. A un lado, las velas perfumadas y al otro, el pequeño cuenco con aceite de almendras. Nuestras manos ascienden lentamente por su espalda, la recorren, exploran, distienden y relajan. Todo nuestro cuerpo se involucra, al igual que los sentidos, en este diálogo mudo y lleno de sensaciones.

Evitar que queden cuestiones pendientes y sin aclarar.

Ahora recogemos los frutos. Ahora es cuando podemos reírnos francamente de aquellas discusiones de hace años. ¡Pensar que en aquel momento nos parecieron tan terribles! Ahora, a la distancia, nos damos cuenta de cuán importante fue aclararlo todo y no dejar nada pendiente, pues eso es lo que nos permite recordar los momentos difíciles sin rencor, y con alegría.

Compartir la misma filosofía de vida.

Podemos no estar de acuerdo en todo, podemos incluso discutir sobre temas importantes, pero es esa forma de ver la vida la que nos hermana, la base sólida sobre la que pueden darse nuestros pequeños desacuerdos sin que la pareja resulte lastimada.

Evitar caer tanto en la sobreestimación de su persona como en la subestimación.

Apreciarlo/a tal como es significa construir una pareja sincera, un amor sin engaños. Fantasear con que es un príncipe o una princesa ideales o, por el contrario, desvalorizarlo/a, son la base de un fracaso que, tarde o temprano, se nos revelará como una realidad.

Saber comprender las crisis típicas de cada edad.

Más allá de los vaivenes emocionales a que nos someten las cosas que nos van sucediendo a lo largo de la vida, hay crisis propias de cada edad, y debemos abrir bien los ojos cuando se produzcan. Ser comprensivos con él/ella y darnos cuenta de que el problema no es con nosotros es dar el primer paso para atravesar juntos esta crisis de la que, con amor y confianza, saldremos fortalecidos.

Respetar los momentos de soledad que cada uno necesita.

Todos necesitamos esos momentos de soledad en los que escuchamos nuestra voz interior, o en los que simplemente dejamos que nuestra mente descanse y se libere de pensamientos. Respetar esos momentos de soledad tanto propios como de nuestra pareja nos permite "volver" a él/ella con nueva energía, con más entusiasmo.

Utilizar siempre con él/ella la fuerza invencible de la dulzura.

Dejar un bombón de chocolate junto a la taza del desayuno, o sorprenderlo/a después de la cena con un helado cremoso que podemos comer de a dos son buenas maneras de simbolizar la dulzura que despierta en nosotros y son, además, de las mejores formas de comunicarnos que tenemos.

Todo el universo obedece al amor; amad, amad, todo lo demás no importa nada...

La Fontaine

No ser posesivos.

Cuando el más puro sentimiento se convierte en una cadena que atenaza y oprime, cuando cometemos el error de considerarlo/a de nuestra propiedad y llegamos hasta el punto de evitar que comparta momentos con amigos o familiares, sin darnos cuenta, vamos levantando un muro entre los dos que, más pronto de lo que creemos, será tan alto que nos impedirá seguir juntos.

No compararlo/a con nuestras parejas anteriores.

Todo lo que fuimos hasta encontrarnos con él/ella, todas las personas a las que brindamos nuestro amor fueron, de alguna manera, necesarias para que hoy estemos juntos. Todo fue parte del aprendizaje necesario para elegirnos. Estamos aquí y ahora, y somos felices... ¿de qué valen las comparaciones con el pasado, si siempre son odiosas y están deformadas por el cristal del paso del tiempo?

No avergonzarlo/a cuando llora delante nuestro.

Que este ser que tanto amamos, además, tenga la virtud de poder expresar sus sentimientos frente a nosotros sin esconderlos es, realmente, uno de los más grandes regalos que nos dio la vida. Llorar no es un síntoma de debilidad: la verdadera debilidad de una persona radica en tener miedo de mostrarse sensible.

No generar situaciones enigmáticas para darle celos.

¿Para qué llenar de nubes negras un cielo soleado? ¿Qué sentido tiene echar sombras sobre la luz de nuestro amor? Si sentimos que no nos demuestra el mismo amor de antes, hablemos, desnudemos nuestro corazón, pero no generemos situaciones que atenten contra la confianza que tiene en nosotros.

Ser celoso es el colmo del egoísmo, es el amor propio en defecto, es la irritación de una falsa vanidad.

HONORATO DE BALZAC

Eliminar de nuestro vocabulario la frase "yo te avisé".

En lugar de ponernos frente a él/ella, estemos a su lado. En lugar de subirnos a lo alto de una montaña, quedémonos juntos. Los reproches, las recriminaciones, ensucian este amor tan puro que sentimos. Confiemos en que sabe darse cuenta de los errores sin necesidad de que clavemos un puñal en su autoestima.

Permitirle que se equivoque sin culparlo/a.

Nunca olvidemos que nadie está exento de equivocarse. Convertirnos en jueces que, desde lo alto de un estrado, determinan culpas y castigos no es ni más ni menos que una manifestación de soberbia que termina en la soledad más absoluta.

No pretender que nuestros tiempos coincidan siempre con los de él/ella.

Tenemos ganas, él/ella no. Queremos salir a comer, él/ella prefiere quedarse en casa y ver una película en la televisión. No siempre deseamos hacer las mismas cosas todo el tiempo. El respeto por los deseos personales debe formar parte de nuestra pareja, aun cuando esos deseos nos parezcan tontos y sean muy diferentes a los nuestros.

Dejarle notitas románticas pegadas en la puerta del refrigerador.

Esta mañana es él/ella quien prepara el desayuno. Nos escapamos de la cama unos minutos antes para que, al abrir el refrigerador, encuentre esa frase boba que se nos ocurrió pero que, nuevamente, le confirma cuánto amor tenemos para darle.

Aprender a no quejarse por pequeñeces.

La vida, intensa y cambiante, a veces nos hace perder de vista la dimensión de las cosas realmente importantes. Así es como nos quejamos porque dejó su ropa sin ordenar, o porque olvidó el cumpleaños de nuestro padre. Si le hablamos de buena manera la queja amarga quedará en el cesto de las cosas que no sirven.

Un amante apasionado ama hasta los defectos de la persona a quien ama.

Molière

No descuidar el arreglo personal, aunque sea domingo.

Este domingo, el plan es quedarnos en casa para arreglar el jardín. Si llueve, optaremos por pasar toda la tarde viendo películas. No veremos amigos ni familiares, no saldremos y, sin embargo, estamos con él/ella, y sabemos que la seducción nunca debe perderse y quedar como un recuerdo de los primeros tiempos. No hace falta vestirnos y peinarnos como para una fiesta… pero cuidamos esos pequeños detalles de nuestro arreglo personal, con amor, para él/ella.

No preocuparnos si nos llaman locos por amar así.

Hay quienes no conciben que se pueda amar así porque nunca han sido amados de este modo, porque nunca han besado hasta quedar sin aliento, porque nunca han sentido la entrega total y absoluta.

Nos dicen locos, sí, y no nos importa, y nos sentimos orgullosos de estar locos, embriagados con esta pasión.

Renunciar una noche a salir con nuestros amigos para estar con él/ella.

Habíamos organizado esta salida con nuestros amigos desde hace mucho tiempo y la esperábamos con ansias y alegría. Pero él/ella no se siente bien y, aunque desde la cama su tímida sonrisa nos dice que no nos preocupemos, que salgamos a divertirnos, preferimos quedarnos a su lado, simplemente para darle amor y cuidados, simplemente porque el corazón nos lo indica, simplemente porque desde que estamos juntos, y gracias a él/ella, somos mejores personas.

Seguir fascinándonos con su mirada, a pesar del paso del tiempo.

Sus ojos de mirada franca, esa sonrisa que baila y brilla y que notamos en las pequeñas arrugas con que sabemos del paso del tiempo y que aparecen cada vez que ríe, y todo su rostro ríe, y sus ojos ríen y en su mirada nos vemos reflejados, bellos y eternos como el amor que sentimos.

Convertir en eternos los momentos buenos que pasamos juntos.

Disfrutamos tanto de los pequeños instantes de nuestra vida cotidiana como de los grandes acontecimientos. No nos importa la fastuosidad o la simplicidad de lo que nos rodea, si estamos juntos y pasamos un buen momento. El pasado y el futuro se borran: vivimos el presente y queremos que dure para siempre.

Asegurarnos de cuidar como un tesoro la confianza que depositó en nosotros.

Cuando, además de su amor, nos entrega su confianza, somos depositarios de uno de sus tesoros más preciados. Ninguno de nuestros gestos o de nuestras actitudes puede arrojar la más mínima sombra sobre este acto de entrega absoluta. No olvidemos nunca que la confianza es un cristal sensible que se quiebra ante la más leve de las vibraciones.

Pedirle su ayuda aunque no la necesitemos.

Demostrémosle, más allá de las palabras, con pequeños hechos, que lo/a necesitamos, no sólo para ser felices sino para concretar logros personales, para rendir un examen, para recuperarnos más rápidamente de un resfrío, para preparar la cena con que comenzamos a cerrar este nuevo día que hemos vivido juntos.

No echarle la culpa de nuestras insatisfacciones.

Puede ayudarnos en muchas cosas, pero nosotros tenemos la responsabilidad personal de crecer como personas y no dejar cuentas pendientes, proyectos propios sin concretar que nos generen insatisfacción. Estar conformes con lo que somos y con lo que hacemos significa ponernos de pie frente a la vida.

Enviarle una carta por correo declarándole nuestro amor.

El correo electrónico es más veloz y económico, pero, ¿por qué no buscar una forma romántica de declararle lo que sentimos? Dejemos que el corazón guíe a nuestra mano mientras escribe, y disfrutemos con su cara de sorpresa cuando en su buzón, una mañana, descubra nuestra carta de amor.

Adaptarnos a los cambios inherentes a la relación.

Afortunadamente, así como nosotros cambiamos y no somos los mismos de unos años atrás, nuestra pareja está viva y evoluciona. Como un río, que nunca es igual, que cambia de segundo a segundo con cada molécula de agua que fluye. Aceptar esta realidad significa reconocer que podemos crecer juntos.

Aceptar que tiene un pasado amoroso que no nos pertenece.

Sí, en un rincón escondido de nuestro corazón desearíamos haber sido su primer y único amor. No toleramos la idea de que haya conocido otro amor que no sea el nuestro. Pero debemos aceptar que es gracias a sus vivencias anteriores que hoy nos ama con tanta profundidad.

Cometer la hermosa locura de amarlo/a hasta el fin.

Así, con la intensidad del comienzo, con esta certeza del presente, sabemos que podemos amarlo/a hasta el fin, porque así lo deseamos en este preciso momento, aquí y ahora.

Preferir los comienzos a los finales.

Siempre, cada día, estamos comenzando algo juntos. ¡Cuánto mejores son los principios a los finales!
Así deseamos que sean las cosas entre nosotros: un eterno comenzar, un inicio perpetuo de planes, ideas y proyectos para realizar juntos.

No querer ser siempre el centro de atención.

Si estamos seguros de su amor, y sabemos, porque nos lo ha dicho, que somos el sol que ilumina su vida, ¿qué sentido tiene tratar de ser los protagonistas absolutos de esta historia en común? Esta película de amor tiene dos estrellas que brillan con la misma intensidad.

No perder nunca las esperanzas, pues hasta de la nube más negra cae agua pura y cristalina.

Los momentos difíciles nos ponen a prueba, y cuando afectan a la pareja debemos mantener la calma y pensar que de todo lo negativo siempre podemos obtener una enseñanza. Los momentos de crisis son, en realidad, oportunidades de cambio.

Dejar que tome las riendas de la relación cuando las circunstancias lo aconsejan.

Cuando sentimos que no tenemos fuerzas, cuando notamos que esa energía que nos impulsa hacia delante nos abandona, dejemos que él/ella tome las riendas y nos conduzca. Nos sentiremos protegidos, confiados en que, de su mano, todo saldrá bien.

Llegar a la conclusión de que somos mucho más que dos.

Somos mucho más que dos personas que se aman: somos la primavera explotando en cada jardín; somos el sol que se levanta, vigoroso, cada mañana; somos todos y cada uno de los amantes de este mundo.

Redactar juntos las leyes que rigen a nuestro amor.

Tenemos nuestro propio código y nadie nos lo ha dictado. Las leyes que rigen nuestro amor han salido de nuestra pluma, y son fruto de nuestros pequeños y grandes acuerdos.

Nunca mezclar amor con orgullo.

El orgullo es una gran cualidad, útil en muchos momentos de la vida, pero combinada con el amor siempre arroja resultados negativos. El orgullo puede hacer que nos ceguemos y que perdamos de vista que la persona que está ahí, enfrente nuestro, nos ama y nunca intentaría lastimarnos.

Ser puro sentimiento, pero conservar al mismo tiempo la capacidad de razonar.

Debemos tratar de encontrar ese delicado equilibrio entre el pensar y el sentir, intentando que en cada una de nuestras acciones haya un poco de cada uno. Tengamos en cuenta que quien olvida los dictados del corazón pierde sensibilidad para percibir los sentimientos del ser amado, y que quien se deja llevar sólo por los sentimientos no posee la claridad necesaria para discernir y reflexionar acerca de las cuestiones del amor.

Hacer que nuestro amor sea como la llovizna, que cae fina pero que puede lograr el desborde de los ríos.

Vamos construyendo este amor todos los días, con cada gesto de ternura, con cada palabra de aliento, con cada signo de confianza. No hacen falta grandes declaraciones ni juramentos eternos: vamos de a poco, con calma, pero con la seguridad de que esta relación es fuerte, gracias a los dos.

No pretender que esté siempre dispuesto/a a escucharnos.

A veces nuestros momentos no coinciden con los suyos. A veces encontramos silencio donde buscábamos palabras. Sabemos que no es falta de amor o de compromiso... debemos aceptar que él/ella no es un juguete que ponemos a funcionar cuando lo deseamos, con sólo apretar un botón. Es, nada más ni nada menos que una persona con sentimientos y necesidades propios. No olvidemos que el respeto debe estar siempre presente entre nosotros.

Detener el automóvil al costado de la carretera para escuchar a la naturaleza.

Estas son las pequeñas cosas que hacen que volvamos a elegirnos cada día. Nos gusta alejarnos cada tanto de la ciudad pero también nos gusta el solo hecho de viajar, además del hecho de llegar a un lugar para descansar. Juntos, disfrutamos de este maravilloso coro de sonidos que nos envuelve: la naturaleza y nosotros dos.

Descubrir el paraíso en cada beso de sus labios.

Nunca un beso es igual a otro. Ya somos expertos en el arte de besarnos, y por suerte no nos cansamos nunca, pues en cada beso está el paraíso, y cada beso nos confirma que no estábamos equivocados al elegirnos.

No dejarnos llevar por lo que los demás creen que debe ser una pareja.

No debe importarnos lo que los demás opinen, no debemos guiarnos por lo que los demás suponen que es una pareja. Por mejores intenciones que tengan, no saben qué tipo de lazos nos unen, y somos nosotros quienes mejor sabemos con qué arcilla modelamos nuestro amor.

El amor, como la milicia, rechaza a los tímidos
y a los pusilánimes que ignoran con qué ardor
se defienden las banderas.

Ovidio

Saber que lo importante no es el fin del camino que recorremos juntos, sino el camino en sí.

Nuestro barco va dejando atrás selvas, bosques, pueblos y ciudades y avanza, lento pero seguro, por este maravilloso río que siempre nos tiene una sorpresa preparada. No nos importa a dónde vamos, mientras vayamos juntos, mientras este viaje nos tenga como protagonistas de esta bella historia de amor.

Enamorarse es encontrarse a uno mismo en otra persona.

ENRIQUE ROJAS

Tirar a la basura las instrucciones para amar y dejar que el corazón nos guíe.

Todos tenemos algunos preconceptos acerca de cómo debe ser el amor. Hemos conocido a otras parejas y hemos visto cuál fue la forma de quererse que tuvieron nuestros padres. No olvidemos nunca que somos únicos, y que no siempre lo que funciona para otros funciona en nosotros. Quememos, entonces, las reglas escritas del amor y dejemos que el corazón tome las riendas.

Vencer el miedo con la fuerza de nuestro amor.

¡Cuántos miedos nos acechan! El miedo a la falta de compromiso, el miedo al abandono, el miedo a estar solos otra vez... No nos dejemos vencer por esta fuerza que nos paraliza y nos impide avanzar. Confiemos en nuestro amor, y en su vigor para disipar todas las tinieblas que a veces nublan nuestro corazón.

No perderle el respeto.

La pasión se puede extinguir, el amor puede tambalear, pero lo último que debemos perder es el respeto hacia esta persona tan amada. Llegar al extremo del insulto es perdernos a nosotros mismos como personas.

Asumir que él/ella no nos pertenece.

Sí, nos ama y se ha entregado sin reservas, pero nos equivocamos si creemos que esto significa que es nuestro/a. ¡Qué grave error! ¡Cuán caro pagaremos el hecho de tener esta actitud!

Estar siempre cerca para rescatarlo/a en los naufragios de su vida.

A veces tenemos que dejar de lado nuestras preocupaciones o problemas, porque notamos que una tormenta se abate sobre su vida. Allí estamos, a su lado, con la mirada franca y el corazón dispuesto al abrazo y al consuelo.

Dedicarnos a fabricar buenos momentos.

Algunos surgen espontáneamente, sin que lo esperáramos, pero hay ocasiones en que debemos ser nosotros quienes imaginemos un buen momento. Tomar juntos una simple taza de café, mientras hablamos de cómo ha sido nuestro día, o romper la rutina con un suculento desayuno en la cama, o salir a caminar una tibia noche de verano... fabricar un buen momento es más sencillo de lo que creemos.

Vivir la vida de manera de nunca tener que arrepentirnos de haberlo/a amado poco.

El amor que se posterga para más adelante se extingue y muere en el cajón de los asuntos pendientes. No sabemos qué nos depara el destino, pero sí sabemos que hoy es el día para amarnos y queremos vivirlo intensamente.

El amor es ciego: este proverbio es falso.
El amor abre grandes los ojos, hace clarividente.

ROLAND BARTHES

Extender nuestras manos para recibir la alegría que él/ella tiene para brindarnos.

Así es como debemos mostrarnos cada vez que tiene algo para darnos. Sin temores, sin dudas: nuestras manos son el fiel reflejo de lo que sentimos, y se abren dispuestas a recibir la alegría y, por supuesto, a dar, siempre dar.

Utilizar luces tenues para los momentos de intimidad.

A ambos nos gusta aquello que se vislumbra pero que no se deja ver del todo. A ambos nos atrae ir descubriendo nuestros cuerpos en la semipenumbra de la luz tenue de nuestra habitación.
A ambos nos gusta que sean nuestros labios y nuestras manos los que ven en lugar de nuestros ojos, los que exploran casi a ciegas, los que descubren, cada vez, el punto exacto del placer.

Aprender a llorar con todo el corazón, pues así aprenderemos a reír.

Tanto el llanto como la risa son parte importante de nuestras emociones. Aprender a expresarnos más allá de las palabras nos permite que él/ella nos vea tal cual somos y así, si esto fuera posible, sentirnos todavía más cerca uno del otro.

Guardarnos un último beso para antes de dormir.

El último, ese con el que nos decimos buenas noches... el beso con el que nos despedimos sólo por unas horas, ese beso que es preludio de aquel con el que nos recibiremos el uno al otro, al despertar.

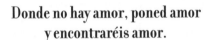

Donde no hay amor, poned amor y encontraréis amor.

SANTA TERESA DE JESÚS

No irnos nunca a la cama enojados.

Los asuntos que quedan sin resolver en el día, esa pequeña pelea que tuvimos por una tontería debe resolverse antes de acostarnos. Cada día que comenzamos juntos es una nueva posibilidad de querernos, de sonreírnos, de volver a empezar. Hagamos, entonces, que el día se inicie sin cuentas que saldar.

Tomar juntos las decisiones importantes.

Sabemos que confiamos el uno en el otro y que ya no es necesario consultarnos sobre aquellos pequeños temas de la vida cotidiana, pero nos reservamos siempre un momento para charlar sobre esos asuntos que requieren una decisión importante, y siempre la tomamos de a dos... nosotros dos.

Llevar juntos a nuestros hijos al colegio.

Los ojos se nos llenan de amor cuando los vemos crecer tan rápido. Cada vez que nuestros horarios nos lo permiten, viajamos juntos y los despedimos con un beso. Ellos entran al colegio, y nosotros nos miramos, sonreímos: hemos recorrido un largo camino.

Aprender a compartir las tristezas.

Lo/a conocemos tanto que no hace falta que nos diga que está triste. Falta el brillo en su mirada y a sus labios no se asoma la sonrisa de todos los días. El amor nos lleva hacia él/ella, para compartir este momento, con el mismo compromiso con el que compartimos las alegrías.

Volver a anudar el lazo que nos ata a su corazón.

Ese hilo invisible que nos une y que está hecho de gestos, palabras, silencios y caricias nos ata a su corazón sin ahogarnos. Ata nuestra existencia a la suya, y es más fuerte que la cadena más gruesa, y es más liviano que una pluma mecida por el viento.

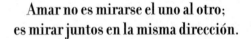

**Amar no es mirarse el uno al otro;
es mirar juntos en la misma dirección.**

Antoine de Saint Exupéry

Aprender a ceder.

Esos engranajes que habitualmente funcionan bien entre nosotros se han trabado. No es un buen día, y los dos creemos tener la razón. ¿Quién será el primero en ceder? La grandeza del corazón se demuestra en estas ocasiones en las que decidimos seguir adelante. Ningún desacuerdo puede ser más importante que el hecho de estar juntos.

Esperarlo/a para comer juntos, cuando llega tarde a casa.

Se ha hecho tarde. Las calles se han despoblado del bullicio del día y en casa reina el silencio. A pesar de que casi nos vence el sueño, el amor nos da la energía necesaria para esperarlo/a con un plato de buena comida casera, que compartimos tal como compartimos todo en nuestra vida.

Llamarlo/a para decirle "te extraño", aunque nos hayamos visto a la mañana.

Ese papel garabateado con palabras de amor que nos dejó sobre la almohada esta mañana ahora está aquí, en nuestro escritorio, mientras trabajamos. Hacemos un alto para volver a leerlo y, ¿por qué no? lo/a llamamos para devolver con un "te extraño" esta bella forma que ha encontrado para expresarnos su amor.

Aplacar su sed de caricias.

Como el agua fresca que fluye sin cesar y sin pausa de un manantial, nuestras manos se llenan de caricias para darle. Nacen en nuestro corazón como sentimiento y se transforman en gesto de todos los días, de cada momento.

Indicarle con delicadeza aquellas cosas en las que aún puede mejorar.

Con amor, sin juzgar y sin pretender dar lecciones de vida, tratamos de hacerle ver que es capaz de mucho más, que sabemos de su potencial y que estamos dispuestos a darle la mano para ayudarlo/a a dar un nuevo salto en su vida.

Aprender a agradecer los favores que nos hace.

El paso del tiempo puede llegar a engañarnos y hacernos creer que nos hace favores porque así debe ser y que ya no es necesario agradecérselos. ¿Por qué dar por sentado que debe ayudarnos aun cuando no se lo pedimos? Aunque sabemos que lo hace sin esperar nada a cambio, mantener entre nosotros la cortesía y el respeto es una de las cosas más importantes para construir una buena pareja.

Leer aquellos libros que brindan consejos para mejorar la relación.

A veces no alcanzan las buenas intenciones; a veces hace falta la muda compañía de un libro que nos brinde claves para salir adelante, para comprender esto que nos está sucediendo. No dudemos en recurrir a este tipo de lecturas si de salvar a nuestro amor se trata.

Esperar siempre más de la relación, aunque ambos estemos satisfechos con ella.

Este amor es plenitud y llena nuestra vida de colores y alegría, pero sabemos que puede ser aún mejor, aún más intenso y enriquecedor. Sin caer en una actitud de insatisfacción constante, esperar más de nuestra pareja es apostar al futuro.

Pedirle consejo a su madre si queremos hacerle un regalo muy especial.

La ocasión es única y así queremos que sea nuestro regalo para él/ella. Nos gustaría que sea inolvidable y de repente pensamos en algo que haya deseado mucho en su infancia y que nunca haya podido tener. Y allí está ella, fiel testigo de sus primeros pasos en la vida, compañera de buenos y malos momentos, memoria viva de toda la familia, para darnos la clave que necesitábamos.

Hacerle sentir que no lo/a cambiaríamos por nada del mundo.

Se lo podemos decir con una carta, se lo podemos decir a la cara, abrazo de por medio, o podemos escabullirnos en el baño, mientras se ducha por la mañana, y escribirlo en el espejo empañado por el vapor. ¡No lo/a cambiaríamos por nada del mundo!

Aceptar con gusto el compromiso que nos une a él/ella.

Comprometernos con este amor no significa quedar encarcelados. El amor es libertad, y este amor que sentimos, en lugar de sujetarnos, nos da alas para volar más alto.

Pedirle a las estrellas que no se vaya nunca de nuestro lado.

La noche es propicia para el romance. Juntos, nos tendemos en el césped y contemplamos las estrellas. ¡Cuántas veces le dijimos que lo/a queremos hasta el cielo y más allá! Las estrellas brillan en nuestro amor y reciben nuestro pedido: estar juntos para siempre.

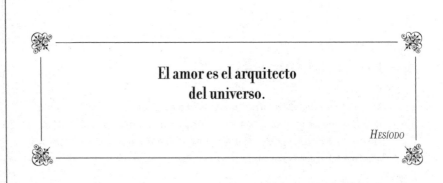

El amor es el arquitecto del universo.

Hesíodo

Dormir la siesta abrazados en un cómodo sillón.

El sol, tímido, entra por la ventana en esta tarde de otoño y nos brinda esa leve claridad que necesitamos para dejarnos llevar hacia el mundo de los sueños y, abrazados, dormir juntos en el sillón, más cerca, más juntos.

Vivir intensamente la relación día a día.

El tiempo es veloz, los días se suceden unos a otros y nos sorprende darnos cuenta de que acaba de pasar otro año. Es poco el tiempo que tenemos para los dos y quisiéramos vivir cien años de este modo: intensamente.

Asegurarnos de que nunca haya sombras entre los dos.

Quisiéramos que las cosas entre nosotros fueran siempre como esta mañana perfecta, en la que vemos alejarse esa única nube solitaria. El sol brilla en todo su esplendor y lo ilumina todo, con esa luz tan parecida a la que alumbra el camino que recorremos juntos.

Festejar el día de los enamorados.

Disfrutamos de este amor cada momento del año, pero el día de los enamorados nos brinda una excusa ideal para esmerarnos un poco más y sorprenderlo/a con un regalo, un beso y una nueva promesa de amor.

Escribir juntos la lista de los deseos de cada uno.

Escribiéndola nos hemos reído y nos hemos sorprendido, además de darnos cuenta de cuán importante es conservar siempre la capacidad de soñar y de desear grandes y pequeñas cosas.

Nuestras listas son muy diferentes, es cierto, pero a la vez tienen en común al más importante de los deseos: ambos deseamos ser tan felices como lo somos en este momento.

Preguntarle si está de acuerdo con que invitemos a alguien a comer a casa.

La casa es de los dos y quizás esté cansado/a y sólo tenga deseos de mirar un programa en la televisión, o de terminar de leer esa novela que lo/a tiene atrapado/a. El respeto se demuestra también en estas ocasiones, dándole la posibilidad de decidir.

Mantenernos atractivos para seguir seduciéndolo/a.

Seguir gustándole, más allá de lo que siente por nosotros, es uno de los condimentos básicos de la pareja. No descuidemos el arreglo personal, conservemos esa coquetería con que lo/a conquistamos, ese detalle que nos diferencia y que lo/a enamoró.

Conservar aquellos pequeños objetos asociados con los momentos pasados por los dos.

El libro que leímos durante nuestras primeras vacaciones juntos, en esa playa desierta. Las entradas para el cine de aquella película con la que lloramos juntos… la primera foto que nos tomaron con nuestro hijo en los brazos. Nuestra historia está grabada a fuego en nuestra mente, pero también la atesoramos con estos recuerdos, mudos testigos de lo que fuimos y de lo que somos.

Ser siempre los primeros en darle la bienvenida a nuestra vida.

Nuestros brazos se abren, sonreímos, lo/a miramos y corremos a su encuentro, para darle, como cada día, la bienvenida a nuestra vida. La cocina se llena de aromas exquisitos, por toda la casa vuela la música que nos gusta… nuestra fiesta personal está a punto de comenzar.

Quitar la maleza que le dificulta el camino por la vida.

A veces caminamos por una vereda florida, llana, sin obstáculos; pero otras, la vida hace que nos internemos en selvas espesas en las que acechan animales desconocidos. Si se le hace difícil avanzar, ayudémoslo/a cortando la maleza que le impide caminar junto a nosotros.

Programar juntos unas espléndidas vacaciones en un lugar exótico.

Nunca creímos que podríamos concretarlo pero aquí está, a nuestro alcance, la posibilidad de conocer ese remoto país que siempre nos ha subyugado.

Programar este viaje tan ansiado es, para nosotros, comenzar a vivirlo: elegir las excursiones, hacer la lista de lo que irá en las maletas, soñar con noches inolvidables y con días intensos.

Ofrecerle siempre un hombro en el que apoyarse durante los momentos difíciles.

Hagamos lo posible para que, en los momentos de angustia y de tristeza, sepa que puede contar con nosotros. Aquí estamos, a su lado, para darle la mano u ofrecerle un hombro en que apoyarse. Además de amantes, somos compañeros.

Demostrarle lo bueno que es ser socios en la vida.

Además de ser una pareja, somos socios en esto de vivir cada día y todos los días. Consultamos las decisiones importantes, vamos juntos por el mismo camino… nos proponemos ser siempre más y mejorar.

Aunque estemos en una fiesta multitudinaria, buscar siempre un momento para estar los dos solos.

La música nos invita a bailar y nuestros amigos comparten la alegría de esta fiesta. Por un momento nos hemos separado pero nos vemos, una mirada se cruza entre nosotros. Nos acercamos y, sin decirnos nada, buscamos un rincón para alejarnos del bullicio y besarnos.

**La vida es un ensueño, el amor su sueño.
Y habrás vivido si has amado.**

Alfred de Musset

Poner un toque impredecible en las cosas que hacemos juntos.

Dejemos librado algún detalle al azar, dejemos que sea el destino el que juegue también con nosotros y nos sorprenda en cada cosa que hacemos. No busquemos planificar todo al detalle para evitar esos deliciosos imprevistos que siempre nos arrancan una sonrisa.

Entregarle, sin dudar, la llave de nuestro corazón.

Por fin hemos encontrado esa pequeña caja estampada con delicados dibujos de flores. La llave calza perfecto en su interior. Escondemos nuestro regalo entre su ropa y, cuando lo descubre, le explicamos que ésa es la llave que abre los secretos de nuestro corazón, y que ahora es suya.

El amor es una bellísima flor,
pero hay que tener el coraje de ir a recogerla
al borde de un precipicio.

STENDHAL

No llevar a casa los problemas del trabajo.

Aunque a veces parezca imposible, debemos intentar que las preocupaciones del trabajo no viajen con nosotros de vuelta a casa, al final del día. Nuestro hogar es el sitio donde somos felices, es el nido que hemos construido de a dos, con amor. Allí sólo hay lugar para la ternura y las risas, para el abrazo de los cuerpos y la delicia.

Antes de una reunión importante de trabajo, llamarlo/a para desearle suerte.

Podemos dejar una notita dentro de su maletín, pero también podemos llamarlo/a unos minutos antes de esa reunión que lo/a ha tenido tan ansioso/a para desearle suerte y decirle que, como siempre, nuestros pensamientos estarán allí donde esté.

Recordar siempre el momento exacto en que comenzamos a amarlo/a.

Fue ese momento casi mágico en el que sentimos que el amor despertaba de su largo letargo y se nos revelaba como una verdad absoluta. Imposible olvidar el instante en que supimos que sí, que era él/ella la persona.

Dejar de decir "yo" para decir "nosotros".

Cada día que vivimos juntos es un paso más en este camino. Con cada paso que damos vamos construyendo esta identidad propia que tenemos como pareja. Ya somos "nosotros" sin perder nuestra individualidad.

No existe el amor, sino las pruebas de amor,
y la prueba de amor a aquel que amamos
es dejarlo vivir libremente.

Anónimo

Asegurarnos siempre de tener tiempo suficiente para estar juntos.

Aunque la vida nos ocupe en mil y una actividades, aunque las responsabilidades de llevar adelante una familia parezcan llenar todos los momentos, siempre hay tiempo para estar juntos. No debemos perdernos de vista entre nosotros, porque somos el núcleo vital que hace que todo lo demás funcione.

Tirar todas las cartas de amor de nuestros ex.

No renegamos de nuestro pasado porque gracias a todo lo que vivimos antes es que ahora estamos juntos. Nuestros amores anteriores, de alguna extraña manera, fueron necesarios para elegirnos mutuamente. Pero... ¿para qué guardar esas cartas que pueden llegar a lastimarlo/a? El presente somos nosotros, unidos. Levemos anclas de nuestro pasado, y partamos hacia la aventura del amor.

Sostenernos mutuamente cuando atravesamos momentos difíciles.

No estamos juntos sólo para divertirnos o pasar buenos momentos. Nuestro compromiso es total, e incluye apoyarnos el uno en el otro para atravesar de la mano las crisis y los dolores. Somos socios, somos compañeros, somos amigos, somos mucho más que dos que se aman.

Hacer que su familia se sienta bienvenida en la casa.

Sus padres lo/a ayudaron a crecer y siempre esperaron lo mejor para él/ella. ¡Cuán orgulloso/a puede sentirse de mostrarles que ha formado un hogar cálido y lleno de amor! Hagamos que su familia se sienta siempre bienvenida, con una buena comida y una sonrisa.

Ayudarlo/a a mantener la calma en los momentos de peligro.

Quizás el miedo también se apodere de nosotros, pero debemos tratar de mantener la calma para superar este momento de peligro, y ayudarlo/a a lograr el mismo objetivo. La mejor táctica es tener fe en que esto pasará lo más rápido posible, y los buenos tiempos volverán al hogar.

Coleccionar caracoles de las playas por las que caminamos juntos.

Caminamos despacio, en silencio, junto al mar. Las olas nos traen pequeños caracoles que recogemos y guardamos como un preciado tesoro de este delicioso momento que pasamos juntos. Los caracoles se transforman en recuerdos y ya forman parte de nuestra colección de objetos queridos. Verlos en casa nos lleva a viajar con la mente hacia aquella tarde inolvidable.

Hacer siempre las paces después de haber peleado.

En la libreta contable de nuestro amor la columna del "debe" está vacía. Todo es "haber" porque sabemos que las cuestiones pendientes, que no se resuelven, se enquistan en el corazón y lo endurecen.

Sumar nuestras voluntades para enfrentar cada día.

Cuando estamos juntos el amor se multiplica, se suma, crece. Nuestra voluntad es poderosa cuando nos aliamos para enfrentar cada día, y nos sentimos capaces de todo. Lo hemos comprobado: la vida se hace más sencilla cuando somos dos.

Respetar sus silencios.

Le hemos preguntado qué le sucede y no ha querido contestarnos. Su reacción nos descoloca y nos intriga. Con delicadeza nos ha dicho que prefiere no hablar en este momento. La grandeza del amor consiste también en saber esperar y en respetar sus silencios, sin atosigarlo/a, sin insistir.

Darle siempre una segunda oportunidad.

Cuando sentimos que el amor nos ha fallado y una espina dolorosa se clava en nuestro corazón tratamos de defendernos de esta herida y rechazamos el amor, para protegernos. Si los sentimientos de ambos son profundos y verdaderos las heridas pueden sanar más rápidamente de lo que pensamos, y es en ese momento cuando nos damos cuenta de que el más grande amor siempre está dispuesto a dar una segunda oportunidad.

Mirarlo/a siempre a los ojos.

El amor que sentimos es tan grande que brilla en nuestras miradas. Elegimos mirarnos siempre a los ojos, para decirnos cosas sin palabras, para continuar ese diálogo que iniciamos hace tiempo, en el que no tienen lugar las mentiras ni las traiciones. Miramos de frente, con franqueza, porque no hay secretos entre nosotros.

Convencernos de que para ser románticos no hace falta tener mucho dinero.

El más bello de los regalos es aquel que, independientemente de lo que nos ha costado, ha sido elegido con amor. Una simple flor robada de un jardín, una tarde de verano, puede más que el diamante más grande del mundo, si se la ofrecemos acompañada de nuestro corazón. Para ser románticos sólo hace falta llevar a la práctica el deseo de expresar nuestro amor.

**Nada es pequeño en el amor.
Aquellos que esperan las grandes ocasiones
para probar su ternura no saben amar.**

Laure Conan

Creer juntos en milagros.

Podríamos no habernos encontrado nunca. Podríamos haber durado lo que una lluvia de verano. Pero el milagro se produjo: de entre cientos de millones de personas nos descubrimos y juntos, descubrimos que el amor era posible. Los milagros existen... nuestro amor es un milagro.

Pedirnos consejo el uno al otro.

Sabemos que conformar una pareja no es solamente llevarse bien en la cama y sobrellevar sin disputas cada día. Afortunadamente la relación que nos une es mucho más compleja y tiene miles de matices.
Una de las cosas que más nos gustan es esta capacidad que hemos desarrollado entre los dos, de pedirnos consejo el uno al otro cada vez que lo necesitamos: saber que el otro está allí para escucharnos con atención y para darnos su opinión nos alivia y nos ayuda a encontrar la respuesta más rápido de lo que esperábamos.

Saber soñar con los ojos abiertos.

Nos hemos descubierto soñando juntos, con los ojos bien abiertos. Nos hemos descubierto imaginando planes, proyectando locuras, bien despiertos. Nuestros sueños pueden hacerse realidad, y lo hemos comprobado. Soñar de a dos nos hace sentir más cerca que nunca.

Que encuentre la cena caliente si llega tarde del trabajo.

Nuestros pequeños actos de amor y de cuidado se suceden unos a otros y nos definen como pareja. Mimarlo/a con una cena caliente, preparada con amor a pesar del cansancio, le hará saber cuánto nos importa.

Recordar que los hechos valen más que las palabras.

Podemos tener gran facilidad para decir que lo/a amamos, pero si estas palabras no se corresponden con hechos se diluyen en el mar de las promesas no realizadas. El amor se demuestra cada día con pequeñas acciones, con mimos y cuidados, con atenciones y ternura.

Distraerlo/a un poco si está pasando por una época llena de presiones.

No pretendemos que se olvide de los problemas porque debe enfrentarlos para poder solucionarlos. Pero, ¿qué sentido tiene obsesionarse cuando la solución todavía está lejos? Distraerlo/a con propuestas divertidas puede ayudarlo/a a lograr una nueva perspectiva de las cosas.

Asegurarse de no robarle tiempo para compartir con sus amigos.

Cuando una pareja se encierra en sí misma y deja de relacionarse con el mundo exterior se asfixia y muere. La amistad es uno de los tesoros más preciados con que nos premió la vida. No lo/a ahoguemos con un abrazo que excluye a sus amigos. El amor también es libertad.

Perseguir objetivos comunes.

¿Cuál es el sentido de estar juntos si no perseguimos ningún objetivo en común? ¿Somos una verdadera pareja o simplemente un hombre y una mujer que comparten la habitación?
Nuestro corazón conoce la respuesta.

Preguntarle siempre cómo ha sido su día.

No sólo nos interesa lo que sucede cuando estamos juntos. Parte de su mundo transcurre lejos, sin nuestra presencia física, pero esto no significa que no nos importe. Cuando nos reencontramos en casa intercambiamos impresiones sobre lo que nos ha sucedido y, de alguna manera, sentimos que nos hemos acompañado a lo largo del día.

Volver siempre al lugar donde nos enamoramos.

Ese café donde nos dimos cuenta de que sentíamos algo especial; esa callecita que caminamos despacio, conociéndonos; la esquina donde nos besamos por primera vez. Regresamos al lugar donde nos enamoramos y volvemos a mirarnos. ¡Cuánto hemos pasado juntos! ¡Qué buen comienzo el de esta historia de amor!

Estar dispuestos a pedir perdón.

El orgullo puede herir de muerte a nuestro amor. No estamos exentos de cometer errores y hasta podemos, sin querer, llegar a lastimarlo/a, pero el mayor daño no radica en equivocarnos sino en no saber pedir perdón.

Ayudarlo/a a cumplir con su dieta.

Aunque para nosotros sigue teniendo ese increíble atractivo de siempre, ha decidido ponerse a dieta.
Podemos ayudarlo/a preparando las comidas que le ha indicado el médico para que pueda llevarlas a su oficina, o plantearnos el objetivo de comer en forma más saludable por las noches.
Aunque nos morimos por comer ese pastel de chocolate que, hasta hace un tiempo, nos traía al sillón después de cenar…

No avergonzarnos de ser sentimentales.

Lo que sentimos es tan hermoso que no tenemos por qué ocultarlo. La debilidad no radica en mostrar lo que sentimos sino, precisamente, en ocultarlo, por temor o por vergüenza. Las personas deberían, en realidad, avergonzarse de sentir odio, envidia, rencor. Los sentimientos que nos unen son lo más bello que tenemos, y debemos estar orgullosos de ellos.

No alzar la voz cuando esté enojado/a por algún motivo.

Responder a su enojo con más enojo no nos llevará a ningún lugar y, en todo caso, nos dejará extenuados. En lugar de gritar, susurremos; en lugar de enojarnos, reflexionemos. Recordemos que los capitanes no pierden la calma ni aun frente a la más intensa de todas las tormentas, porque es el único modo de tener la mente clara para salir de ellas.

Partir juntos hacia una segunda luna de miel.

Ahora que nos conocemos más y mejor, ahora que hemos inventado entre los dos tantas nuevas formas de amar, ahora que a la pasión desenfrenada se ha unido la dulzura y la confianza ¿por qué no cometer la locura de partir hacia una segunda luna de miel?

Comer a la luz de las velas aunque no exista un motivo especial para hacerlo.

La tenue luz de las velas ilumina apenas los jazmines que perfuman la mesa, esta noche. Es la luz perfecta que necesitamos para este momento romántico que nació porque sí, sin ocasión especial que festejar, excepto por el hecho de amarnos un día más.

Comenzar el primer minuto del año con un beso apasionado.

A nuestro alrededor estallan las estrellas y refulgen los fuegos artificiales. El champagne llena las copas y despiertan la risa y el abrazo. Comenzamos juntos un nuevo año, y este primer minuto, ocupado en este beso apasionado, es el preludio de lo que vendrá, es el primero de miles de minutos de felicidad.

Mantener siempre vivo el sentido del humor.

Estar juntos nos permite, entre muchas otras cosas, hacer frente a las dificultades con optimismo y buen humor. Sabemos, por experiencia, que mantener vivo el sentido del humor es, ni más ni menos, que mantener viva a nuestra pareja. Hemos pasado juntos las más borrascosas tormentas y aquí estamos, riendo, felices, nuevamente.

Dar el primer paso y salir de la cama para preparar el desayuno.

¿Por qué no comenzar el día con una guerra de risas y almohadas para ver quién prepara el desayuno? ¿Por qué no descubrir la delicia de ser los perdedores y salir de la cama para sorprenderlo/a con el mejor desayuno de su vida? Así es como comienzan muchos de nuestros días, así es como elegimos empezar juntos cada mañana.

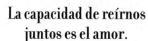

**La capacidad de reírnos
juntos es el amor.**

Françoise Sagan

Bailar mejilla a mejilla y con los ojos cerrados.

Pegados, corazón con corazón, sin palabras, dejamos que los cuerpos se amolden y busquen su encastre perfecto. La música nos transporta al mundo de las sensaciones y no nos importa nada de lo que hay a nuestro alrededor. Sólo sentimos la piel, sólo nos importa esta caricia, esta cadencia, esta otra forma de estar juntos.

Ir a la cama juntos pensando en comenzar de nuevo el romance.

La locura de los primeros tiempos, esa desesperación por no separarnos más de veinte centímetros ha dejado paso a este amor sólido, a este compromiso lleno de ternura y de promesas cumplidas y por cumplir. El romance continúa y se reinventa cada día, cada noche.

Ayudarlo/a a mantenerse en contacto con sus amigos y familiares lejanos.

Preguntémosle cuánto tiempo ha pasado desde la última carta, desde la última llamada telefónica. Ayudémosle a acortar distancias con sus afectos proyectando un viaje hacia aquella lejana ciudad en la que siempre lo/a recuerdan.

Hacer una cita con él/ella para almorzar un día de semana.

Hay un lugar vacío en nuestra agenda esta semana. ¿Por qué no llenarlo con una cita a solas, a plena luz del día, para compartir un almuerzo fuera de casa?

Hacerle saber que esto es sólo el inicio.

Hay mucho más. Esto es sólo una pequeña muestra de lo que tenemos para darle. Esto es sólo el comienzo. La fiesta todavía no ha empezado. Los invitados somos nosotros dos, y ya estamos aquí. Todo esto, que ya parece mucho, es sólo el inicio de lo que podemos llegar a ser juntos.

Ser siempre fieles.

Fieles con el corazón, y con el cuerpo. Fieles a nosotros mismos y a lo que sentimos. Fieles a su confianza, nos declaramos enemigos de la traición y la deslealtad. Nada empañará esto que sentimos.

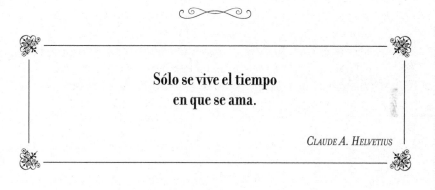

**Sólo se vive el tiempo
en que se ama.**

Claude A. Helvetius

Hacerlo/a sentir siempre especial.

Con pequeños detalles, con gestos mínimos, podemos hacerlo/a sentir siempre especial, tan especial como único/a, hacerle saber que lo/a preferimos para que esté a nuestro lado.

Hacerle saber que en la vida son las cosas pequeñas las que cuentan realmente.

Los grandes acontecimientos son grandes, precisamente, porque son poco comunes, porque no se dan todos los días. Son las pequeñas cosas, las que nos suceden a cada momento, las que cuentan realmente. El amor se demuestra más cabalmente con una caricia que se brinda cuando menos se la espera.

Dejarle un dulce mensaje de amor escondido entre las páginas del libro que está leyendo.

Lo/a vemos desde la ventana de la cocina. Se ha sentado en la vieja mecedora, bajo el sol del atardecer, con la taza de té que le ofrecimos y el libro en el que hemos escondido ese papel escrito a las apuradas, esa nota en la que le proponemos la próxima travesura que cometeremos juntos.

Visitar la casa donde pasó su infancia.

Aquí creció. De esa puerta salía todos los días rumbo a la escuela, pequeño/a, hermoso/a. Visitamos juntos la casa donde pasó su infancia y tratamos de imaginarlo/a corriendo por estas calles, planeando travesuras con o sin cómplices, en ese pasado que es suyo pero que ahora decide compartir y nos enseña.

Estar atentos a que coma bien y en forma saludable.

Quererlo/a también es cuidarlo, y preocuparnos porque coma en forma saludable. Nuestras abuelas nos dejaron una gran lección de vida: el amor se demuestra no sólo con besos sino con una deliciosa sopa casera, con un delicioso zumo de frutas naturales y, por qué no, con un suculento plato de pasta amasada con nuestras propias manos.

Hacerle un pequeño regalo, aun cuando no haya ninguna ocasión que lo merezca.

Hoy lo/a sentimos especialmente cerca; hoy, sin razón aparente, queremos darle algo, por más pequeño que sea. Cuando estos impulsos surgen en nosotros debemos hacerles caso, seguirlos y hacer que tomen la forma de un pequeño obsequio, simbólico y representativo de lo que sentimos.

Al menos, de vez en cuando, dejar que tenga la última palabra.

No siempre podemos ganar todas las discusiones. No siempre debe ser él/ella quien acabe cediendo ante un desacuerdo. A veces, aunque nos cueste, conviene dejar que tenga la última palabra en aras de la armonía de la pareja. El esfuerzo valdrá la pena.

Mantener siempre en pie las promesas que le hicimos.

Hay pocas decepciones tan grandes como las que provocan las promesas hechas con amor que no se cumplen. Es mejor prometer poco, pero con la certeza de que podemos concretar. El amor se nutre de ilusiones compartidas, y no de frustraciones.

Recorrer su rostro con besos dulces.

Con los ojos cerrados, dejando que los sentidos se despierten; recorremos su rostro con besos dulces, y exploramos su frente, sus párpados, el delicado puente de su nariz. De a poco llegamos a su boca, que nos responde gozosa, que premia nuestro amor con más amor.

Cuando el amor es feliz lleva al alma a la dulzura y a la bondad.

VICTOR HUGO

Regalarle nuestro amuleto de la suerte más querido.

¿Cómo demostrarle lo que sentimos? ¿Cuál de todas las formas posibles es la ideal? La respuesta es sencilla: si nacen del corazón, todas las formas de demostrar amor valen como oro. Incluso, desearle toda la suerte del mundo junto a nosotros regalándole ese pequeño talismán que nos acompaña desde hace años.

Ante la llegada de una buena noticia, que sea él/ella el/la primero/a en conocerla.

Cuando llega esa noticia tan esperada, y que nos llena de tanta felicidad él/ella es la primera persona en el mundo en quien pensamos. Compartimos buenos y malos momentos y conoce al detalle lo que guarda nuestro corazón. ¿Por qué no darle la primicia antes que a nadie?

Guardar en un lugar especial las cartas de amor que nos escribió.

Todas sus palabras de amor están grabadas a fuego en el alma y en el corazón, pero también guardamos con ternura aquellas cartas de los primeros tiempos, o esta última que nos envió sin motivo, para decirnos que nos quiere. Releerlas cada tanto nos hace confirmar por qué estamos juntos.

Si la llama del amor que nos une parece extinguirse, hacer todo lo posible para que vuelva a arder.

No estamos seguros de si es sólo el paso del tiempo, o si hemos dejado de hacer algo. Nos angustia notar que ya no nos besamos tanto como antes, o que discutimos por cosas sin importancia. No dejemos pasar estas alertas con que el corazón nos avisa que es hora de volver a avivar el fuego que puso calor en nuestro corazón.

Pedirle siempre permiso para tomar algo de su propiedad.

Una buena manera de demostrarle el respeto que sentimos por él/ella como persona es pedirle permiso para tomar algo suyo, aunque no sea necesario hacerlo, aunque nos diga lo contrario. El respeto se manifiesta también en estas pequeñas ocasiones.

Rescatar lo mejor de él/ella.

Si alguien se lo/a llevara y nos lo/a devolviera sin uno solo de sus defectos, no sería lo mismo, pues lo/a amamos totalmente, sin condiciones y sin reservas. Pero sabemos cuáles son aquellas virtudes que lo/a hacen único/a a nuestros ojos y, cuando atravesamos un mal momento, las rescatamos y las recordamos para saber que forman parte de su esencia inalterable y que son la razón por la que estamos juntos.

Aprender a valorar sus opiniones.

Construir una pareja estable y duradera tiene que ver, entre muchas otras cosas, con la admiración mutua que sentimos. Valorar sus opiniones es el resultado natural de estimar su inteligencia, su sentido común, esa suma de cualidades que hace que su palabra siempre nos resulte útil, tanto en los buenos como en los malos momentos.

Invitarlo/a a disfrutar juntos la aventura de vivir.

Nos gusta sentir cómo el viento nos golpea la cara. Nos gusta que el mar nos salpique con gotas saladas en el verano. Nos gusta galopar a campo abierto. Nos gusta el vértigo, nos gustan las nuevas sensaciones, nos gusta probar, nos gusta la sorpresa de lo inesperado. Nos gusta esta aventura de vivir, y decidimos disfrutarla juntos.

El amor verdadero, el amor ideal, el amor del alma,
es el que sólo desea la felicidad de la persona amada
sin exigirle en pago nuestra propia felicidad.

Anónimo

Ayudarlo/a a liberarse de sus inhibiciones.

Cuando estamos solos van cayendo, a medida que ganamos confianza, las sábanas con que el pudor hace que nos cubramos. No hay nada más hermoso en este momento que nosotros dos, amando sin fronteras, rompiendo las barreras. Sin inhibiciones, dejándonos llevar por la locura de amar sin final.

Estar cerca cuando él/ella está triste.

La tristeza es un sentimiento del que tendemos a escaparnos, por temor a que se nos pegue. Pero esta vez es él/ella quien sufre y entonces no nos importa, no tememos el contagio. Sólo nos interesa ayudarlo/a a emerger, a atravesar este momento sin negarlo, sin eludirlo. Estamos cerca, estamos juntos en esto también.

Escaparnos juntos a una ciudad romántica.

El escenario es perfecto para lo que sentimos. En la esquina un músico callejero interpreta una dulce balada y nosotros, sentados en una de las pequeñas mesitas de este café, nos regalamos besos y miradas y luego caminamos sin rumbo, perdidos, descubriendo rincones, descubriendo que aún nos queremos como el primer día.

Abrazarnos en el cine, como dos adolescentes.

La oscuridad de la sala nos hace un guiño cómplice y el frío de la calle todavía no se nos ha quitado. La película que elegimos es de amor, y todo se confabula para que al fin nos acomodemos y nos abracemos, como dos adolescentes que suspiran juntos con su primer amor.

Saber decir que sí.

No sólo con palabras, no sólo con acciones. Todo nuestro ser le dice que sí, nuestro cuerpo le dice que sí, nuestro corazón se lo grita. Nos lo ha enseñado, lo hemos aprendido. ¡Cuánto más maravilloso es saber decirle que sí!

Regalarle un bombón cuando está por irse a trabajar.

Además del beso de todos los días, hoy hay un bombón en nuestras manos, y es para él/ella. Con él se lleva toda nuestra dulzura para que lo/a acompañe durante el día y nos lo/a devuelva por la noche, nos lo/a traiga a casa, donde lo/a esperamos con más ternura para dar.

Festejar el simple hecho de estar juntos.

Esta vez no sucede nada en especial. No... nadie cumple años, y no hay un aniversario como excusa. Festejamos que estamos juntos con una buena comida, con una salida romántica, con una noche de amor.

Ser siempre tiernos con él/ella.

La ternura puede expresarse de mil maneras: con un beso en la frente, con una caricia en la espalda, con una mirada, con un "te quiero" dicho entre susurros. Lo importante es que siempre esté presente entre nosotros, en la casa, para convertirnos cada uno en el remanso del otro, en ese universo cálido y acogedor al que siempre queremos regresar.

Regalarle siempre nuestra sonrisa más bella.

Intentemos que, al vernos, siempre encuentre una sonrisa franca, de esas que también hacen brillar la mirada. El optimismo, el buen humor, la alegría son los que llenan nuestro hogar de energía positiva y nos impulsan a seguir adelante.

Intentar que el amor que nos une dure para siempre.

Sí, porque aunque no tenemos las riendas del destino, de nosotros depende, en gran medida, que este amor no se apague, que este amor nos dure para siempre. Juntos podemos intentarlo... juntos podemos lograrlo.

No dejar que sea siempre él/ella quien toma la iniciativa en el sexo.

Cuando los roles son cubiertos siempre por las mismas personas la energía encuentra obstáculos y no fluye como debería. Y el sexo no escapa a esta premisa: si es él/ella quien siempre toma la iniciativa, robémosle esta responsabilidad y seamos nosotros los que proponemos, al menos por esta vez, el encuentro íntimo que siempre nos regalamos.

Sellar con un beso las cartas que le enviamos.

Entre los dos van y vienen mensajes de amor. A veces son cartas que nos trae o que lleva el correo; otras, son simples notas, con tres o cuatro palabras, que expresan lo que sentimos en el momento. Siempre terminan con un beso: el perfecto broche para todo lo que emprendemos juntos.

Mantenernos cerca de sus amigos en los momentos difíciles.

Sabemos lo importantes que son para él/ella, sabemos cómo y cuánto los quiere. Si sus amigos pasan por un momento difícil, cómo no devolverles algo del afecto con que llenan su vida, estando cerca, para ayudar en lo que sea necesario.

Proyectar juntos la casa de nuestros sueños.

No sabemos cuándo sucederá, pero tenemos la certeza de que si empezamos a soñarla, comenzará, de a poco, a convertirse en realidad. La casa de nuestros sueños se llena de detalles: imaginamos cada rincón, discutimos por el color de las paredes, reímos por esa idea loca que descartamos tan rápido como se nos ocurrió. Soñar con ella es, de alguna manera, comenzar a construirla.

Tomar su brazo al caminar.

Durante los primeros tiempos no dábamos un paso sin tomarnos de la mano e incluso nos gustaba caminar abrazados. Luego, las obligaciones en común, los apuros a que nos someten nuestras actividades diarias o quizás el simple paso del tiempo hicieron que reserváramos muchos gestos de amor para escasos momentos. ¿Por qué no volver a esa maravillosa forma de contacto físico que implica el hecho de caminar tomados de su brazo?

Decir, con palabras, todo lo que sentimos por él/ella.

Es un buen ejercicio, porque a veces los sentimientos están allí sin que nos demos cuenta y, cuando nos sentamos a escribir sobre ellos, surgen y se manifiestan. Podemos, entonces, escribir primero sobre lo que despierta en nosotros este amor, para después correr a decírselo.

Amor es un fuego escondido, una agradable llaga, un sabroso veneno, una dulce amargura, una deleitable dolencia, un alegre tormento, una fiera herida, una blanda muerte.

Fernando de Rojas

Recrear el clima de la primera cita.

La tenemos grabada en nuestra mente en sus más mínimos detalles. Las sensaciones de aquel momento mágico siguen estremeciéndonos, aun después del tiempo pasado. El lugar no tiene por qué ser el mismo, pues nosotros, de alguna manera, no somos las mismas personas que éramos entonces, pero el clima de intimidad puede recrearse nuevamente y hacernos sentir como el primer día.

Decidir juntos tener un hijo.

El vértigo se apodera de nosotros con sólo pensarlo. ¡Todo cambiará! ¡Nada será como antes! El corazón se nos encoge de emoción al imaginarlo. Este amor ya ha madurado y está preparado para dar su primer fruto. Este amor se multiplica y está a punto de darnos el regalo más grande del mundo.

Habituarnos a hacerle pequeños favores.

Se nos ha hecho una bella costumbre ayudarlo/a aun cuando no nos lo pide. Planchar la ropa que se pondrá mañana para ir a trabajar, acomodar los papeles de su escritorio o comprar ese perfume que se le acabó y que no consigue por ningún lugar son algunas de las pequeñas cosas con que le demostramos cuánto nos importa que se sienta querido/a.

Mantener encendida la llama del amor.

No debería costarnos ningún esfuerzo si el amor fluye entre nosotros sin obstáculos, sin trabas. No debería ser nunca una tarea pendiente, de ésas que vamos postergando semana tras semana. Mantener encendida la llama del amor es más sencillo de lo que creemos, y podemos hacerlo todos los días, amándolo/a... sencillamente amándolo/a.

Organizar, a último momento, una escapada de fin de semana.

Los bolsos están preparados junto a la puerta de entrada. Le hemos pedido que llegara temprano porque nos reservamos una sorpresa. Sobre la cama está la ropa que hemos separado para que se cambie y deje atrás esta semana agotadora. Lo hemos planificado todo, excepto aquello que sólo los dos somos capaces de hacer juntos.

Pedir juntos un deseo cuando pasa por el cielo una estrella fugaz.

La arena de la playa todavía conserva algo del calor del día y nos tendemos sobre ella, plenos y felices después de un día inolvidable. El cielo se nos abre increíble, con más estrellas de las que podíamos imaginar. Siempre hay un deseo por realizar, y lo formulamos juntos, casi como una promesa que nos proponemos cumplir, cuando esa estrella fugaz nos sorprende y nos maravilla.

Prepararle la mejor receta de cocina de su madre.

Llega de la calle y, apenas abre la puerta, los aromas despiertan recuerdos de otra época. Enseguida los identifica y sonríe. Se acerca a la cocina y allí nos encuentra, rezongando entre ollas y sartenes porque nos hemos olvidado de comprar ese ingrediente fundamental de la receta, ése que su madre considera infaltable para que resulte perfecta. No deja de sonreír y lo adivina todo, y nos contagia su sonrisa, y disfrutamos juntos de este nuevo momento del amor.

Dejarle un mensaje de amor en una ventana empañada.

La nieve cae en espesos copos fuera de la casa. Aquí, el calor de los leños nos invita al descanso. Es hermoso pasar el rato contemplando este bello paisaje que nos regala el invierno. Él/ella se acerca a la ventana y siguiendo la inspiración del momento nuestro dedo dibuja un corazón y luego escribe nuestros nombres sobre el vidrio empañado.

Escribirle un poema de amor.

¡Sí, no importa que nunca lo hayamos hecho, o que ninguno de los mil borradores que hicimos nos deje satisfechos! No importa que la rima no sea perfecta, o que la métrica no responda a ninguna regla. Son nuestros sentimientos los que están allí, en ese papel en el que hemos escrito el poema que ahora, con nervios, le entregamos.

Al contacto del amor todo el mundo se vuelve poeta.

Platón

Proyectar un futuro juntos.

Si de nosotros depende, esto duraría toda la vida, y es lo único que nos importa. ¿Para qué empañar esta alegría presente con incertidumbres y suposiciones? De a poco, y casi sin darnos cuenta, comenzamos a proyectar un futuro en común, un tiempo tan hermoso como éste, un porvenir lleno de las risas de nuestros hijos, de la compañía de los amigos, del amor que, lo sabemos, seguiremos sintiendo el uno por el otro.

Preparar una bienvenida especial cuando regresa de un viaje.

El teléfono suena y corremos a atenderlo. Es él/ella, y nos avisa que en veinte minutos estará en casa y que regresa muy cansado/a. Nos queda el tiempo justo para concretar los últimos detalles: junto a la bañera están las sales relajantes; a los pies de la cama, ropa confortable para cambiarse; la mesa puesta con la mejor vajilla; los fósforos, junto a las velas; sus flores preferidas, en el jarrón y nuestro amor, intacto como el primer día.

Ser siempre el primero en pedir disculpas al otro.

A veces somos los dos los que nos equivocamos. A veces una discusión se inicia por una tontería y de repente surgen temas del pasado, cuestiones que creíamos olvidadas. En nuestro interior sabemos que aunque sea en parte nos hemos equivocado, y creemos que él/ella también lo ha hecho. ¿Por qué no ser los primeros en pedir disculpas? ¿Por qué no comenzar a desandar el camino hacia el inicio de la discusión, para dialogar sobre lo que nos está sucediendo?

Dejar una notita llena de amor en su mesa de luz.

La rutina hace que el acto de ir a dormir juntos se lleve a cabo de manera mecánica, sin sorpresa, por costumbre. Y, lamentablemente, una vez que la rutina se instala es difícil desterrarla. ¿Por qué no sorprenderlo/a esta noche con una notita llena de amor?

Creedlo, para hacernos amar no debemos preguntar nunca a quien nos ama: ¿Eres feliz?, sino decirle siempre: ¡Qué feliz soy!

JACINTO BENAVENTE

Reír siempre juntos, y nunca reírnos uno del otro.

Si dejáramos de reírnos juntos y un día descubriéramos que, burlonamente, nos estamos riendo no con él/ella sino de él/ella, estamos ante un grave problema. La ausencia del respeto se hace presente y abre un abismo entre los dos y el puente que debemos cruzar para acercarnos nuevamente es sumamente frágil, y pende débil sobre un aterrador precipicio.

No cortarle las alas para volar.

No se irá de nuestro lado si lo/a dejamos volar, sino todo lo contrario. Será como las águilas, que vuelan majestuosas entre cañadones y montañas pero que vuelven siempre al nido, allí donde finalmente tienen su hogar. Respetando su autonomía es como realmente lo/a amamos: libre y feliz.

Tener siempre presente a su familia.

Sabemos la importancia que tiene para él/ella y lo bien que le hace verlos y compartir risas y recuerdos. Por eso no esperamos a que la invitación surja de su parte y proponemos nosotros que vengan a nuestro hogar o programamos una salida en común. Es una de las buenas maneras de demostrarle nuestro amor…

Esconder una notita romántica en su cartera o su maletín.

Esta pequeña picardía, esta idea traviesa con que nos hemos despertado hace que comencemos el día de excelente humor. ¿Cuál será su cara cuando descubra esta notita al abrir su cartera o su maletín? ¡Cómo le gustan estas sorpresas que le preparamos!

Encontrar un momento para estar juntos, aunque hayamos tenido un día terrible.

Ha sido uno de esos días negros, oscuros. Los dioses parecen haberse confabulado para que todo salga mal. Llegamos a casa cabizbajos, casi derrotados, pero unos pasos antes de traspasar la puerta tomamos aire y, al verlo/a, nos damos cuenta de que nada es tan terrible si estamos juntos, y entonces buscamos un momento para estar solos, para estar bien, y encontramos la paz que nos hizo falta a lo largo de la jornada.

Robarle un beso en un lugar público.

Somos insaciables ladrones de besos. No nos resultan suficientes todos los que nos da durante el día porque, además, los que le robamos tienen el sabor único de lo imprevisto, y más aún cuando cometemos el delito a la vista de todos.

Ordenar su lugar preferido de la casa.

Ese rincón sagrado que no deja que toquemos, allí donde tiene sus cosas, sus objetos preferidos, o aquel donde guarda sus herramientas, hoy será nuestro objetivo principal: sin que lo sepa, pero sin cambiar nada de lugar, limpiamos y ordenamos cada pequeña cosa, cada detalle. Y lo hacemos con amor, para darle la mejor sorpresa cuando regrese.

Preparar su plato favorito sin avisarle.

Podemos engañarlo/a y decirle que realmente hoy no tenemos ganas de cocinar, que nos arreglaremos con cualquier cosa que haya en la nevera, y volver antes a casa para preparar, con amor, su plato favorito.

Ir siempre de buen humor a las reuniones de su familia.

Sí, es cierto, muchas veces preferiríamos hacer otra cosa pero, una vez que hemos aceptado acompañarlo/a, debemos hacerlo con alegría y buen humor. ¿Qué provecho sacamos si manifestamos molestia y desgano?

Preparar un suntuoso baño de espuma para los dos.

El frío cortante de esta tarde que se acaba nos dio la genial idea. Mientras él/ella termina esa llamada telefónica llenamos la bañera con agua caliente y mucha, mucha espuma. A nuestro alrededor, las velas aromáticas que hemos encendido llenan el ambiente de una fragancia sumamente incitante.

Nos desnudamos, nos sumergimos, nos perdemos y volvemos a encontrarnos en el placer que sólo nosotros sabemos darnos el uno al otro.

Ayudarlo/a a encontrar aquel viejo amigo de la infancia.

Hace años que lo/a escuchamos nombrarlo con cariño. ¿Por qué no proponerle buscar juntos a ese amigo de la infancia? Estar pendientes de sus afectos es una de las mejores maneras de demostrarle cuánto nos importa.

Dar el primer paso y decirle "te amo", sin esperar que lo diga él/ella.

El amor no puede basarse en la demanda y en la espera pasiva de recibir. El amor verdadero es dar sin esperar a cambio. Sólo cuando damos así, desinteresadamente, es cuando más recibimos.

**El amor mueve el Sol
y las demás estrellas.**

Dante Alighieri

No poner condiciones a su amor.

El amor que impone condiciones no es amor. Cuando se pretende que el ser amado se convierta en una persona diferente, es que realmente no se lo ama.

Ponerle condiciones a la forma en la que nos ama debería hacernos reflexionar: si no lo/a amamos tal cual es, si su forma de amarnos no nos llena, ¿tiene sentido esta relación?

Ser felices aquí y ahora.

Sin pretender que nuestro presente se alimente de alegrías pasadas, sin esperar que el futuro nos traiga la felicidad que creemos que hoy nos falta, amamos y decidimos ser felices aquí y ahora.

No esperar nunca que rellene los huecos de nuestra vida.

Él/ella no llegó a nuestra vida para completarnos ni para suplir nuestras falencias. Esos huecos, esas cuestiones pendientes tan difíciles de enfrentar son escollos que debemos aprender a superar solos. Él/ella puede ayudarnos, pero la responsabilidad es nuestra, sólo nuestra.

No permitir que grite nuestro orgullo, pues así el corazón será acallado.

Cuando el orgullo se impone por sobre los demás sentimientos el corazón, herido, se oculta y calla. Nuestro orgullo es el que levanta la voz y nos impide escuchar con claridad a nuestra alma, que nos ruega silencio para poder reencontrarnos con nuestras verdaderas emociones.

Seguir asomándonos a la ventana de su corazón.

Desde la primera vez que nos invitó a hacerlo, asomarnos a la ventana de su corazón para ver lo que hay allí adentro nos llena de maravilla y felicidad. Allí sigue guardado, en ese cofre de oro, el amor que nos tiene y que le tenemos, el amor que cuidamos con esmero con cada pequeño acto de cada día.

Saber que para amar el único límite es el cielo.

Más alto que esa cometa que nuestros hijos remontan con nuestra ayuda el domingo a la mañana; más, mucho más alto que ese avión que surca este cielo soleado y sin nubes; casi tan alto como las estrellas que contemplamos anoche. Todavía no hemos encontrado el límite para este amor.

Subir juntos al barco del amor, levar anclas y dejar que las olas nos lleven muy lejos.

Nuestro equipaje está preparado: en la maleta sólo hemos guardado ilusiones, expectativas, fe y deseos de amar y ser felices. Desde su cabina de mando el corazón, nuestro capitán, da la orden de zarpar. Nos despedimos de todo lo que fuimos hasta ahora, decimos adiós a las tristezas y a la soledad. No nos importa a dónde nos lleve este barco mientras estemos juntos.

Perder el miedo a ser felices.

La felicidad suele generarnos temor, porque ser felices implica desprendernos de todas las corazas con que nos defendemos y quedar expuestos, desnudos, con el alma a flor de piel. Pero, maravillosamente, tener el alma a flor de piel es la única manera de amar en forma absoluta y total. Por eso, para amar de verdad debemos perder el miedo a ser felices.

Aprender a escuchar lo que nos dice el corazón.

Hay momentos en los que la cabeza no es buena consejera, sobre todo en asuntos de amor. Cuando la mente nos pide prudencia, el corazón nos dice "¡Adelante!"; cuando la mente nos dice que nos ocupemos primero de los asuntos urgentes, el corazón nos dice "¡Es hora de amar!". Si estamos seguros de lo que sentimos, quizás sea hora de aprender a escuchar al corazón.

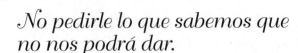

No pedirle lo que sabemos que no nos podrá dar.

¿Qué sentido tiene generarle frustraciones? ¿Por qué insistir y pedir aquello que sabemos que no puede darnos? Amar no significa exigir, amar es aceptar al otro tal cual es.

El verdadero amor no se conoce por lo que exige, sino por lo que ofrece.

JACINTO BENAVENTE

Llorar por la emoción de estar juntos.

Desde que estamos juntos somos mejores personas. Poco a poco han ido cayendo las barreras y los muros que nos rodeaban. La emoción que nos provoca saber que somos una pareja humedece nuestros ojos. Después de tantas lágrimas de tristeza, ahora sólo brotan de ellos las que son prueba de la felicidad más absoluta.

Estar convencidos de que se perdona tanto como se ama.

En el marco de una relación sana no hay lugar para ofensas, agravios y deslealtades. Cuando un hombre y una mujer se aman de este modo, con respeto, con pasión, con confianza, con lealtad, el perdón alcanza la misma medida que el amor.

Tener como consigna que el día debe empezar, transcurrir y terminar con amor.

Podemos cometer errores, nos pueden suceder cosas desagradables, podemos tener malos momentos, pero si el amor nos guía desde el principio al final del día podemos seguir adelante, porque el amor es la fuerza que nos impulsa a superar las pequeñas y grandes dificultades.

Mirar juntos y de frente al sufrimiento, cuando éste llegue.

Esconder el dolor debajo de la alfombra sólo lo hará crecer, solapadamente, para manifestarse aún más intenso. Enfrentarnos juntos a los momentos de sufrimiento es costoso e implica un gran esfuerzo, pero es la única garantía de poder volver a ver el sol cuando pase la tormenta.

Decirle que desde que estamos con él/ella somos mejores personas.

Porque es cierto, porque estar con él/ella nos ha mejorado, nos ha hecho ser más tolerantes, más amables, más encantadores. Porque su llegada a nuestra vida puso nuevo color en nuestras mejillas y un brillo inconfundible en nuestra mirada. Porque el amor que nació en nuestro corazón es tan grande que alcanza a todos los que nos rodean.

El amor sin admiración sólo es amistad.

George Sand

Decirle que hemos esperado mucho tiempo su llegada a nuestra vida.

Una pequeña voz interior nos decía que llegaría ese día. Las mariposas que revolotearon en nuestro estómago anunciaron el fin de la soledad. Después de tanto tiempo, llegó la persona con la que tanto habíamos soñado. ¿Por qué no decírselo?

Ser flexibles como las palmeras para resistir los huracanes más fuertes.

Cuando la fuerza aterradora del viento se lo lleva todo… cuando la naturaleza se transforma en violencia que arrasa y destruye la obra del hombre sólo las palmeras permanecen de pie, y pueden lograrlo debido a que son flexibles y no se resisten, y se inclinan, pacientes, hasta que retorna la calma.

Hay tormentas en la vida contra las que no se puede luchar, a las que no se puede oponer resistencia. En esas ocasiones, debemos ser como las palmeras.

Expresarle nuestras opiniones sin dictar sentencias.

Ni él/ella está acusado de algún delito ni nosotros somos jueces infalibles sentados en lo alto del estrado. La soberbia, no lo olvidemos nunca, hiela los corazones, y hay muchas maneras de dar una opinión, con suavidad, amablemente, sin imponerla.

Aceptar que en las discusiones no siempre tenemos la razón.

Afortunadamente somos humanos, y es nuestra humanidad, imperfecta, llena de errores, la que nos permite ser sensibles y amar. Pretender que nunca nos equivocamos lo/a hará alejarse cada vez más de nosotros.

Ayudarlo/a a levantar su carga, pero no llevarla por él/ella.

Tenemos miles de ejemplos en la Naturaleza: las madres enseñan a sus crías a valerse por sí solas, les brindan el saber necesario para que, llegado el momento oportuno, aprendan a proveerse su alimento y a defenderse de los depredadores. Aun siendo adultos, seguimos aprendiendo, seguimos creciendo, y colocarnos en el lugar de ser nosotros quienes llevemos su carga sólo servirá para anularlo/a, para impedirle resolver sus problemas por sí mismo/a.

Aprender a dar sin esperar recompensa.

Una caricia se brinda porque sí, sin más motivo que la necesidad de expresar lo que sentimos. Un beso, un abrazo, un "te amo" susurrado, se brindan desde el alma, y en ella no hay lugar para el interés. Cuando el que habla es el corazón, cuando los sentimientos brotan sin que la mente interfiera, es cuando damos sin esperar recompensa, y es cuando siempre la recibimos.

No perder nunca la capacidad de soñar juntos.

Cada uno de los dos tiene planes y proyectos personales, pero también nos gusta esto de soñar juntos, dejándonos llevar por la imaginación, volando con el pensamiento, sin límites, cada vez más lejos. Soñamos con una vejez plácida, de a dos; con una familia numerosa y alegre; con un viaje romántico a una ciudad muy lejana... Soñamos.

Pasar un rato en silencio, los dos, mirándonos a los ojos.

Nuestras miradas se encuentran sin haberse buscado. Hay un imán invisible que nos atrae y que hace que, aun rodeados de decenas de personas, nuestros ojos tiendan un puente entre los dos. Nuestras miradas dicen mucho esta noche y no dejamos de mirarnos, sin palabras, con promesas.

Dar siempre lo mejor de nosotros mismos.

Esto es lo que somos, esto es lo que nos prometimos ese día imborrable en que supimos que queríamos estar juntos. Damos lo mejor de nosotros mismos porque es lo que nos sale del corazón, porque no podríamos actuar de otro modo, porque nos resulta intolerable la idea de amar a medias.

Contestar todos sus besos con besos.

Todo estalla alrededor. No tenemos memoria del último beso que nos dimos. Todo vuelve a comenzar, todo está por hacerse y nosotros, entusiastas arquitectos, reinventamos este amor que vuelve a nacer de la nada, con cada uno de los miles de besos que nos damos.

Aceptar sus momentos de mal humor.

Por un momento creemos que es con nosotros, pero no recordamos haber hecho nada que despertara el malestar, este mal humor repentino. Quizás podamos hacerle un chiste, atacarlo/a con cosquillas o, simplemente, preguntarle qué le pasa. Lo que sí no podemos es pretender que sea el payaso que alegra nuestra fiesta todo el tiempo. ¿O no nos sucede lo mismo a nosotros?

Decirle juntos adiós a la soledad.

Ahora que estamos seguros, ahora que sabemos que no habrá más noches solitarias, que la ausencia se ha convertido en una más de los millones de palabras que tiene el diccionario, podemos decirle, juntos, adiós a la soledad, a la sensación de vacío, a la casa en penumbras, y abrirle los brazos al amor que tenemos para darnos.

Hacer un barquito de papel con una hoja en la que estén escritos nuestros nombres y dejar que el mar se lo lleve.

Así, con este pequeño acto simbólico, queremos representar que no nos importa tanto a dónde nos lleve la vida, sino el hecho de estar juntos, porque sabemos que estando juntos siempre llegaremos a buen puerto, por más que por momentos nuestro barco parezca ir a la deriva.

Escribir su nombre en la arena de una playa solitaria.

Sólo aquel pescador solitario que enfrenta el frío y el viento de este atardecer es testigo de nuestra caminata.

Nos detenemos un momento, dejamos que se adelante y, allí donde la arena se moja con el último esfuerzo de las olas por llegar a la playa escribimos su nombre y dejamos que el agua se lo lleve a bailar la danza prodigiosa de caracolas y sirenas.

En la bandera de la libertad bordé el amor más grande de mi vida.

FEDERICO GARCÍA LORCA

Convencerlo/a y convencernos de que después de los días nublados siempre sale el sol.

Aunque no lo veamos, el sol siempre está. Sólo hace falta que lo imaginemos, estático y radiante por encima de esas nubes negras que hoy se abaten sobre nosotros. Sólo hace falta recordar y tomar conciencia de que las tormentas, más tarde o más temprano, pasan... y el sol siempre estará en nuestras vidas.

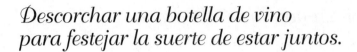

Descorchar una botella de vino para festejar la suerte de estar juntos.

Luego de aquella discusión que nos dejó exhaustos desandamos el camino que nos alejó el uno del otro, para volver a estar cerca. Una ves más, descubrimos la alegría de estar juntos y decidimos celebrar este momento con esa botella de buen vino que nos reservamos para las grandes ocasiones, como ésta.

Responderle siempre de buena manera.

La amabilidad no es simplemente una serie de fórmulas de cortesía que empleamos cuando salimos de casa. La amabilidad debe convertirse en una actitud constante, de cada momento, hecha carne en nosotros. Las respuestas cortantes hieren y atentan contra el buen diálogo en la pareja. No lo olvidemos nunca.

Alegrarnos por sus éxitos aunque nosotros atravesemos una mala etapa.

Hace tiempo que todo lo que emprendemos no sale como pretendíamos. No es una buena etapa y parece ser que la suerte últimamente no está de nuestro lado. Pero él/ella atraviesa un momento espectacular y aunque en el fondo quisiéramos escondernos hasta que pase nuestra tormenta, no podemos sino alegrarnos por lo bien que le está yendo.

No hablar mal de él/ella con nuestros amigos.

Las discusiones no siempre terminan bien. Muchas veces nos quedamos con cosas pendientes por decirle, y seguimos enojados. Son esos momentos en los que la presencia de un amigo nos ayuda a clarificar los sentimientos. En estas ocasiones, debemos cuidarnos de hablar mal de él/ella, pues a veces nuestro corazón guarda rencor y, herido y ciego, no sabe lo que dice.

Comprarle su golosina preferida cuando salimos a hacer las compras.

Para que sepa que lo/a tenemos presente siempre, en cada momento y en cada lugar. Para que recuerde que sabemos al detalle cuáles son las cosas que le gustan. Para que no olvide nunca cuánto nos importa. Para recordarle cuánto lo/a amamos.

No perder nunca la confianza en el futuro.

Si creemos que lo que viene siempre será peor llenaremos de piedras el camino que recorremos hoy. Si, por el contrario, confiamos en un futuro luminoso y lleno de buenos momentos, nuestro presente transcurrirá por una senda florida y perfumada.

Ayudarlo/a a concretar sus objetivos.

No es necesario que estemos al tanto de aquel proyecto colosal que piensa presentar en su trabajo. Para ayudarlo/a a concretar sus objetivos no hace falta ayudarlo/a a hacer cálculos o acompañarlo/a a la oficina para participar juntos de esa reunión tan importante. Nuestra presencia, nuestro apoyo, está en aquellas cosas casi imperceptibles: en esa taza de té que le alcanzamos mientras estudia sus papeles en casa; en esa forma de revolver su cabello cuando lo vemos concentrado haciendo cuentas; en ese abrazo con que lo esperamos en la cama después de un día agotador.

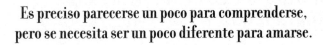

**Es preciso parecerse un poco para comprenderse,
pero se necesita ser un poco diferente para amarse.**

PAUL GERALDY

Utilizar toda la energía en construir una buena pareja.

Cuando una pareja es fuerte, cuando la comunicación no está estancada y fluye libremente, todo lo demás se facilita, y todo lo que nos rodea comienza a funcionar maravillosamente, como una maquinaria perfectamente aceitada. Si invertimos nuestra energía en construir una buena pareja, ella misma será una generadora de potencia para todo lo demás que debamos emprender.

Aprender a leer sus pensamientos.

El hecho de estar amorosamente pendientes de él/ella hace que lo/a conozcamos casi a la perfección. Hemos aprendido a descifrar cada uno de sus gestos porque no sólo nos hacemos compañía sino que somos una verdadera pareja que se ama y se conoce. ¡Cuánta calma trae a su vida saber que hay alguien en el mundo que no necesita que explique cada uno de sus gestos! ¡Qué sosiego le provoca darse cuenta de que hemos aprendido a leer sus pensamientos!

No olvidarnos de besar con pasión.

Muchas veces nuestros labios, a través de un beso que surge espontáneamente, son los que nos indican que dentro nuestro se está despertando la pasión que nos lleva a amarnos con la intensidad de los primeros encuentros. Nuestros besos son los que inician ese diálogo sin palabras preguntando y buscando la respuesta de los suyos.

Sorprenderlo/a a la mañana con un vaso de zumo de naranjas recién exprimidas.

Hoy postergamos ese abrazo con que salimos juntos del sueño y nos escapamos de la cama, rumbo a la cocina. ¡Vamos a sorprenderlo/a! Esta vez, el desayuno comienza en el dormitorio y hacia allí regresamos con un gran vaso de zumo de naranjas recién preparado.
Ahora sí... abre los ojos y nos ve. Ahora sí... se incorpora y responde a nuestra sonrisa con un beso. Ahora sí... se ríe de nuestras ocurrencias y nos invita a comenzar el día entre besos, agradecimientos y caricias.

Guiñarle un ojo con picardía en medio de una reunión seria.

Aun en medio de esta reunión formal a la que nos han invitado no podemos evitar buscarlo/a con la mirada. Está escuchando atentamente al dueño de casa, y no podemos dejar de pensar en cuánto nos gusta compartir cada momento.

Por fin nos ve... es sólo un instante. Lo que demora en tomar su copa y llevarla a sus labios. Nos alcanza y nos sobra para guiñarle un ojo con picardía. Algo muy parecido a una sonrisa asoma a su rostro y, con un pequeño gesto de la mano que sostiene su copa, brinda por nosotros.

Aceptar inmediatamente la invitación a su fiesta.

Nos promete risas, música y sorpresas. Nos anuncia que no tiene final previsto, y que éste sólo depende de nosotros. Nos invita a organizar entre los dos una fiesta que dure la mayor cantidad de tiempo posible, con la premisa de no aburrirnos nunca.

La promesa de besos, pasión y mucho amor acaba por convencernos, y aceptamos inmediatamente esta maravillosa invitación a su vida.

Cuidar el uno del otro.

Nos hemos prometido nada más ni nada menos que aquello que podemos cumplir: entre muchas otras cosas querernos, respetarnos y cuidarnos.

Por eso, esta mañana suspendemos nuestras actividades para llevarlo/a a la cama, abrigarlo/a bien y comprar los medicamentos que le han indicado. Es otra de las formas de manifestarse que tiene nuestro amor.

Aprender a expresar con palabras todo lo que sentimos por él/ella, venciendo la vergüenza.

A pesar de que este amor sería lo último de lo que nos avergonzaríamos, a veces nos cuesta expresar en palabras lo que sentimos. Debemos hacer el intento, porque a pesar de que él/ella sabe cuánto lo/a amamos, siempre es bello y gratificante que nos escuche diciéndolo. Si bien los hechos dicen más que las palabras, ellas son importantes a la hora de comunicar lo que sentimos.

No avergonzarnos de que nos vea llorar.

¿Por qué sentir vergüenza de lo que sentimos? ¿Por qué no dejamos que nos vea así, sin defensas, con los sentimientos a flor de piel?
Que seamos capaces tanto de reír como de llorar nos hace mejores personas, seres sensibles que no esconden detrás de una máscara lo que el corazón está tratando de decir.

El hombre en su esencia no debe ser esclavo, ni de sí mismo ni de los otros, sino un amante. Su único fin está en el amor.

RABINDRANATH TAGORE

Desearle siempre lo mejor.

Nuestro mayor deseo se ha hecho realidad: somos felices, amamos y somos amados. ¿Por qué no creer, entonces, que desearle siempre lo mejor puede convertirse en hechos concretos?

Cuando comenzamos a creer en que el milagro del amor se hace realidad es cuando nos damos cuenta de que todo es posible, en que lo mejor puede sucederle, siempre que lo deseemos.

Hacer el amor en una playa desierta.

Parece que se nos hubiera ocurrido a los dos al mismo tiempo. Esa mirada ansiosa que cruzamos mientras caminamos por esta playa desierta desencadenó la pasión y el desenfreno. Nuestros cuerpos se recorren, se anudan, se acoplan y se enlazan. Le entregamos lo mejor que tenemos bajo este sol ardiente, sin más compañía que el rumor lejano del mar, que le impone un ritmo propio a este encuentro.

Caminar tomados de la mano bajo la lluvia de un verano.

Sin previo aviso la lluvia nos sorprende y nos empapa en cuestión de segundos. En lugar de guarecernos seguimos caminando como si no nos importara, nos tomamos de la mano y disfrutamos de esta sensación de plenitud. Todos corren a nuestro alrededor y buscan refugio. Nosotros no lo necesitamos: nos basta con sentir que el agua penetra en los poros y se funde y nos funde nuevamente en este amor.

Guardar los secretos que nos cuenta.

Hoy nos ha confiado sus secretos mejor guardados y lo ha hecho con la seguridad de que los guardaremos junto a los nuestros. Hoy nos ha dado la llave del arcón donde ha ido atesorando alegrías y tristezas, y lo ha hecho con la certeza que le da el amor y la lealtad que le demostramos cada día.

Besar sus heridas.

El pasado ha dejado heridas en su corazón, que tardan en sanar. Nos ha hablado de ellas con tanta sinceridad que sentimos que casi podemos tocarlas, y besarlas para intentar que comiencen a cerrarse y a cicatrizar.

Si se comporta de un modo irritante, tratar de ignorarlo/a.

A veces, esa persona encantadora, dulce y risueña se convierte en otra, que nos sorprende actuando de modo irritante y que nos hiere con su mal humor. En estos momentos es cuando debemos reflexionar y tomar conciencia de que quizás el problema no esté entre nosotros y que, aunque así fuera, debemos esperar a encontrar el momento adecuado para hablar con tranquilidad.

Ignorarlo/a no significa desentendernos de lo que le sucede, sino buscar la manera de evitar la confrontación para poder acceder al diálogo constructivo.

Cuando vuelve del trabajo, tener preparado su trago favorito.

Sin importar cuán bueno o malo haya sido su día, nos gusta que al traspasar la puerta sienta que, además de llegar a su casa, ha llegado a su hogar. Por eso lo/a esperamos con su trago favorito y lo/a ayudamos a quitarse de encima las tensiones del día. Comenzando de este modo, las horas que nos quedan hasta que llegue el momento de dormir estarán dedicadas sólo a los buenos momentos.

Hacerles favores a sus padres.

Ellos le inculcaron estos valores que hacen que lo amemos tanto. Ellos lo/a cuidaron y lo/a ayudaron a crecer, y es lo que es en gran medida, debido a ellos. Esta familia que hemos formado juntos también los incluye y una amorosa manera de interesarnos por él es estar cerca de sus padres cuando necesiten ayuda.

Recorrer juntos su ciudad natal.

Nos ha hablado tanto de aquella plaza donde jugaba por las tardes, del silencio de las calles, de los árboles añosos a los que se trepaba con los amigos que ahora, que recorremos juntos su ciudad natal, nos transportamos a su infancia casi como si la hubiéramos vivido juntos, haciendo travesuras, corriendo y compartiendo interminables paseos en bicicleta.

Pasar una apasionada noche en una tienda en el bosque.

Sólo nos acompaña el rumor de las hojas de los árboles mecidas por el viento frío que parecen exhalar las estrellas, las innumerables estrellas de esta noche en el bosque.

Adentro de la tienda no hacen falta lámparas: la luna nos presta un rayo de luz y nuestros cuerpos irradian su propio calor. Afuera, la quietud presagia maravillas y milagros, aquellos que inventamos cada vez que nos amamos.

El amor es un señor poderoso.

WILLIAM SHAKESPEARE

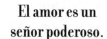

Escucharlo/a con atención cuando nos cuenta un problema.

Nos está confiando su preocupación. Nos está contando un problema. Aunque no nos parezca tan grave, aunque pensemos que le está dando importancia a un asunto que realmente no lo tiene, debemos escucharlo/a con atención. Dedicarnos a otra cosa mientras nos habla y contestarle cada tanto con monosílabos es una falta de consideración que no se merece. El amor también se demuestra en estas ocasiones.

Al saludarlo/a, darle siempre un beso.

Muchas veces, el paso del tiempo y la rutina nos tienden una trampa y, sin darnos cuenta, caemos en ella. Como nos vemos todos los días a veces parece ser suficiente un "hola" o un "después nos vemos" para saludarnos.

Debemos estar atentos porque la ausencia de pequeños gestos como un beso al saludarnos comenzará a generar distancias entre nosotros y, a medida que pase el tiempo, nos será más difícil encontrarnos.

Cuando se aproximan dos bocas consagradas por el amor es imposible que por encima de ese beso inefable no se produzca un estremecimiento en el inmenso misterio de las estrellas.

VICTOR HUGO

Prepararle un té con limón cuando está engripado/a.

Aunque sabemos que es fuerte y que ya se le pasará, nos dedicamos a cuidarlo/a con esos mimos con que lo/a cuidaba su madre cuando era pequeño/a.

Acondicionamos el sillón más mullido de la casa para que se sienta cómodo/a, lo/a abrigamos y le alcanzamos una taza de delicioso té con azúcar y limón, junto con un beso en la frente, y su lectura favorita.

Inventarle un sobrenombre divertido.

Casi nadie sabe que lo/a llamamos así y este sobrenombre divertido es parte de nuestro propio código, ése que vamos inventando entre los dos y que está hecho de miradas, caricias y palabras. Es, además, una forma de demostrarle cuánto y de qué manera pensamos en él/ella.

Sorprenderlo/a con nuevas tácticas de seducción.

¿Por qué no jugar un rato a convertirnos en otra persona? ¿Por qué no agregar a nuestra lista de formas de seducirlo/a una nueva, que lo/a sorprenda? El sexo y el amor necesitan alimentarse con nuevas sensaciones, nuevos estímulos, para que la pasión resurja con la avasallante fuerza que nos unió al principio de nuestra historia.

Pensar siempre en sus necesidades.

Hace días que sabemos que necesita un pantalón para ese fin de semana que estamos planeando. ¡Cuántas veces lo/a escuchamos decir cuánto le gusta que haya flores en la casa! Estar atentos a sus necesidades y gustos es una forma de demostrarle nuestro amor, y es una forma de sentirnos bien y satisfechos, en nuestro interior, con el amor que le damos.

Pedirle a nuestra madre que le teja un suéter.

Seguramente no hay regalo mejor que aquel que se hace con amor y, si es con nuestras propias manos, mejor aún. Somos un desastre para el tejido pero queremos darle algo que surja directamente de nuestro corazón. Mamá es la elegida y, con nuestras indicaciones, le teje ese suéter que, sabemos, ¡le quedará perfecto!

Preferir la luz tenue y cálida a la fuerte y fría.

La armonía y el bienestar no sólo se logran con actitudes y gestos sino aplicando en casa esos detalles que nos ayudan a vivir mejor. Las luces tenues y cálidas propician la relajación y predisponen los sentidos para pasar buenos momentos. Las luces demasiado frías e intensas nos ponen en alerta y nos exaltan.

Si no vivimos juntos, hacer un poco de espacio en nuestra casa para sus cosas.

De a poco se ha ido metiendo en nuestra vida y ya ocupa el lugar de privilegio que nuestro corazón tenía reservado para cuando llegara el amor.

De a poco, también, vamos compartiendo cada vez más espacios y momentos, y en la casa van apareciendo, como por arte de magia, algunas de sus cosas, algo de ropa, un cepillo de dientes.

¿Por qué no hacer un poco de espacio para él/ella? ¿No es una buena manera de convertir en algo real, concreto y visible el sentimiento que nos embarga?

Evitar las agresiones verbales.

A veces estamos demasiado molestos como para discernir a quién le hablamos y de qué modo lo hacemos. A veces el enojo nos ciega y ya no sabemos lo que decimos, y todo se vuelve negro a nuestro alrededor.

Llegar al extremo de la agresión verbal es, casi, llegar a un lugar del cual no hay retorno posible. Sólo un amor muy poderoso puede soportar semejante prueba y quedar indemne.

Exigir más de nosotros mismos que lo que exigimos de él/ella.

Antes de colocarnos en el lugar de ser quienes le exigimos, ¿por qué no mirarnos hacia adentro y proponernos un cambio interior? Quizás estamos depositando en él/ella una necesidad que es sólo nuestra. El cambio debe empezar por nosotros, para que sea posible.

La señal de que no amamos a alguien es que no le damos todo lo mejor que hay en nosotros.

 PAUL CLAUDEL

Esmerarse al poner la mesa, usando lo mejor que hay en casa.

La mesa donde cenamos cada noche, juntos, es el lugar alrededor del cual nos sentamos, comemos juntos y compartimos una charla. Si está puesta al descuido, sin ningún esmero, de alguna manera estamos expresando lo poco que nos importa lo que sucede cuando estamos en torno a ella.

Comprar champagne para la cena.

Esta noche no es especial ni hay ningún motivo que merezca una celebración. O sí... si lo pensamos mejor, ¿por qué no festejar lo afortunados que somos? Pueden faltarnos muchas cosas, pero nos sobra amor y por eso, esta noche cenamos con champagne, y proponemos el brindis que mejor nos sale: brindamos por nosotros dos.

Recordarle lo bien que le sienta su perfume favorito para que lo use.

Ese perfume que lo/a identifica y diferencia de entre miles de millones de personas y lo/a hace único/a nos encanta. ¡Qué lástima que no lo use todos los días! De todos modos, también nos gusta cómo huele así, sin perfume, al natural.

Recordarle lo bien que le sienta su perfume le hará darse cuenta de que estamos pendientes de él/ella, incluso en estos detalles.

Hablar siempre con respeto de su trabajo.

Sus hobbies, su trabajo, el tiempo que pasa con sus amigos nunca deben ser objeto de burla o de actitudes de desvalorización. Tenemos la suerte de compartir la vida con alguien que ama lo que hace, que se siente realizado/a como persona y que está orgulloso/a de su trabajo. No son muchas las personas que pueden sentirse así.

Susurrarle palabras de amor en una reunión con otras personas.

Aun en compañía de otros buscamos la forma de tender un puente invisible que nos una y nos acerque, porque nos gusta recordar que del otro lado, esperándonos con los brazos abiertos, está él/ella. Nos encanta acercarnos a su oído y susurrarle esas palabras de amor que sabemos que siempre le gusta escuchar.

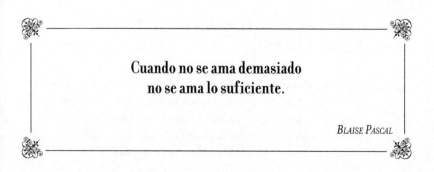

Cuando no se ama demasiado
no se ama lo suficiente.

BLAISE PASCAL

Brindar a su salud con una copa de buen vino.

Esta vez el brindis no es por nosotros dos, sino por él/ella. Sin avisarle levantamos nuestra copa y le decimos que brindamos porque está a nuestro lado, por ser tan maravilloso/a compañero/a, por llenar nuestra vida de dicha y felicidad.

Pasar siempre juntos la tarde del sábado.

Cada vez que se acerca el final de la semana nuestra mente comienza a viajar y a pensar en todo lo que podemos hacer juntos. Nos encanta pasar juntos la tarde del sábado, haciendo cosas en la casa o, simplemente, compartiendo una salida. El primer día del fin de semana es sólo para nosotros.

Evitar que las discusiones se alarguen innecesariamente.

A veces es inevitable discutir, pero... ¿para qué seguir y seguir dando vueltas sobre el mismo asunto, si ya sabemos que de este modo no llegaremos a ningún lugar? Cuando las discusiones se alargan y no se avanza, es mejor abrir un paréntesis y proponerle continuar en otro momento, con las ideas más ordenadas, más tranquilos.

Preocuparse para que en la casa haya siempre una atmósfera cálida y agradable.

A pesar de que no siempre contamos con el tiempo necesario para que todo luzca a nuestro gusto, tratamos de que en casa reinen el orden y la armonía. El hogar es el lugar donde descansamos, donde encontramos relajación y tranquilidad y por eso siempre tenemos a mano un pequeño hornillo de aromaterapia y ese disco con nuestra música favorita que acompaña nuestros momentos.

Ser siempre paciente con él/ella.

La paciencia es uno de los mejores caminos para lograr un propósito y si este propósito es el bienestar y la armonía de la pareja, el premio será doble. Saber conservar la paciencia cuando él/ella está enojado/a, o cuando lleva las preocupaciones del trabajo a casa, o cuando se obsesiona con un problema que no tiene solución inmediata nos permitirá ayudarlo/a a recobrar la calma y a ver las cosas con mayor claridad.

**La paciencia es la fortaleza del débil
y la impaciencia, la debilidad del fuerte.**

Immanuel Kant

Tratarse siempre con respeto.

Lo sabemos porque conocemos a algunas parejas que han pasado por lo mismo: cuando se pierde el respeto se pierde todo, y nada queda más que cenizas.

El respeto debe primar aun en las discusiones más intensas. Podemos incluso decir cosas de las que después nos arrepentimos, pedir perdón y obtenerlo, pero es muy difícil que nos perdonen una falta de respeto. No lo olvidemos nunca.

Regalarle un libro y dedicárselo.

Un libro es uno de los mejores regalos que podemos hacer. Un libro es un compañero silencioso que siempre nos brinda sabiduría, y nos abre las puertas a nuevos conocimientos, a mundos desconocidos. Pocos placeres son comparables al placer que brinda una buena lectura, se trate de una novela apasionante o de un delicado poema de amor. Y si a este obsequio se suma esa dedicatoria en la que expresamos lo que sentimos… ¡tanto mejor!

Tomarle la mano mientras miramos televisión.

Todas las luces de la casa están apagadas y los niños duermen en su cuarto. Es nuestro momento para mirar ese programa de televisión que nos atrapa semana a semana y que es una buena excusa para sentarnos muy juntos en el sillón.

Como si estuviéramos en el cine, apoyamos la cabeza en su hombro y tomamos su mano, y él/ella nos invita a beber un poco de ese licor de café delicioso que hace que nuestros besos sean aún más dulces.

Preparar un dulce casero para los desayunos.

De entre los viejos cuadernos de cocina de su bisabuela hemos rescatado la receta del dulce de naranjas que formó parte de los desayunos de su infancia y lo hemos preparado con todo nuestro amor.

Una sonrisa se asoma a nuestros labios mientras guardamos los frascos en la alacena y nos imaginamos su cara de sorpresa cuando, mañana por la mañana, vuelva a descubrir ese sabor único.

Recurrir a la luz tenue de las velas para compartir una cena romántica.

Hoy celebramos un nuevo aniversario del amor. Hoy compartimos el cosquilleo y la ansiedad por estar juntos a la noche y pasamos el día pensando en el momento en que volvamos a casa.

La cena está en la mesa... nos sentamos y él/ella enciende las velas. Las luces se apagan y todo queda en penumbras. La brisa suave que entra por la ventana hace temblar, trémulas, a las llamas y pone nuevos matices en su rostro y otorga nuevo brillo a sus ojos, que nos miran y, sin hablar, nos están diciendo cuánto nos ama.

Muchas personas se pierden las pequeñas alegrías de la vida mientras esperan la gran felicidad.

PEARL SYDENSTRICKER BUCK

Regalarle un fantástico pastel de cumpleaños hecho con nuestras propias manos.

La decoración dista mucho de ser perfecta pero tiene ese aspecto único, encantadoramente desprolijo, que solamente brinda aquello que se hace en casa, y con amor. Ahora que lo ve, en medio de su fiesta de cumpleaños, rodeado/a de amigos y familia, entiende qué es lo que tan ocupados nos tenía en la cocina ayer tarde por la noche.

Bailar en casa un bolero muy romántico.

El silbido del vapor nos avisa que el agua hirvió y el aroma de la salsa invade la cocina, pero no nos importa. En la radio suena ese bolero apasionado cuya letra conocemos de memoria, y bailamos.
Pegados, con los ojos cerrados, susurrándonos aquellas cosas que a nadie más le diríamos y que casi nos sonrojan, nos hacemos promesas, ésas que sabemos que cumpliremos juntos y deliciosamente pronto.

Tratarlo/a siempre como si fuera un príncipe azul, o una princesa.

Aunque la vida está lejos de ser un cuento de hadas, nos gusta dejar entrar a la fantasía y soñar con que es el/la príncipe/princesa que, con un beso en los labios, ha roto el hechizo que nos tenía atrapados en la soledad y nos ha despertado a un presente lleno de felicidad y buenos momentos.

Caminar abrazados.

Cuando caminamos abrazados nos sentimos más hermanados que nunca. Sentimos que finalmente hemos encontrado un/a compañero/a que va, aunque a paso propio, por nuestro mismo camino.

Caminar abrazados es, para nosotros, mostrarle al mundo que somos dos, que nos amamos, que decidimos cuidar el uno del otro.

Caminar abrazados nos hace sentir fuertes y orgullosos, frente a los demás, de lo que hemos logrado.

Después de una discusión, escribirle una carta llena de sentimiento.

La angustia nos oprime el alma. La tristeza se ha adueñado de nuestra mirada después de esta discusión amarga y el corazón toma la pluma y escribe las palabras con que buscamos expresarle lo que sentimos, lo que nos sucede. Buscamos rescatar el amor que sentimos de entre este montón de escombros y las frases se nos escapan a borbotones. Ni siquiera la corregimos, ni siquiera la releemos: la ponemos en sus manos, junto a una lágrima.

La felicidad es darse cuenta de que nada es demasiado importante.

Antonio Gala

Mirar juntos un viejo álbum de fotografías de su familia.

Aquí está, tan pequeño/a, en los brazos orgullosos y fuertes de su abuelo. En esta otra sonríe feliz el día de su cumpleaños. Su abuela, abrazada a su madre, en el jardín de su casa. Sus hermanos, enfrentando las olas del mar. Aquí también está él/ella, serio/a, mirando directamente a la cámara, en este retrato que se ha convertido en uno de nuestros preferidos.

Mirar juntos un viejo álbum de fotografías de su familia nos ayuda a conocerlo/a de una manera diferente y a saber de dónde viene y quiénes son sus afectos.

Si no se siente bien, prepararle un caldo casero.

El médico le ha dicho que se quede en casa y que por dos días se cuide mucho en las comidas. Aunque no es nuestra especialidad, ponemos nuestro mayor empeño y, con la invalorable ayuda de su madre, preparamos un delicioso caldo de verduras cuyo ingrediente principal, él/ella lo sabe, es el amor.

**Felicidad no es hacer lo que uno quiere
sino querer lo que uno hace.**

JEAN-PAUL SARTRE

Hacer que sus amigos/as siempre se sientan bienvenidos a la casa.

Son una parte fundamental de su vida y con ellos/as tiene una clase de relación única, diferente a la que nos une como pareja. Hacer que nuestro hogar sea un lugar donde sus amigos/as se sientan bienvenidos y relajados lo/a hará sentirse orgulloso/a de su casa y de su pareja.

Poner mucho empeño en los regalos que le compramos.

Puede ser una pequeña artesanía, o un sencillo portarretratos que conserve alguna de las fotos que nos hemos tomado juntos. Para demostrar el amor no es necesario gastar mucho dinero. Para demostrar el amor sólo hace falta poner empeño, y pensar en él/ella, y en qué puede llegar a gustarle. Sólo los regalos hechos con el corazón llegan al corazón de quien se ama.

Rodar juntos sobre la hierba fresca y perfumada de una pradera.

No lo hacíamos desde nuestra infancia y habíamos olvidado esta sensación. Entre risas y gritos rodamos sobre la hierba fresca: nuestros cuerpos se chocan y se alejan, el cielo da vueltas, el incomparable aroma de la hierba fresca nos invade y nos llena de felicidad. Jugamos por un momento a ser nuevamente niños, y dejamos que las preocupaciones, las responsabilidades y las obligaciones se alejen con este viento que nos trae la primavera.

Hacer juntos previsiones para el futuro.

Aunque no sabemos qué será de nosotros dentro de muchos años, hoy decidimos apostar a que estaremos juntos, envejeciendo felices y con un amor apacible y lleno de sabiduría. Nuestros proyectos cada vez tienen mayor alcance y solidez.

Hacer de la sinceridad nuestra filosofía de vida.

¡Cuánta energía desperdiciamos cuando debemos sostener una mentira! Quienes por alguna razón ocultan algo deben empeñarse en construir una mentira y en sostenerla a lo largo del tiempo. Además de que tarde o temprano la mentira se descubre, deben trabajar muchísimo para que esto no suceda.

La sinceridad debe ser nuestra bandera: siempre es mejor decir lo que pensamos en el momento, sin ocultamientos ni medias verdades.

No dudar en decirle que queremos tener un hijo con él/ella.

Hace días que nos nota ausentes pero no nos atrevemos a explicarle el porqué. Esta sensación, este deseo se ha instalado con fuerza inusitada en nuestro corazón y no encontramos el momento ni las palabras justas para expresarlo. Quizás el primer paso consista en reconocernos a nosotros mismos que tenemos miedo, que no sabemos cuál será su respuesta. Al fin, no dudamos más y las palabras brotan dictadas por nuestro corazón. Como muchas otras veces ha sucedido entre nosotros, descubrimos maravillados que nuestros deseos coinciden.

Preparar un plato típico del lugar donde nació o donde pasó su infancia.

Siempre nos habló del inconfundible aroma de las pastas italianas con que sus abuelos lo/a esperaban cada domingo, en esa casa con jardín en la que pasó tantos buenos momentos. ¿Por qué no intentar recrear aquel aroma que tantos recuerdos evoca? El tiempo ha pasado, es cierto, pero la memoria guarda como un tesoro los rostros de los seres amados, los besos, los perfumes de la infancia y los trae al presente intactos, inalterables.

Huir juntos.

Guardamos unas pocas cosas en nuestra mochila, que debe ser liviana. Tomados de la mano, escapamos corriendo de la rutina, de la mediocridad, del amor con cuentagotas y huimos, libres, únicos, cómplices de esta maravillosa aventura en que se ha convertido nuestra vida.

**Ni la ausencia ni el tiempo
son nada cuando se ama.**

ALFRED DE MUSSET

Preparar galletitas caseras con forma de corazón para las meriendas.

Éstos son los pequeños gestos que despiertan la ternura entre nosotros. Es domingo y afuera llueve. Mientras él/ella duerme la siesta, nos escapamos del cuarto rumbo a la cocina y cocinamos sus galletitas favoritas, ésas de canela y jengibre, pero esta vez con forma de corazón.

No hablar a los gritos.

Cuando en medio de una discusión nos comunicamos mediante gritos llegamos al extremo de no escuchar ni siquiera lo que estamos diciendo. La tensión se apodera de nosotros, el ruido nos impide pensar. Tratemos de que el diálogo franco se imponga por sobre los impulsos del momento, intentemos apaciguar la tempestad que atormenta a nuestro corazón y busquemos un mar calmo, y un puerto adonde atracar.

**Amar no es solamente querer,
es sobre todo comprender.**

Françoise Sagan

Invitar a pasear a sus padres de vez en cuando.

Nos lo ha dicho su madre: no hay nada que la haga más feliz que verlo/a así, tan contento/a, tan enamorado/a, y estas palabras nos llenan de orgullo y alegría. Honrar a sus padres invitándolos a compartir una salida es nada más que una pequeña forma de agradecerles el hecho de haber traído al mundo a la persona que colma de dicha nuestro corazón.

Si nos hemos comportado mal, no dudar en pedirle perdón.

Así como hemos aprendido a perdonar, es hora de que aprendamos a pedir perdón. Aceptar que nos hemos equivocado es el primer paso para hacerlo. No dudemos: sólo tenemos cosas buenas por ganar cuando la humildad vence al orgullo y lo destierra de nuestro corazón.

Comprar una buena botella de vino y decirle que la guardamos para nuestro vigésimo quinto aniversario.

¿Por qué no compartir este sueño? Este vino joven y frutado que compramos para ese aniversario que hoy vemos tan lejano se irá añejando lentamente y su sabor adquirirá nuevos matices, otras profundidades, sin perder su esencia original. Así es como nos gustaría ir madurando, más profundos, más sabios, pero con el mismo deseo de estar juntos.

Buscar siempre nuevas formas de hacerle saber cuánto lo/la amamos.

Hemos descubierto que una de las claves que nos mantiene prendados de este amor es su capacidad de renovarse día a día, de reinventarse con nueva energía, como si siempre estuviera comenzando. Nosotros, aliados en esta empresa, buscamos juntos nuevas formas, elegimos ese o aquel detalle que fascinará al otro, y nos rendimos por enésima vez a su fuerza arrolladora.

Amar es encontrar en la felicidad de otro tu propia felicidad.

Gottfried Wilhelm Leibniz

Festejar el aniversario de la primera vez que nos vimos.

Para cada pareja es una historia única que se recuerda como si hubiera sucedido el día anterior, aunque hayan pasado años. ¿Quién puede olvidar esa primera vez?

Para nosotros es un motivo para que éste sea un día especial. Quizás no haya fuegos artificiales, quizás hasta incluso transcurra como un día más, pero siempre habrá un momento para recordar cómo fue aquella primera vez que nos vimos.

No olvidar nunca que él/ella es diferente a nosotros.

Tenemos tanto en común, que por momentos olvidamos que es diferente a nosotros y nos sorprende con una reacción distinta a la que esperábamos. Y es que tendemos a considerar que debe pensar igual que nosotros, que debe actuar y sentir como nosotros. Afortunadamente somos distintos y esto es, precisamente, lo que nos enriquece como personas. Es, además, el precioso oxígeno de que se nutre nuestra pareja.

Levantarnos un rato antes de la cama para encender la estufa en un día invernal.

El frío ha llegado de manera inesperada durante la noche, y aunque daríamos cualquier cosa por quedarnos un rato más en la cama pensamos en él/ella y nos levantamos antes para encender la estufa. Son estos pequeños gestos de cuidado los que nos hacen destinatarios de su inmenso amor.

Aprender que el amor siempre tiene misterio, y que éste es aún más profundo que el misterio de la muerte.

No podemos pretender saberlo todo porque el amor siempre tendrá guardada una carta oculta, aquella que menos esperábamos. Y, en realidad, esto es lo mejor que nos podría suceder: ¿dónde quedarían la magia y el misterio, si lo supiéramos todo? Dejemos que el amor nos sorprenda, dejemos que el amor nos revele aquello que nos maravilla y nos subyuga.

Preguntarle a su madre cuál es el plato que a él/ella más le gusta.

Todavía nos estamos conociendo y esta etapa, llena de descubrimientos, nos tiene deslumbrados. Su madre es un encanto y nos ha abierto las puertas de la familia. ¿Por qué no sorprenderlo/a invitándolo/a a comer nada menos que su plato favorito? Eso sí, preparado por nosotros mismos.

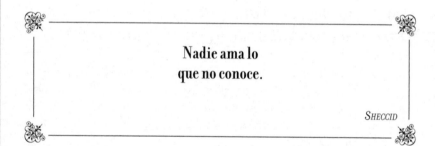

Nadie ama lo que no conoce.

SHECCID

Hacer que su familia se sienta bienvenida en la casa.

Pensemos un momento y dejemos que la imaginación nos lleve hacia el futuro. ¿Nos gustaría visitar a las familias de nuestros hijos y sentir que somos una molestia o que nuestra presencia no es bienvenida? Una cálida sonrisa, la mesa bien puesta, una deliciosa comida esperando en la cocina son pequeños detalles que harán que su familia se sienta bienvenida en nuestro hogar.

Preparar una bandeja con delicias para comer mientras miramos nuestro programa favorito en la televisión.

Su cerveza preferida, y un buen surtido de snacks para disfrutar juntos de un rato de distracción frente al televisor. Éstos son los momentos que disfrutamos juntos, esos momentos en los que, aun sin hablarnos, nos sentimos compañeros.

Tratar de evitar encender el televisor cuando estamos comiendo.

Después de un largo día lleno de actividades, al fin nos encontramos en casa. La noche cae y preparamos la cena. Ansiamos este momento durante todo el día… relajarnos, conversar y comer juntos.
Aunque de vez en cuando encendemos el televisor preferimos mirarnos, intercambiar opiniones, seguir interesados el uno por el otro.

No olvidarnos nunca de desearle buenas noches.

En una pareja, no pueden faltar nunca esos pequeños gestos que dicen tanto. Cuando comenzamos a olvidarnos de decirle buen día al despertar, o de darle un beso tierno y dulce al despedirnos es cuando la rutina se instala, implacable, y comienza a extinguirse esa llama cálida que ilumina nuestra vida.
Además de irnos a dormir sin asuntos que aclarar entre nosotros, no olvidemos nunca desearle que tenga buenas noches.

Hacer un picnic romántico en un campo florido.

La semana ha sido bastante agotadora y los dos necesitamos tomar un poco de aire, ver un horizonte sin grandes edificios, escaparnos del ruido ensordecedor de la ciudad.

Por eso, y sin pensarlo demasiado, preparamos una canasta con bebidas y comida, y ese simpático mantel a cuadros que nos regaló su madre, y nos subimos al auto rumbo a ese encantador pueblito que visitamos hace tiempo.

El sol nos acaricia y el perfume de la hierba fresca nos invita a recostarnos bajo la sombra de un árbol añoso donde, seguramente, dormiremos una siesta reparadora, abrazados.

El amor no es sólo un sentimiento. Es también un arte.

HONORATO DE BALZAC

Prepararle una fiesta sorpresa.

Nos ha dicho que está demasiado/a cansado como para festejar su cumpleaños y que, realmente, se conforma con ir solos a comer a un restaurante. Pero no le hacemos caso y, con amor, organizamos una fiesta en casa a la que no falte ninguno de sus amigos y en la que también estén presentes nuestras familias. ¿Existe acaso un mejor regalo que planificar algo con amor? Ese abrazo lleno de besos con que nos agradece la idea es la respuesta a nuestra pregunta.

Durante una cena formal, rozar su pie por debajo de la mesa.

Nos han sentado enfrentados y realmente extrañamos estar más juntos. Nos hubiera gustado compartir secretos y sentir el roce de los cuerpos, uno al lado del otro, pero no es posible.

De repente, se nos ocurre la idea. Con el brillo de la picardía puesto en la mirada, nos descalzamos y buscamos su pie, sin que ningún gesto nos delate.

Lo encontramos, lo rozamos. Nuestras miradas se encuentran. Sonreímos, cómplices, prometiéndonos, sin palabras, futuros placeres.

Reconocer rápidamente nuestros errores.

Cuando nos damos cuenta de que nos hemos equivocado al decirle o al hacer algo, debemos tener la grandeza de corazón suficiente como para reconocer nuestros errores antes de que sea demasiado tarde. ¿Y cuándo es demasiado tarde? Cuando el orgullo se interpone entre los dos y optamos por callar y hacer de cuenta que tenemos la razón.

Evitar los accesos de ira o de celos.

Todo aquello que entorpece el fluir de nuestro amor nos entristece. Ese jazmín fragante y lozano que simboliza la fuerza de lo que sentimos comienza a perder la frescura y se marchita. Cuando la ira o los celos se apoderan de nosotros no nos dejan ver lo que hay justo enfrente nuestro: una persona que nos ha dado la llave de su corazón sin reservas, ese ser que sin esperar nada a cambio nos entregó su amor. Evitemos esos accesos que nos transforman en lo que no somos.

Ser flexibles y comprensivos.

A veces la vida, cuando menos lo esperábamos, nos pone a prueba. Como a un boxeador cuyo oponente sorprende con la guardia baja, una circunstancia inesperada nos golpea.

La sombra de una duda, una frase desafortunada dicha en el peor momento o un simple desencuentro desencadenan una pelea y, muchas veces, nuestra reacción inicial es de defensa. Y esta actitud nos endurece.

Tratemos de no perder la calma, no olvidemos cuánto nos costó quitarnos la coraza la última vez, e intentemos ser flexibles y comprensivos.

Levantarle el ánimo si alguna cosa no sucedió como esperaba.

Estamos a su lado en las buenas y en las malas, y es precisamente en las malas cuando nuestro amor supera las pruebas más difíciles que le presenta la vida. Si algo no sucedió tal como esperaba, allí estaremos, con la ternura preparada, con la caricia pronta, con esas frases que confortan y presagian días mejores.

Ayudarlo/a a relajarse si está nervioso/a.

Preparar un buen baño de espuma, llevarle al sillón su trago favorito, dejar que la casa se llene con el sonido de una canción melódica, alquilar una película llevadera y entretenida para la noche, proponerle una caminata breve… Cuando él/ella está nervioso/a por algún motivo podemos hacer mucho para ayudarlo/a a relajarse. Sólo hace falta pensar un momento en cuáles son esas pequeñas cosas que le gustan y que lo/a distraen.

Guardar todas las fotografías de los dos en un álbum.

Esta tarde de domingo en que no está, como sin querer hemos comenzado a ordenar esos cajones que nunca ordenamos y allí encontramos esas viejas fotografías de los primeros tiempos, cuando aún no nos conocíamos del todo, cuando todo estaba por descubrir.

¡Tantos sentimientos vienen a nosotros! Cuando menos lo esperábamos, estas fotografías nos hacen recordar y revivir cómo fue creciendo nuestra relación y, de algún modo, nos ayudan a valorar más que nunca lo que poseemos.

Si él/ella está atravesando una crisis, mantenernos lo más cerca posible.

Hay problemas que podemos solucionar juntos, hay momentos difíciles que podemos enfrentar y sobrellevar de a dos, pero a veces la crisis es personal, es sólo de él/ella y, en esos casos, lo mejor es mantenernos lo más cerca posible, atentos a lo que necesite: quizás ni siquiera desee hablar del problema y entonces nuestra sola presencia ayude, pues no se sentirá tan solo/a. Tengamos en cuenta que cuando las palabras no sirven es el silencio el que hace que, lentamente, las cosas vuelvan a ponerse en su lugar.

**La medida del amor,
es amar sin medida.**

San Agustín

Prepararle un delicioso bocadillo a la medianoche.

¿Por qué no coronar esta inolvidable noche de amor con un delicioso bocadillo de medianoche?

Nos ha hecho sentir que casi podíamos tocar las estrellas, nos ha llevado al límite máximo del placer y el gozo y ahora descansamos abrazados, más unidos que nunca, pero el sueño no llega.

¿Qué importa mañana? ¿Qué importa si dormimos menos de lo acostumbrado? Esta noche es nuestra y ahora, después del amor, compartimos un bocadillo y un vaso de refresco, sin movernos de la cama, felices, exhaustos, completos.

No dudar en pedirle un consejo.

Aunque le hemos dicho miles de veces lo importante que es para nosotros y lo mucho que valoramos sus opiniones, siempre es maravilloso demostrar con hechos los sentimientos que expresamos con palabras. Por eso, no dudamos en pedirle un consejo, se trate de algún asunto muy importante o de, simplemente, una tontería de todos los días.

Amar es, también, tenerlo/a en cuenta, demostrarle cuánto lo/a necesitamos, recurrir a él/ella tal como muchas veces hacemos con nuestros amigos.

Faltar los dos al trabajo.

¿Por qué no cometer esta travesura que nos proponen los corazones esta mañana? Afuera está oscuro, llueve y hace frío. Aquí, en nuestro cuarto, reina el amor y el deseo de seguir remoloneando juntos en la cama, volviendo a amarnos como lo hicimos anoche, felices ante la perspectiva de un día entero para nosotros dos.

Aceptar que él/ella posea gustos propios.

Lo/a amamos tal como es y nunca pretendimos transformarlo en alguien diferente, o modelarlo a nuestro gusto. Así es como, casi con resignación, soportamos esa música que le encanta y que pone a todo volumen los sábados a la mañana; o eludimos darle nuestra opinión sobre ese sombrero raído y pasado de moda que insiste en ponerse cada vez que salimos de viaje de fin de semana.

En definitiva, y aunque al principio de nuestra historia hasta hemos llegado a discutir por estas pequeñeces, aceptamos que tenga gustos propios, diferentes, a veces muy diferentes a los nuestros, porque son los que los definen como persona, porque forman parte de esa esencia que nos enamora y que nunca quisiéramos cambiar.

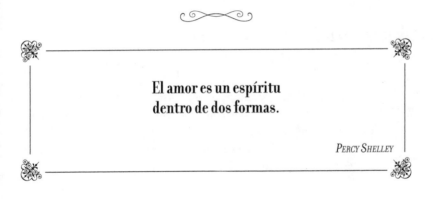

**El amor es un espíritu
dentro de dos formas.**

Percy Shelley

Lagrimear juntos con una película de amor.

Encontrarnos, además de ofrecernos a cada uno de los dos el regalo maravilloso del más grande amor, nos ha hecho más sensibles. Por eso, esta noche, frente al televisor, sin mirarlo/a sabemos que está tan emocionado/a como nosotros, que miramos esta escena romántica con los ojos húmedos, como adolescentes que recién se asoman a los misterios del amor.

Preparar un termo con café antes de un largo viaje en auto.

El viaje será largo. Esta vez, las vacaciones comienzan en la carretera pues queremos ir recorriendo ciudades antes de llegar a nuestro destino final.

Aunque hemos organizado turnos para conducir, queremos cuidarlo/a, mimarlo/a, hacer que este viaje sea lo más placentero posible.

A nuestros pies, de la canasta asoma el termo con café recién preparado y las galletas que horneamos anoche. La aventura recién comienza… el amor es el de siempre.

Vivir juntos de tal manera de no arrepentirnos nunca de nada.

Cada momento debe ser intenso, cada instante debe ser vivido a conciencia, sin medias tintas, sin dejar deseos sin cumplir. Al menos debemos intentarlo, para que, cuando los años pasen, no se apodere de nosotros esa sensación de no haber amado lo suficiente, esa sensación de que podríamos haber hecho más.

El hombre que no ha amado apasionadamente ignora la mitad más bella de la vida.

Stendhal

Ser conscientes de la intensidad de cada pequeño momento que pasamos juntos.

Pasar por la vida como si no nos diéramos cuenta, o así, sencillamente, sin notar la maravilla de estar vivos y de tener a nuestro lado a alguien que amamos y nos ama es vivir a medias. Y esta relación que construimos cada día no se lo merece.

La intensidad de lo que sentimos se traslada a cada momento que pasamos juntos y nos hace tomar conciencia de que, con cada momento que se suma, vamos armando juntos una inolvidable historia de amor.

Evitar transformarnos en un dolor de cabeza.

¿Qué es lo que nos sucede que ni nosotros mismos nos soportamos? ¿Por qué seguir así, sin reflexionar acerca de lo que nos pasa?

Cuando nos enfrentamos a una crisis nos enfrentamos, en realidad, a la oportunidad de cambiar y de salir mejorados como personas. Evitemos transformarnos en un dolor de cabeza para él/ella y, para nosotros mismos, buscando las herramientas que nos ayuden a superar nuestros problemas personales.

Descubrir el éxtasis.

Cuando creíamos que habíamos conocido el máximo placer en otros brazos nos damos cuenta de que es posible, aún, sentir más. Y es que cada vez que nos amamos descubrimos el éxtasis más sublime, aquel que alcanzan dos seres que se aman y se atraen.

Y siempre lo recordamos, y siempre volvemos a querer más.

Ofrecerle el regalo maravilloso de nuestro cuerpo desnudo.

Los jazmines perfuman la habitación esta noche de verano y una suave brisa se cuela por nuestra ventana.

El silencio, la pálida luz de la luna… todo nos invita a amarnos como siempre, como nunca.

Nuestro cuerpo y lo que sentimos es el regalo perfecto, y así nos ofrecemos, sin resistencia, sin pudores, entregándonos a sus brazos y al hechizo poderoso del amor.

**Para Adán el paraíso
era donde estaba Eva.**

Mark Twain

Enseñarle a cocinar.

Cuando cocinamos con amor o por el simple placer de preparar algo delicioso realmente pasamos un buen momento, ¿por qué no compartirlo enseñándole a cocinar?

Con paciencia, entonces, le enseñamos los secretos de las especias, la forma correcta de combinar vegetales para preparar esa ensalada que tanto le gusta y así, pasamos un divertido momento en la cocina, como siempre, juntos.

Comer juntos la fruta prohibida.

Aunque seamos castigados para toda la eternidad no nos importa, porque eso y mucho más vale el intenso placer de compartir la fruta prohibida, cuyo sabor penetra en cada una de las células de nuestros cuerpos y nos hace enloquecer, y buscarnos, y desearnos sin freno hasta quedar extenuados, ya sin fuerzas, pero con el amor grabado a fuego en el corazón.

Esforzarnos siempre por perdonar.

Hay actos que son más fáciles de perdonar que otros, y en esos casos debemos hacer acopio de nuestras fuerzas para reflexionar y aceptar una disculpa. Lo hacemos porque sabemos que nuestra pareja se asienta sobre bases sólidas y porque estamos convencidos de que en nuestro universo particular no hay lugar para la humillación y la ofensa: sólo amor y buenas intenciones.

Plantar un rosal en una maceta de su balcón o en el jardín de su casa.

Creemos que será un símbolo de nuestro amor, pues los rosales pueden resistir, aun sin hojas ni pimpollos, los más cruentos inviernos. Dentro de ellos corre la savia vital con que aguardan la llegada de los días templados y es en ese momento cuando, plenos de energía, explotan de verdor y perfumadas flores.

Tenderle la mano para subir juntos la escalera de oro del amor.

Con todos los sentimientos que han ido surgiendo entre nosotros hemos fabricado esta escalera dorada que nos lleva, peldaño a peldaño, momento a momento, a la cima del amor.

No tenemos nada que esconder, no hay nada de qué arrepentirse: con franqueza, lealtad y entrega nos fuimos conociendo y acercando y ahora, de la mano, ascendemos juntos rumbo a la felicidad más absoluta.

Un matrimonio feliz es una larga conversación que siempre parece demasiado corta.

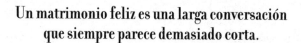

André Maurois

No escribir cartas de despedida.

Por más profundos que puedan llegar a ser nuestros desencuentros debemos tratar de dejar siempre una puerta entreabierta para volver a encontrarnos. Las cartas de despedida son para aquellos que no han podido o no han sabido amar lo suficiente, para aquellos que han creído encontrar a la persona adecuada y descubren que estaban equivocados, para aquellos que no han vivido, aún, un amor como el nuestro.

Pasar juntos todo un día en la cama.

Esta mañana nos juramos olvidarnos del teléfono y de los asuntos pendientes. Es sábado y la televisión ha anunciado que lloverá todo el día. Nada puede ser tan importante como el hecho de pasar juntos todo un día en la cama, descansando y amándonos, riendo y gozando.

Estos pequeños recreos que nos tomamos nos brindan la energía que necesitamos para seguir viviendo cada día.

Hamacarnos en una plaza una noche de verano.

La noche es tan bella que no queremos que termine nunca. Después de salir del cine caminamos lentamente hacia nuestro hogar y, a mitad de camino, lo/a invitamos a pasar un rato en la pequeña placita del barrio.

Como dos niños, reímos a las carcajadas y volvemos a tomar impulso. De un segundo a otro pasamos de ver las estrellas a las ramas más bajas de los árboles. Las hamacas parecen volar y, con ellas, nosotros, felices, disfrutando con poco, riendo con nada.

Ayudarlo/a a liberarse de la melancolía del invierno.

Para nosotros es la mejor estación del año, aquella en la que nos sentimos con más energía. Pero a él/ella los árboles sin hojas, las calles despobladas, los cristales empañados de la casa lo/a llenan de melancolía.

Busquemos hacer juntos aquellas cosas que nos divierten, que nos distraen del trajín diario y que barren de nuestra vida la melancolía y la tristeza.

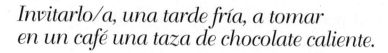

Invitarlo/a, una tarde fría, a tomar en un café una taza de chocolate caliente.

La mañana del domingo se nos ha ido sin que nos diéramos cuenta, ocupados en las cosas de la casa. ¿Por qué no alterar la rutina de la siesta y salir a disfrutar del frío que nos pega en la cara y nos hace abrazarnos con más fuerza?

Allí, en ese café cercano donde hemos pasado tantos buenos momentos, nos esperan con un chocolate humeante que compartimos junto con una charla.

No perder la capacidad de juguetear.

Aunque la vida nos imponga obligaciones y responsabilidades, no perdemos la capacidad de jugar y divertirnos como niños, olvidándonos por un momento de los compromisos y las cargas. Poder relajarnos y, simplemente, hacernos bromas, perseguirnos, reír hasta las lágrimas, es lo que nos permite retomar el ritmo cotidiano de la vida con optimismo y energía positiva.

Cantar juntos mientras nos duchamos.

Sabemos que de la forma en que comencemos el día depende la forma en que siga, y por eso buscamos la manera de despertar siempre de buen humor.

Esta mañana lo/a sorprendemos metiéndonos en la ducha con él/ella. En la radio suena una canción alegre y pegadiza y, por un momento, nos convertimos en un dúo desafinado pero feliz.

Tomarnos una autofotografía abrazados.

La tenemos enmarcada, en un lugar preferencial de la casa, y cada vez que nos detenemos a mirarla una sonrisa de ternura asoma a nuestros labios, porque recordamos lo maravilloso que fue ese viaje juntos, en el que, mientras descubríamos ciudades, nos descubríamos mutuamente. Y particularmente recordamos con lujo de detalles ese momento en que acomodamos la cámara fotográfica sobre una piedra, calculamos la distancia y el encuadre y, riéndonos, corrimos a abrazarnos y así quedamos, para siempre, en esta instantánea de nuestra felicidad.

**No ser amado es una simple desventura.
La verdadera desgracia es no saber amar.**

ALBERT CAMUS

Abrigarnos el uno al otro con el calor de nuestros cuerpos.

Hay pocas sensaciones tan maravillosas como ésta que experimentamos ahora, desnudos, bajo las mantas. La cama aún está fría pero no nos molesta, porque es la excusa ideal para abrazarnos fuerte, apretándonos, buscando el calor único que sólo brindan los cuerpos.

Decirle cuánto lo/a amamos sin palabras.

Aunque las palabras son importantes y pueden ejercer un gran poder benéfico sobre las personas, es mediante hechos como demostramos de manera más cabal lo que sentimos. Y no es necesario que estos hechos sean inolvidables o maravillosos. No olvidemos nunca que son los pequeños hechos de cada día los que cuentan: una caricia, una pequeña atención, un abrazo reconfortante.

Ayudados por las penumbras de la habitación, expresarle nuestros sentimientos más profundos.

A veces necesitamos que el entorno que nos rodea nos ayude a expresar lo que sentimos. Por eso esta noche es perfecta, aquí, en la habitación, en esta penumbra que no nos deja ver su rostro pero que nos permite intuir su cuerpo, cerca del nuestro.

De a poco las palabras se liberan y logramos vencer la timidez, para expresarle aquello que nunca dijimos, aquel sentimiento profundo y secreto que guardábamos en nuestro corazón.

Hacerle sentir que nadie lo/la amará de esta manera.

Cuando dos personas se eligen y se aman lo hacen de manera total y absoluta, y ese encuentro de las almas es único e imposible de imitar. Es cierto, nos han amado mucho y hemos amado mucho, pero nunca de esta forma, y sabemos que a él/ella le sucede lo mismo.

El amor que nació entre nosotros es sólo nuestro, y es único en su especie.

Sonreír cuando estamos pensando en él/ella.

Aunque no esté con nosotros, aunque este gesto que nace sin calcularlo no tenga testigos, sonreír cuando pensamos en él/ella es una manera que tenemos de traerlo/a nuestro lado, de sentir la felicidad con que llena cada momento, la ilusión que pone brillo en nuestra mirada cada vez que su imagen viene a nuestra mente.

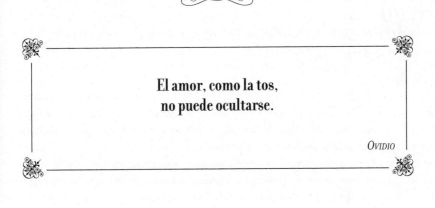

El amor, como la tos, no puede ocultarse.

OVIDIO

Esforzarse por dar el máximo en la relación.

Y es que realmente no será ningún esfuerzo porque para el amor no existen los sacrificios. El verdadero amor es dar sin esforzarse, dar en cada acto sin esperar la más mínima recompensa, siempre dar el máximo posible para llegar cada vez más alto, para que cada vez el sentimiento que nos une sea más intenso y fuerte.

Volver a declararle nuestro amor.

A veces necesitamos que vuelva a decírnoslo, a veces nos encantaría experimentar nuevamente la emoción de aquel momento en que nos declaramos nuestro amor. ¿Por qué no hacerlo? El tiempo ha pasado y ya no somos los mismos, es cierto; pero también es cierto que este amor que al principio era puro impulso y energía ahora ha tomado forma, se ha hecho sólido, ha madurado.

Volvemos a declararle nuestro amor, entonces, a pesar del paso del tiempo o, en realidad, gracias al paso del tiempo.

Tratar de no implicarse en las cuestiones de su familia.

Aunque él/ella nos lo ha confiado todo, con el correr de los años, hay cuestiones propias de su familia que nos resulta difícil comprender. Muchas veces, nos desesperamos por dar una opinión pero sabemos que no siempre es la indicada.

Cuando en su familia hay una disputa o un asunto pendiente, lo mejor es mantenernos al margen. Aunque los amamos, sabemos que cada familia es un mundo particular y que debemos respetar sus códigos.

Ir a buscarlo/a al trabajo para volver juntos a casa.

Éstos son los pequeños gestos que él/ella tiene a menudo con nosotros, y que nosotros hemos aprendido a retribuir, porque queremos que sea tan feliz como le sea posible.

Por eso lo/a sorprendemos en la oficina, sin previo aviso, para volver juntos a casa y comenzar a transitar el camino hacia una noche llena de ternura y cuidados.

Prometerle que el amor que sentimos durará por siempre.

Aunque no podemos predecir el futuro y nadie puede garantizarnos qué sucederá con nuestra relación a través del tiempo, le prometemos que el amor que sentimos durará por siempre, porque es nuestro deseo más sincero y profundo, y porque haremos todo lo posible por hacerlo realidad.

**Te quiero no por quien eres,
sino por quien soy cuando estoy contigo.**

GABRIEL GARCÍA MÁRQUEZ

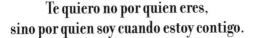

Bailar pegados bajo la luz de la luna.

Nos hemos alejado del centro de la fiesta y paseamos por este jardín florido, tenuemente iluminado.
La música llega hasta aquí, traída por la brisa de esta noche de verano y nos lleva a abrazarnos y a bailar, lentamente, amorosamente, bajo la pálida luz de esta luna que sonríe al vernos así.

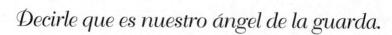

Decirle que es nuestro ángel de la guarda.

El que vela por nuestra felicidad y asegura nuestro bienestar; el que con sus acciones llena nuestra existencia de una luz maravillosa; el que vigila nuestro sueño y aleja temores y pesadillas; el que siempre, aun sin estar, está presente.

Después de haber peleado, besarlo/a para hacer las paces.

A veces las palabras no nos alcanzan para expresar lo que sentimos. Sobre todo, después de una discusión en la que agotamos nuestros argumentos y ya no tenemos ganas de hablar. Es hora de reconciliarnos… es la hora de besarnos para volver a sentir cuáles son las cosas que nos unen.

**El único idioma universal
es el beso.**

Alfred de Musset

Hacer la cama con sábanas nuevas y románticas para pasar una noche especial.

Un pañuelo de seda anaranjado cubre la lámpara de noche y llena de una luz cálida y especial a nuestro dormitorio. Esta vez dejamos los pijamas en el cajón e hicimos la cama con sábanas de seda. Nuestros cuerpos se deslizan, prestos a encontrarse, y nos maravilla esta nueva suavidad.

Tratar de estar siempre de buen humor cuando estamos juntos.

Siempre tendremos un motivo para preocuparnos o afligirnos. De nosotros depende que sepamos discernir cuáles son las cosas que realmente requieren de nuestra preocupación, cuáles son las cosas por las que realmente vale la pena afligirse.

Ponernos de mal humor por pequeñeces que no podemos solucionar no sirve de nada y, al contrario, enturbia nuestro presente. Tratemos de conservar el buen humor, pues es la mejor arma con que contamos para enfrentar las contrariedades de la vida diaria.

Hacer que se sienta siempre deseado/a.

La rutina, tan temida, se agazapa y se prepara para atacarnos cuando pasamos mucho tiempo sin demostrarnos amor y pasión. Y es que a veces la vida nos distrae de nosotros mismos y nos aleja de esa esencia, de ese motor que hace que todo lo demás funcione. No olvidemos nunca hacerlo/a sentir siempre deseado/a, con pequeños gestos que borren de un plumazo la posibilidad de que la rutina se instale entre nosotros.

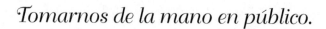

Tomarnos de la mano en público.

Sí, en un rincón del alma seguimos siendo esos adolescentes que descubren el amor y se aferran a él por temor a que se escape. En un rincón del alma seguimos siendo esos jovencitos que no daban un paso sin buscarse las manos para caminar juntos. En un rincón del alma el corazón nos propone seguir jugando eternamente el juego del amor.

Mostrarnos prendados de su cuerpo.

Es un imán poderoso que nos atrae irremediablemente y nos subyuga. Nos convertimos en esclavos de su cuerpo y de su corazón y nos disponemos a alcanzar juntos la cima del placer absoluto. Su cuerpo nos sigue regalando el prodigio del gozo intenso y de la felicidad absoluta. Su cuerpo es el puerto en el que atraca nuestra nave para buscar sosiego después de la tempestad.

Ayudarlo/a a hacer su árbol genealógico.

Una de las cosas que más nos gustan de él/ella es el amor y el interés que manifiesta por sus orígenes y el respeto con que habla de sus mayores. ¿Por qué no ayudarlo/a a hacer su árbol genealógico? Juntos, reímos al descubrir el extraño nombre de ese bisabuelo de grandes bigotes y nos sorprendemos con la noticia de ese tío lejano que cruzó el océano en busca de una nueva tierra que le prometiera bienestar y libertad. Juntos, buscamos sus orígenes.

Dar juntos un paseo en bicicleta.

El otoño tapizó las calles con las hojas rojizas y amarronadas de los árboles y el sol tibio de la tarde tiñe de dorado el paisaje de nuestra ciudad. Nosotros dos nos abrigamos y salimos juntos a andar en bicicleta, sin rumbo fijo. Nos encanta descubrir el encanto de los primeros fríos, del fin del verano y hacerlo así, pedaleando sin apuro, comentando pequeñeces, dejando que las horas pasen sin más sentido que éste de estar juntos.

Querer, querer siempre, querer con todas nuestras fuerzas.

Vittorio Alfieri

Escaparnos a pasar una noche apasionada en un hotel.

Saber que ésta es una escapada romántica y que pasaremos la noche en un hotel nos predispone de la mejor manera posible. Nuestros ojos brillan al encontrarse y una sonrisa prometedora asoma a sus labios... estamos preparados para que todo resulte inolvidable.

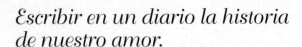

Escribir en un diario la historia de nuestro amor.

Aunque se trata de un cuaderno común y corriente, para nosotros es en realidad uno de los objetos más preciados. En sus páginas hemos ido escribiendo, anotando, narrando, los pequeños grandes acontecimientos de nuestra vida en común, aquellas cosas que, por alguna razón, nos hicieron reír o llorar; esos pequeños instantes que, sumados, dan como resultado esta bella historia de amor.

Mostrarnos siempre orgullosos de aquellas características que hicieron que se fijara en nosotros.

Esta tarde, ordenando viejos papeles, encontramos esa carta que nos escribió desde aquella lejana ciudad europea. Al releerla volvemos a descubrir cuáles fueron esas características nuestras que más lo/a enamoraron. Darnos cuenta de qué cosas hicieron que se fijara en nosotros nos hizo sentir orgullosos, y ahora, después de tanto tiempo y de tanta vida en común, volvemos a sentir lo mismo y revalorizamos nuestras cualidades.

Aprender a practicar su deporte favorito.

Aunque al principio preferíamos dedicarnos a cualquier otra cosa, de a poco nos ha ido contagiando el gusto por su deporte favorito, ése que practica todos los fines de semana. Y hoy lo/a hemos sorprendido con la propuesta de que nos enseñe a practicarlo, para poder jugar con él/ella y disfrutar de un buen momento juntos.

Proclamar a los cuatro vientos nuestro amor.

Porque queremos que todo el mundo sepa lo que sentimos, porque se nos llena el pecho de orgullo por ser tan amados y por amar tanto, proclamamos nuestro amor a los cuatro vientos, como si estuviéramos en la proa de un velero que surca los mares, intrépido. Libres de cualquier prejuicio, locamente enamorados.

**En materia de amor,
demasiado es todavía poco.**

Pierre A. C. Beaumarchais

Hacerlo/a sentir el/la mejor amante del mundo.

Así como hemos aprendido a expresar con gestos, actitudes y palabras cuánto lo/a amamos y cuánto nos importa, también hemos aprendido a hacerle saber que es el/la mejor amante del mundo para nosotros.
En una pareja, el sexo debe estar acompañado de una confianza absoluta para poder vivirse en plenitud, y es esta confianza la que nos permite expresarle cuánto nos gusta lo que hacemos cuando estamos solos.

Comportarse de un modo totalmente inesperado.

Nos gusta sorprenderlo/a con una actitud totalmente inesperada o con un gesto de amor en el momento que cualquiera creería que es el menos indicado. Nos gusta jugar a que somos otras personas y cautivarlo/a nuevamente, como cuando éramos jóvenes y creíamos que este amor era nada más que un juego apasionante y divertido.

Hacerlo/a sentir muy especial el día de su cumpleaños.

Aunque hemos organizado una fiesta por la noche con sus amigos y nuestras familias, lo/a haremos sentir especial durante todo el día. Así, comenzamos con un suculento desayuno en la cama y una lluvia de llamados telefónicos para desearle, cada vez, un feliz cumpleaños. Llegamos más temprano a casa y, aunque cansados, preparamos con gusto su comida favorita para compartir con todos. El broche de oro llegará al final, cuando nadie quede, cuando estemos solos.

Tener en cuenta aquellas cosas que más lo/a excitan.

Así como el amor se alimenta cada día, la sexualidad necesita renovarse con nuevas tácticas, secretos y técnicas. Sabemos cuáles son las cosas que más lo/a excitan y siempre las tenemos en cuenta, pero también buscamos juntos nuevas formas de placer, y exploramos los cuerpos estimulando todos los sentidos para seguir descubriendo, juntos, las sensaciones más intensas.

Hacer el amor frente a un fuego que arde lentamente.

Los leños crepitan y estallan en chispazos. El fuego arde lentamente en el hogar y aquí, sobre esta manta, en el suelo, nosotros dos dejamos que su calor cercano nos envuelva. Desnudos, nuestra piel recibe los destellos dorados de las llamas y se enciende nuevamente, para amarnos otra vez.

Amar es un mar alborotado de olas y vientos sin puerto ni ribera.

RAMÓN LLULL

Colaborar siempre en las labores domésticas.

No siempre tenemos ganas de ocuparnos de las labores domésticas, y a él/ella le sucede lo mismo. Hay días en que desearíamos llegar del trabajo, darnos una ducha revitalizante y sentarnos a esperar que nos sirvan. Por eso, tratamos siempre de colaborar el uno con el otro en las obligaciones de la casa, de modo que la carga se reparta y sea más fácil de llevar.

Aunque sepamos qué va a decir a continuación, dejarlo/a terminar la frase.

Ya nos conocemos tanto que muchas veces sabemos, con sólo mirar-lo/a, cuáles serán sus próximas palabras, pero adelantarnos hasta el punto de hablar por él/ella o de desestimar sus opiniones con un "ya sé que vas a decir que..., pero..." implica una desvalorización y es una actitud que está muy cerca de una falta de respeto.

Hacerle propuestas indiscretas en público.

¡Cómo nos gusta descubrir ese gesto entre enojado y sonriente con que responde a nuestras propuestas indiscretas! Sabemos que en el momento lo/a descolocamos y quisiera protestar, pero hay tanta gente alrededor que tiene que aguantar y, cuando estamos solos, el enojo pasó y sólo queda el deseo por cumplir todo lo que prometimos con susurros.

Guardar entre las páginas de un libro la rosa que nos ha regalado para que se seque y dure por siempre.

Junto a ella hemos dejado una notita, con la secreta ilusión de que, un día, después de muchos años, la descubra.
La nota dice: "Cuando el paso del tiempo haga que esta rosa esté completamente seca y comiencen a desprenderse sus pétalos, yo todavía te seguiré amando".

Convencernos de que hemos encontrado a "la" persona.

Después de tantos desengaños nos cuesta, es cierto, reconocer esto que nuestro corazón nos señala con tanta insistencia cada vez que lo/a vemos: hemos encontrado a "la" persona que nos completa y nos colma, que nos lleva a volar en alas de la ilusión hacia mundos lejanos y desconocidos.

Y es que el corazón es el que tiene razón, y nuestra mente, obediente, le hace caso, y al fin nos convencemos de que ha llegado la felicidad a nuestra vida y abrimos de par en par las puertas para recibirla.

Sólo desde que amo es bella mi vida;
sólo desde que amo sé que vivo.

THEODOR KÖRNER

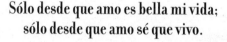

Invitarlo/a a aquel restaurante del que nos hablaron tan bien.

En la oficina nos han recomendado un pequeño restaurante en el que se sirven delicias, un lugar acogedor, ideal para románticos y esta noche decidimos sorprenderlo/a con una invitación a compartir juntos la mesa y la confidencia, así como compartimos tantas cosas en la vida.

Cuando nos enojemos con él/ella, tratar de recordar todas sus buenas cualidades.

El enojo pone un velo en nuestro rostro, un velo oscuro que nos impide verlo/a con imparcialidad. Las peleas nos convierten en aquello que nunca quisiéramos ser y es en esos momentos cuando debemos tratar de recordar sus buenas cualidades, aquellas que aún nos enamoran y que nos hacen saber que después de las tormentas siempre sale el sol.

Decorar juntos la casa para la Navidad.

Este año vendrán nuestros amigos y las familias de ambos y queremos que la casa se vista de fiesta para recibirlos con afecto. Por eso, dedicamos el fin de semana a comprar el árbol y aquellos adornos que tanto nos gustan y decoramos juntos nuestro hogar, para recibir la Navidad rodeados de amor y cosas bellas.

Compartir sus pasatiempos.

Si bien lo peor que nos podría pasar es estar de acuerdo en absolutamente todo y coincidir en todos los gustos y preferencias, compartir al menos alguno de sus pasatiempos es una bella manera de manifestar nuestro interés y nuestro amor.

Acerquémonos entonces cuando está concentrado/a resolviendo un crucigrama, o pidámosle que nos enseñe a podar las plantas del jardín... busquemos el modo de disfrutar nosotros también de estos momentos suyos.

No preocuparnos por perder la conciencia del tiempo cuando estamos juntos.

No fue el vino tinto que aún llena nuestras copas sino nuestros cuerpos los que, embriagados, perdieron la conciencia del paso del tiempo. La claridad de a poco va dejando paso a ese increíble concierto de tonos que nos regala el cielo en este atardecer y, de repente, nos sorprende y nos provoca una carcajada.

Cuando estamos juntos entramos en una dimensión propia, en la que el tiempo deja de ser para convertirse en puro y eterno presente.

**Dios es la plenitud del cielo,
el amor es la plenitud del hombre.**

<small>VICTOR HUGO</small>

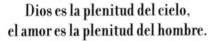

Hacer el amor de día y con las ventanas abiertas.

La razón se ha escondido en alguna parte y no podemos encontrarla. El impulso se apodera de nosotros y no nos importa si es de día o si hay que cerrar las ventanas. Dejamos que los sonidos del exterior entren y formen parte de este compás en que nos amamos, como locos, sin freno, sin límites.

Recordar siempre que en la vida hay que saber perder.

Los que creen que son eternos ganadores en cualquier cosa que emprenden terminan ahogados en la necedad y, cuando una pérdida o un dolor aparece en sus vidas no saben cómo enfrentarlo.

Conservar la humildad y saber que en la vida, así como podemos ganar, también podemos perder, es comprender de qué estamos hechos, cuál es la materia con que nos han formado. Las dos caras de una misma moneda, la alegría y la tristeza, siempre están presentes de alguna manera en nuestra pareja, y debemos ser conscientes de ello.

Amar es vivir con el corazón, es decir, con la parte más viva y más consoladora de nuestro ser.

HENRI LACORDAIRE

Tener fe en él/ella.

La confianza que depositamos en nuestra pareja es una de las bases más sólidas de la relación, y está estrechamente ligada con la fe. Tener fe en él/ella es, en definitiva, creer en sus palabras, confiar en sus decisiones, estar convencidos de que todo lo que haga por la pareja estará guiado por el amor y las mejores intenciones.

Expresarle que somos felices.

Aunque intuimos que lo nota en nuestra mirada enamorada; aunque creemos que no hace falta decirle aquello que aprendimos a expresar con besos y abrazos; aunque estamos convencidos de que la felicidad que nos embarga es imposible de disimular, expresarle que somos felices a su lado es una hermosa manera de confirmar con palabras nuestros gestos, nuestras actitudes.

Mostrarnos siempre interesados en lo que dice.

De alguna manera, podríamos decir que nuestra pareja es un largo diálogo que sostenemos desde hace años, sin cansarnos y sin aburrirnos. Este diálogo nos mantiene atrapados, constantemente interesados en lo que el otro tiene para aportar, pues lo que él/ella dice siempre nos enriquece, nos enseña, nos halaga.

Pasear juntos bajo el sol de la mañana.

La primavera ha decidido, al fin, instalarse en nuestra ciudad y llena los jardines de flores y las calles con el canto de las aves. Lo descubrimos al abrir las ventanas esta mañana y entonces corremos a proponérselo: ¿por qué no salir a pasear antes de ocuparnos de cualquier otra cosa? Después de desayunar nos ponemos en marcha, sin rumbo determinado, con la sola idea de dejar que el sol entibie nuestro cuerpo y de comenzar el fin de semana disfrutando de un momento tranquilo y relajado.

Confesarnos el uno al otro lo primero que sentimos cuando nos conocimos.

Cuando sucedió no nos dijimos nada pues todavía no era el tiempo de las confidencias. Luego, el tiempo pasó y nos encontró ocupados en descubrirnos y conocernos, compartiendo grandes y pequeños momentos. Habíamos olvidado contarnos lo primero que sentimos al conocernos y esta noche, amiga de las confesiones, nos brinda la excusa perfecta.

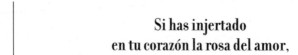

**Si has injertado
en tu corazón la rosa del amor,
tu vida no ha sido inútil.**

Omar Khayyam

Protegernos de la lluvia bajo el mismo paraguas.

Todos corren a nuestro alrededor. Bocinazos, apuros, empujones... la ciudad parece haber enloquecido esta tarde de lluvia y viento repentinos. Nosotros desafiamos el vértigo que nos rodea y caminamos despacio, con nuestro propio ritmo, bajo el mismo paraguas. No importa de qué hablamos, y si lo hacemos o no: importa este momento romántico, importa caminar del brazo, cercanos, amantes.

Señalarle con delicadeza y amor los errores que comete.

Gracias a Dios no es perfecto y comete equivocaciones. ¡Qué mal haríamos en mirar hacia otro lado para no verlas! No olvidemos nunca que cada día se aprende algo nuevo, que estar dispuestos a señalar con delicadeza sus errores es, simplemente, ayudarlo/a a comprender, y a rectificar.

Enjabonarle la espalda.

Ha llegado muy cansado/a del trabajo y lo primero que desea es un buen baño caliente. Mientras el pollo con patatas termina de cocinarse en el horno, enjabonamos su espalda con amor y ternura mientras comentamos juntos lo que nos ha sucedido a lo largo del día. Comenzamos a comunicarnos, comenzamos a tender nuevamente esos hilos invisibles y fuertes que traen y llevan los sentimientos entre nosotros, cada noche, cada día.

No molestarnos si busca algo en nuestra cartera o maletín.

Si confiamos el uno en el otro, ¿por qué molestarnos si busca algo entre nuestras pertenencias? Si no tenemos nada que ocultar, y si él/ella confía en nosotros, ¿para qué generar un mal momento?

La confianza que expresamos con palabras debe confirmarse con hechos, cada día de nuestra vida en común.

Tomar conciencia de que para amarnos debemos dejar atrás el egoísmo.

Cuando uno ama de veras, es cierto, debe resignar algunas cosas de su vida anterior. Cuando comenzamos a vivir y a pensar de a dos, sin perder nuestra individualidad, dejamos atrás costumbres y actitudes asociadas con la soledad.

Amar es el sentimiento menos egoísta que existe: sin dejar de ser uno, nos fundimos con el otro y comenzamos a ser dos.

El amor es el olvido del yo.

HENRI FRÉDÉRIC AMIEL

Sentarnos juntos a mirar el atardecer.

Este momento es único y es nuestro. El tiempo parece detenerse mientras, extasiados, observamos cómo el sol comienza a fundirse con el mar y tiñe el cielo con una increíble paleta de rojos y anaranjados.

El silencio nos acompaña y otorga a este momento carácter de ceremonia sagrada: nosotros dos y el ocaso.

Aprender a no negar nuestros problemas o diferencias.

Aunque nada nos gustaría más en el mundo que vivir sin contratiempos, sin discusiones, pasando sólo buenos momentos, lo cierto es que la vida está hecha de alegrías y tristezas, y son precisamente las tristezas las que nos hacen valorar en su justa medida los momentos de felicidad. No neguemos nuestras diferencias, porque son precisamente las que nos enriquecen y nos hacen aprender el uno del otro.

Ofrecerle ayuda aunque no la haya pedido.

Nuestra relación es rica y completa. Además de amantes somos amigos, hermanos, compañeros, cómplices en la aventura de vivir.
Y estamos, entre muchas otras cosas, para ayudarlo/a a resolver dificultades cuando vemos que no encuentra el camino hacia la solución. No esperemos a que nos lo pida: ofrezcamos nuestra ayuda con amor y con franqueza. Es otra de las bellas formas que tiene el amor de manifestarse.

Dormir un ratito más un domingo a la mañana, abrazados, mientras afuera llueve.

Adiós a nuestros planes… adiós a esa salida al aire libre que esperamos durante toda la semana.
La lluvia golpea los cristales desde el amanecer y parece que así seguirá todo el día, pero no podrá arruinar nuestro día porque no nos importa lo que hagamos, mientras estemos juntos. Por eso, dormir un ratito más y luego hacer nuevos planes para quedarnos en casa es, ahora, nuestra mayor alegría.

Saber apreciar los regalos que nos hace.

Sí, a menudo elige justamente aquello que no necesitamos, o esa prenda de vestir en el color menos adecuado, pero es tan grande el amor con que nos hace regalos que no podemos menos que sonreír y abrazarlo/a, y llenarlo/a de besos de agradecimiento. Y es que en realidad no es tan importante lo que nos regala sino el hecho de hacerlo, el hecho de haber pensado en nosotros.

Consolarlo/a si ha discutido con un ser querido.

Su corazón está dolido, y con razón. Una amarga discusión con un ser querido ha nublado este día de sol y nosotros sólo podemos consolarlo. No podemos volver el tiempo atrás para evitar esa discusión ni podemos mediar en ella. Sólo podemos estar a su lado, y escuchar y contenerlo/a para que atraviese este momento de la mejor manera posible y pueda ver la luz al final del camino.

**El amor es la fuerza más importante
en el desarrollo de nuestra
vida física, emotiva y espiritual.**

ASHLEY MONTAGU

Imaginar juntos cómo será nuestra relación dentro de diez o veinte años.

Tenemos tanta fe el uno en el otro y en lo que podemos juntos que no nos cuesta nada soñar con el futuro, porque confiamos en que será de a dos. Y aunque no podemos tener certezas, el amor nos hace volar con la imaginación e imaginarnos fundadores de una hermosa y alegre familia, comenzando a envejecer, unidos por un amor tierno pero alborotado y travieso, como el del primer día.

Ayudarlo/a a tener más fe en él/ella mismo/a.

En esos momentos difíciles en que todo parece estar en su contra pierde la fe en sí mismo/a, la confianza en su capacidad para atravesar exitosamente una mala etapa. Pero allí estamos, para recordarle con cuánta entereza superó esa crisis que ahora parece tan lejana, para confirmarle que es absolutamente capaz de sobreponerse y volver a levantarse. Aquí estamos, con la mano tendida para ayudarlo/a a ponerse de pie y seguir caminando.

Contarle todas nuestras experiencias pasadas.

Antes de que entrara a nuestra vida nos han pasado muchas cosas, de las buenas y de las malas. Saber compartirlas con él/ella es comenzar a demostrarle con hechos la confianza que nuestro corazón ya depositó en la relación. Es una buena manera de comenzar a conocernos en profundidad y de saber quiénes éramos antes de ser nosotros dos.

Convertir nuestro dormitorio en un nido de amor.

Siempre cuidamos que las sábanas estén limpias y perfumadas, y no dejamos que pase un solo día sin tender la cama. En las mesitas de noche no faltan los jazmines, que perfuman nuestros encuentros. Las cortinas elegidas por los dos, ese bello paisaje marino colgado en la pared más grande y las bombillas de luz cálida completan el ambiente soñado: nuestro dormitorio se ha convertido en un nido de amor.

Dejar volar un globo que tenga nuestros nombres escritos.

Con una sonrisa en los labios vemos cómo el viento se lo lleva lejos, allí donde nada ni nadie puede alcanzarlo. Supera las copas de los árboles, danza con las aves y las nubes, viaja libre hacia nuevos mundos, y lleva por compañero de aventuras a nuestro amor que ahora también vuela, libre, sin ataduras, hacia un nuevo horizonte.

Disfrutar intensamente, juntos, el último día del año.

Aunque para muchos el día pase a gran velocidad, sumidos como están en la ansiedad de un próximo viaje o de los preparativos de una reunión familiar, nosotros decidimos disfrutar juntos el último día de este año, desde el primero hasta el último minuto.

Otro año más que nos encuentra juntos, otro año más cuyo balance arroja un resultado más que positivo, otra oportunidad para reafirmar el tipo de sentimiento que nos mantiene unidos.

No perder nunca la inocencia.

Desde el primer día y hasta hoy nos hemos amado con franqueza y sin malicia. Nunca calculamos cuánto ni de qué manera y, afortunadamente, conservamos la inocencia con que aman los adolescentes, esa manera cándida de entregarse al otro, esa ilusión con que se invitan mutuamente a vivir su primer amor.

Alimentar el deseo de seguir viéndonos cada día.

Puede suceder que el ritmo vertiginoso de la vida nos haga dar por sentado que debemos estar juntos y que olvidemos preguntarnos por qué y de qué manera vivimos esta relación.
Debemos buscar esos pequeños incentivos que alimentan el deseo de seguir viéndonos cada día: una llamada telefónica sorpresiva, una invitación, un halago, un pedido son excelentes herramientas para que resurjan las ganas de seguir compartiendo la vida.

No basta un gran amor para retener eternamente a la persona que se ama, si al mismo tiempo no llenamos su existencia de un rico contenido, incesantemente renovado.

André Maurois

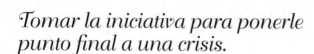

Tomar la iniciativa para ponerle punto final a una crisis.

Ya hemos hablado sobre ella, ya hemos discutido, nos hemos reconciliado y vuelto a discutir. Ya sabemos de qué se trata y nos hemos puesto de acuerdo en resolverla. Sólo falta tomar la iniciativa para decirnos a nosotros mismos "Suficiente... a partir de ahora comenzamos de nuevo", y tomar impulso para seguir adelante.

Dejarlo/a descansar el domingo por la mañana aunque haya prometido levantarse temprano.

Hace semanas que nos promete que dedicará el domingo a terminar junto con nosotros esos pequeños asuntos pendientes de la casa, pero por una u otra razón lo ha postergado.

Hoy parecía ser el día, pero el cansancio de la semana lo/a ha vencido y duerme, como un ángel, ajeno a todo.

No importa... será otro día. Lo/a dejaremos descansar y, amorosamente, lo/a esperaremos con un delicioso desayuno compartido.

No callar las verdades, pues de lo contrario se volverán venenosas.

A veces las verdades son dolorosas y tendemos a callarlas para no empañar la armonía del presente, aun sabiendo que cometemos un error. Y es que esas verdades no dichas no desaparecen sino que permanecen escondidas, agazapadas, para resurgir, cargadas de veneno, el día menos pensado.

Tengamos en cuenta que, aunque duelan, las verdades entre nosotros deben ser dichas.

Encontrar nuevos motivos para amarlo/a.

A lo largo de nuestra historia en común hemos tenido muchas oportunidades para descubrir motivos para amarlo/a. Y aunque nos parezca que no hace falta, que no los necesitamos, el amor se acrecienta cuando él/ella hace algo nuevo, cuando nos enseña, cuando le enseñamos, cuando compartimos una nueva actividad y así, descubrimos maravillados que siempre tenemos un nuevo motivo para amarlo/a.

**El amor no tiene edad;
siempre está naciendo.**

BLAISE PASCAL

Lograr que el fuego de nuestro amor arda hasta en el agua.

Si fuera una antorcha y la sumergiéramos en un lago de aguas heladas seguiría ardiendo y, como por arte de magia, su llama emergería potente, luminosa como nunca.

Nuestro amor es el fuego que nos abrasa y nos enciende; es la energía poderosa que nos atrae irremediablemente el uno hacia el otro; es el motivo perfecto que encontramos para respirar y despertarnos, cada día del resto de nuestras vidas.

Tratar de que siempre haya una cuota de misterio en nuestra relación.

Sabemos que la rutina es nuestro peor enemigo y por eso buscamos guardarnos un pequeño secretito inocente que revelaremos en el momento oportuno; o introducir esa mínima cuota de misterio en la pareja que hace que no demos todo por sentado o por sabido, para seguir jugando al atrapante juego de la sorpresa y la maravilla.

Aprender a decir "no" con amabilidad y fundamento.

¿Quién dicta las leyes de nuestro amor como para dictaminar que nunca puede haber un "no" entre nosotros?
Afortunadamente hemos aprendido que es mejor decir que no en el momento en que así lo sentimos, que sostener una actitud ficticia y forzada de consentimiento que, tarde o temprano, se nos volverá en contra.

Sentirnos padres desde el primer día de embarazo.

Aunque intuíamos que sería de esta manera, nunca imaginamos que, de un segundo a otro, la vida podía cambiar de esta manera tan maravillosa.
No sabíamos que se podía amar así a alguien tan pequeñito... no creíamos posible que esta noticia nos podía unir tan pero tan fuertemente.
Nos sentimos padres desde el primer día de embarazo y el orgullo y la emoción por lo que hemos logrado se nos mezclan con las lágrimas que nos conmueven y nos hacen reír al mismo tiempo.

Aceptar las separaciones que imponen los viajes de negocios o trabajo sin enojos.

Aunque hay algo en nuestro interior que nos hace desear estar siempre juntos, debemos aceptar que separarnos por unos días hace que los reencuentros sean francamente maravillosos. A veces, la distancia física ayuda a revalorizar lo que tenemos. Volver a estar solos por algunos días nos ayuda a reflexionar en todo lo bueno que logramos y que compartimos, y nos hace volver a elegirlo/a con esa certeza única que nos dicta el corazón.

El amor es un arte que nunca se aprende y siempre se sabe.

BENITO PÉREZ GALDÓS

Compartir las primeras patadas del bebé dentro de la panza.

Soñamos durante meses con este momento, con el maravilloso instante en que compartiríamos las primeras pataditas, los primeros movimientos. Sí, es una realidad, aquí está nuestro hijo, el que imaginamos durante tantas noches en vela. Entre sonrisas y lágrimas nos abrazamos, profundamente felices, orgullosos, enamorados.

Dejar que el corazón guíe nuestros pasos.

Cuando las palabras se convierten en muros infranqueables que nos separan, cuando no encontramos la frase justa que exprese lo que sentimos debemos dejar que el corazón tome las riendas y nos guíe, a ciegas, hacia donde está la luz. Este corazón enamorado conoce el camino que nos aleja de la oscuridad y nos lleva a ese claro en el bosque donde él/ella nos espera, para volver a abrazarnos.

Elegirlo/a durante el día para que nos siga acompañando por las noches.

Podemos ser maravillosos compañeros sexuales, pero si durante el día nos olvidamos el uno del otro tarde o temprano la pasión se extinguirá. De lo que hagamos durante el día depende la felicidad de nuestros encuentros por la noche. Cuando la comunicación fluye sin obstáculos entre un hombre y una mujer, el amor y el sexo se convierten en compañeros inseparables.

Sentir que nacemos por segunda vez cada vez que lo/a amamos.

Nos hace subir hasta el punto más alto del placer para, desde allí, caer lentamente de nuevo para aterrizar en sus brazos. Con él/ella hemos descubierto que volvemos a nacer cada vez que nos amamos, que esta pasión nos reinventa y nos renueva. No queremos perder nunca esta sensación única e indescriptible, este regalo con que la vida ha decidido premiarnos.

Volver a ser como Adán y Eva, y sumergirnos en nuestro paraíso personal.

No nos interesa saber cómo y cuánto aman los demás, porque cuando nos amamos sentimos que somos los primeros en hacerlo, los fundadores de una raza, el origen de una especie.

Recorremos desnudos este paraíso imaginado a nuestro gusto, pleno de placeres y regocijo, colmado de dones y virtudes, deliciosamente privado, únicamente nuestro.

Amar es lo más hermoso de la vida y ha de ser nuestro patrimonio y nuestra recompensa en la eternidad.

Madame Necker

Robar una flor en un jardín para regalársela.

Sorpresivamente nos soltamos del abrazo y nos alejamos unos metros. Nos mira, asombrado/a, sin comprender, hasta que descubre que otra vez estamos haciéndolo, y sonríe.

De ese jardín perfecto y florido elegimos la rosa más bella, la de pétalos más suaves, para arrancarla y regalársela, sin más motivo que expresar el amor que sentimos.

Preguntarle si le gusta cómo nos vestimos para ir a una fiesta.

Aunque el espejo nos devuelve la imagen que queríamos y nos sentimos seguros de cautivarlo/a, nos gusta preguntarle si estamos bien para, simplemente, encontrarnos con esa sonrisa en la que se mezclan el amor y el orgullo de estar juntos.

Se nos acerca, nos dice al oído que estamos perfectos, y nos besa en el cuello, como sólo él/ella sabe hacerlo, y la fiesta, por un instante, desaparece de nuestra mente y se convierte en una lejana excusa para vivir este momento.

Tendernos en la playa tomados de la mano.

Nos tendemos uno junto al otro y cerramos los ojos por un momento, para disfrutar del sol de este día perfecto. A nuestros oídos llegan las risas de los niños, los retos de aquel padre, el rumor constante y eterno de las olas, el graznido de una gaviota hambrienta. Se trata, solamente, de un día perfecto, nada más ni nada menos que de un momento perfecto.

Hacer que nuestros amigos y los suyos se conozcan.

A medida que nuestra relación crece se va nutriendo de nuevos ingredientes. Su mundo comienza a fundirse con el nuestro y, como parte de la evolución natural de nuestros sentimientos, él integra a sus amigos y nosotros a los nuestros. Hacer que se conozcan es, de alguna manera, superar una nueva prueba en este amor que va surgiendo, tímido pero vigoroso, entre nosotros dos.

Mirar juntos un viejo álbum de fotografías de su familia.

Aquí está, tan pequeño/a, en los brazos orgullosos y fuertes de su abuelo. En esta otra sonríe feliz el día de su cumpleaños. Su abuela, abrazada a su madre, en el jardín de su casa. Sus hermanos, enfrentando las olas del mar. Aquí también está él/ella, serio/a, mirando directamente a la cámara, en este retrato que se ha convertido en uno de nuestros preferidos.

Mirar juntos un viejo álbum de fotografías de su familia nos ayuda a conocerlo/a de una manera diferente y a saber de dónde viene y quiénes son sus afectos.

Tratar de pelear lo menos posible.

Si ya nos conocemos lo suficiente como para saber cuáles son las cosas que nos irritan, evitemos las provocaciones sin sentido, generar aquellas situaciones que desembocan en discusiones y desencuentros. El hecho de conocernos en profundidad nos ayuda a eludir posibles enfrentamientos y a enfocarnos en lo que realmente importa, que es la armonía y el bienestar que somos capaces de generar juntos.

Besar cada vez que tengamos ganas de hacerlo, sin reprimirnos.

A veces no hay motivo para besar, más que el simple hecho de demostrar nuestro amor en un momento cualquiera. Y es que el corazón no se guía por fechas especiales sino que busca expresarse en los momentos menos esperados. A lo mejor recordamos con ternura algo que sucedió días atrás, o proyectamos un momento juntos a futuro y eso dispara la chispa del amor. No pongamos barreras a lo que el corazón siente, porque siempre es sincero.

Pedir como deseo de cumpleaños que la historia de amor que estamos viviendo sea aún más hermosa de lo que es.

Cuando anoche le contamos que pediríamos este deseo se rió y nos abrazó, aparentemente sin creernos del todo. Y ahora, rodeados de amigos y familia, y frente al pastel de cumpleaños, buscamos su mirada y con un leve gesto de la cabeza asentimos, confirmando nuestra promesa. Él/ella sonríe, y asiente y sus labios repiten con nosotros el deseo, que ahora pedimos juntos.

El amor es de la misma esencia que el alma humana. Como ella, es una chispa incorruptible, indivisible e inmortal. Es un fuego que llevamos dentro y que nada puede sofocar ni apagar.

Victor Hugo

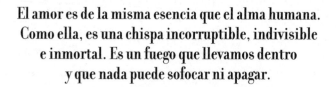

Descansar juntos en un sillón después de un agitado día de trabajo.

No importa si él/ella lee el periódico y nosotros miramos un programa en la televisión. No necesitamos compartir una actividad pues nos basta con sentirnos cerca el uno del otro, después de un día agotador en el trabajo, descansando, relajándonos, intercambiando frases y opiniones sobre la jornada de cada uno, volviendo a encontrarnos.

Mirarlo/a siempre a los ojos.

Cuando eludimos una mirada estamos expresando que hay algo que no queremos decir, que hay algo que no deseamos enfrentar.

Mirarlo/a siempre a los ojos es nuestra consigna desde que nos conocemos: elegimos esta forma de relacionarnos, franca, sincera, sin ocultamientos. Podemos sostener su mirada con la nuestra porque nuestro corazón está abierto para él/ella, sin reservas.

Imaginarnos por un momento que somos las dos únicas personas que habitan el planeta.

Y el planeta es nuestra habitación, y aquí es donde descubrimos que por el momento no nos hace falta nada más que estar juntos, más juntos que nunca. Es aquí donde sentimos que este amor nos enaltece y nos completa. No sabemos ni nos importa lo que sucede afuera, pues este instante es únicamente nuestro.

Dejar los problemas atrás ante la perspectiva de un día de sol.

Nuestro barco deja atrás, por fin, la tempestad que lo tuvo sin rumbo durante tantos días. El viento de la tarde por fin barrió las últimas nubes y la perspectiva para mañana es de sol pleno. La vida es hermosa, aun con esas tormentas que cada tanto se abaten sobre nosotros. Vivamos para disfrutarla.

Hablar siempre con respeto de su familia.

Aunque no estemos de acuerdo con muchas cuestiones relacionadas con su familia debemos aprender a aceptarla y a respetarla. De allí viene, allí están sus orígenes y, aunque sus códigos sean muy diferentes a los nuestros, lo peor que podemos hacer es juzgar.

El amor y la razón son dos viajeros que nunca moran juntos en el mismo albergue. Cuando el uno llega, el otro parte.

Walter Scott

Invitarlo/a a comenzar cualquier cosa que deseemos emprender.

¿En quién sino en él/ella pensamos cada vez que decidimos emprender algo nuevo? ¿Quién es el/la compañero/a fiel que se suma siempre a cada nueva aventura? Tomarnos de la mano para dar los primeros pasos juntos nos da la fuerza que necesitábamos para incursionar en nuevos caminos y afrontar nuevos desafíos.

Tomarnos de la mano mientras esperamos el resultado del test de embarazo.

Ante la sospecha, nuestra primera reacción fue de júbilo pero luego decidimos no llenarnos de expectativas y ser cautos. Pero en este momento tan decisivo no podemos menos que tomarnos de la mano, fuerte, más fuerte que nunca, y esperar a que ese milagro tan esperado se produzca. Sentimos que nuestra vida está a punto de cambiar por completo y el vértigo se apodera de nosotros. El corazón se nos llena de amor.

Presentárselo/a a nuestra familia.

Aunque nos tenga un tanto nerviosos la incertidumbre de saber cómo será el encuentro, presentárselo/a a nuestra familia es demostrarle cuán en serio nos estamos tomando la relación. Es, además, una bella manera de comenzar a integrarlo/a a nuestro mundo. Es, en definitiva, abrirle otra puerta más para que entre en nuestra vida.

No envidiarlo/a nunca, bajo ningún punto de vista.

Aunque todos negamos enfáticamente sentir envidia por alguien, lo cierto es que este sentimiento está dentro de cada ser humano, y es parte de su constitución. Eso sí, que una relación de pareja esté teñida por la envidia implica que está herida de muerte y que tarde o temprano se extinguirá. No debemos olvidar nunca que ser una pareja implica estar uno junto al otro, a la par. Nunca uno de los dos se colocará por encima del otro como para despertar la envidia.

Estar dispuestos a considerar las nuevas ideas que él/ella proponga.

Aunque algunas no nos parezcan pertinentes o consideremos que nuestra idea sobre el mismo tema es mejor y más conveniente, no nos neguemos a considerar sus propuestas porque las hace con el corazón y la mente puestas en nuestro bienestar. No olvidemos que una pareja se nutre de nuevas ideas y proyectos.

Pensar en el futuro de nuestra relación.

Aunque el pasado ha sido maravilloso y el presente sólo nos regala bellos e intensos momentos, también pensamos en lo que vendrá y en cómo será, y lo hacemos de manera productiva, imaginando realizaciones, generando proyectos para concretar y hacer que el futuro sea aún mejor entre los dos.

El principio de la actividad es el amor. El amor llena con su presencia el universo entero, mueve sus resortes y les hace concurrir a un admirable concierto.

Platón

Llamar a la radio para dedicarle una canción.

Esta mañana hemos sintonizado nuestra estación de radio favorita para dedicarnos juntos a hacer esas cosas de la casa que han quedado pendientes durante la semana. La música llena los ambientes y nos contagia su alegría... y de repente se nos ocurre esta bella manera de sorprenderlo/a. Sin que se dé cuenta, llamamos a la radio y pedimos esa canción que siempre lo/a hace bailar, y se la dedicamos.

Ayudarlo/a a elegir qué ropa ponerse para una fiesta.

La fiesta es importante y parece que toda su capacidad de decisión ha quedado olvidada en algún rincón. Deambula por la casa sin vestirse y, después de un rato, nos apiadamos y, entre risas, lo/a ayudamos a elegir aquellas prendas que mejor le quedan. Con cuánto orgullo nos tomamos de su brazo un rato más tarde al salir de casa... con cuánto amor nos mira al entrar a la fiesta, unidos como siempre, unidos como nunca.

Decirle cuánto lo/a vamos a extrañar si se va de viaje.

Aunque sabemos que estas pequeñas separaciones nos hacen revalorizar nuestra relación y tienen como consecuencia deliciosos reencuentros, sabemos cuánto lo/a vamos a extrañar, y no dudamos en decírselo. Aunque tenemos nuestra propia vida y podemos desenvolvernos perfectamente sin él/ella, eso no impide expresarle que vamos a estar deseando su regreso desde el momento en que se vaya.

No permitir nunca que los demás opinen.

Por más que los guíe el amor y las buenas intenciones hacia nosotros, los demás no conocen la materia de que está hecho nuestro amor ni esa suma de detalles que conforman nuestro código propio y personal. Lo que para otros es de determinada manera, para nosotros es de otra. No permitamos que los demás opinen sobre nuestra relación con el fin de alterar su esencia o para criticarla.

**Ama y haz lo que quieras. Si callas, callarás con amor;
si gritas, gritarás con amor; si corriges, corregirás con amor;
si perdonas, perdonarás con amor.**

San Agustín

No competir por el primer lugar, pues en el amor no existe primero ni segundo.

Sabemos que existen parejas para las cuales el código de funcionamiento es la competencia, pero nosotros preferimos ir siempre de la mano, al mismo paso, sin adelantarnos ni atrasarnos. No hay carrera por ganar, nadie quiere llegar primero a ningún lugar, pues preferimos alcanzar juntos las metas que nos proponemos y compartir el sabor único que tiene saber que lo hicimos de a dos.

Aprender a compartir los espacios y los momentos.

Nadie nos lo enseñó y es un ejercicio que nos proponemos cada día, con cada nueva situación vivida entre los dos. Comenzar a ser una pareja implica, entre muchas otras cosas, aprender a compartir espacios y momentos, comenzar a olvidarnos del egoísmo para pensar antes en el otro, iniciar el camino que nos lleva a ser dos que se aman y se respetan.

Tener siempre presente su sabor preferido de helado.

Entre otros miles de motivos, sabemos que nos ama por estos pequeños detalles: tenemos presentes sus gustos, sabemos cuál es su color favorito, no olvidamos nunca las fechas de cumpleaños de sus amigos, podemos sorprenderlo/a con un delicioso helado de su gusto preferido, como hacemos esta noche, después de que nos agasajara con una cena perfecta.

Respirar el mismo aire.

A medida que nos vamos conociendo, a medida que vamos aceptando nuestras diferencias, algo mágico sucede entre nosotros: nuestros ritmos se acoplan y, sin perder autonomía ni individualidad, comenzamos a latir al unísono.
Un día, casi por casualidad, descubrimos que respiramos el mismo aire, que vibramos en el mismo tono, que nos emocionan y nos enojan las mismas cosas: somos una pareja.

Regalarle una entrada para ver su espectáculo favorito.

Hace ya un par de meses que sabemos que vendrá a la ciudad su músico favorito pero él/ella nos ha dicho que no irá al concierto porque es mejor gastar el dinero de las entradas en esos arreglos pendientes de la casa. Parece que no le importa, pero nosotros sabemos cuánto está resignando y por eso, en secreto, evitamos gastos superfluos para ahorrar y sorprenderlo/a, esta tarde, dejando el ticket de la entrada sobre su almohada, junto a una nota en la que expresamos todo nuestro amor.

No pretender que esté siempre dispuesto/a a acompañarnos a todos lados.

Construir una pareja sana y sólida implica tomar conciencia de que, a pesar de estar juntos en muchos momentos de la vida, también podemos funcionar de manera independiente. Esto tiene que ver con respetar aquellas decisiones que no compartimos del todo, y también con comprender que él/ella no es un mero acompañante sino un ser con gustos y necesidades propias, que no siempre coinciden con las nuestras. Aceptemos con sabiduría que no siempre tenga deseo de acompañarnos.

Confiar en que él/ella hace lo mejor posible.

Ni por un momento dudaríamos de sus intenciones, pues siempre han sido buenas, aun en aquellos lejanos tiempos en que nuestra relación tambaleó. Nunca, ni siquiera en las épocas oscuras que atravesamos juntos, dejamos de confiar en que hacía lo mejor posible por él/ella, por nosotros y por nuestra relación, y la prueba es lo bien que estamos hoy en día.

Cuidar todos los días la flor de la pasión.

Nació un día con ese vigor inigualable que la naturaleza imprime a todas sus creaciones. Al principio fue un pimpollo lozano y fragante y, con el tiempo, se fue convirtiendo en la más bella y fuerte de las flores que perfuman nuestro paraíso personal.

Es eterna como nuestro amor, pero necesita nuestra atención y nuestros cuidados. Por eso, con cada caricia, con cada beso apasionado la fortalecemos, la ayudamos a crecer. Con cada demostración de pasión le inyectamos la savia que precisa para no morir nunca.

Pelear cada vez con menor frecuencia.

A medida que pasa el tiempo y nos vamos conociendo más sabemos cuáles son las cosas que nos molestan y cuáles nos encantan y nos hechizan, y vamos aprendiendo a detectar sus momentos de enojo y mal humor con sólo mirarlo. Y esto nos permite evitar peleas innecesarias, que sólo sirven para sumergirnos en la tristeza y la melancolía. ¿Qué necesidad hay de discutir por cosas que no vamos a cambiar, que no deseamos ni podemos modificar?

**El amor nos enseña
todas las virtudes.**

PLUTARCO

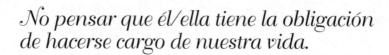

No pensar que él/ella tiene la obligación de hacerse cargo de nuestra vida.

Aquellos problemas, aquellas cuestiones sin resolver que arrastramos como una pesada mochila desde antes de conocerlo/a son nuestra responsabilidad. Él/ella puede ayudarnos escuchándonos o proponiéndonos alternativas para solucionarlos, pero de ninguna manera tiene la obligación de hacerse cargo de nuestra vida. Ni somos niños ni él/ella es nuestro padre/madre. No olvidemos nunca que una pareja es una unión de pares, en igualdad de condiciones y con similares responsabilidades.

Evitar los gestos de desaprobación o disgusto.

Aunque sabemos que hay gestos de amor que dicen más que mil palabras, con las expresiones de desaprobación o disgusto sucede precisamente lo opuesto: dejan cosas sin explicar y generan un malestar innecesario.

Cuando algo nos molesta o nos parece inadecuado lo más apropiado y productivo es explicarlo con palabras amables y cuidadosas, evitando esos gestos que seguramente no son fiel reflejo de lo que sentimos.

Llenar la casa de jazmines en su honor.

Sabemos cuánto le gusta el perfume incomparable de los jazmines y por eso, cuando en las esquinas de la ciudad comienzan a aparecer, al principio del verano, los vendedores de flores, no dudamos y compramos un ramito de pimpollos.

Cuando llegue de la oficina, los encontrará en el pequeño jarrón de cristal, perfumando nuestro hogar.

No enojarnos por cualquier cosa.

Si nos preguntaran si preferimos estar peleados o llevarnos bien, la respuesta saldría de nuestros labios inmediatamente porque no necesitamos ni siquiera pensarla un instante. Entonces, ¿para qué enojarnos por pequeñeces sin sentido, que pueden solucionarse de tantas otras maneras? ¿Por qué no guardar, en todo caso, nuestro enojo para cosas verdaderamente importantes?

Cuando un hombre y una mujer comienzan a discutir con asiduidad, comienzan también a olvidar que es posible vivir de otra manera más armónica y positiva. No lo olvidemos nunca.

Revelarle nuestros miedos más secretos.

Nunca se los hemos revelado a nadie y convivimos con ellos, a nuestro pesar, desde hace ya mucho tiempo. Revelarle esos temores que cada tanto nos acechan y nos angustian es, por un lado, demostrarle la confianza absoluta que siente nuestro corazón y, por otro, comenzar a espantar esos temores, esos horribles fantasmas, con su ayuda y con su amor.

**No hay casa, por humilde que sea, en la que,
si son puros los corazones que allí habiten, no entre el amor.**

Oscar Wilde

Descubrir que el deseo no tiene límites para los dos.

Hemos superado el mayor de los desafíos: seguir atrayéndonos mutuamente a pesar del paso de los años. El deseo no tiene límites para los dos y siempre volvemos a elegirnos, cada noche, con la ansiedad del primer día.

Su abrazo nos completa y nos transporta a un universo donde no cabe nadie más que nosotros. Su cuerpo sigue siendo nuestra fuente de inspiración, sus besos siguen siendo un elixir, sus caricias siguen siendo las únicas que despiertan en nosotros la fiebre de la pasión.

Exteriorizar la alegría que sentimos cada vez que lo/la vemos.

El tiempo que pasamos sin él/ella, cada día, nos sirve para darnos cuenta de cuánto bien nos hace su presencia, para convencernos —aunque no sea necesario— de que estar a su lado llena nuestra vida de color y alegría.

¿Cómo no expresar esto que sentimos estrechándolo/a en un abrazo cada vez que volvemos a encontrarnos?

**Sólo el amor puede
ayudar a vivir.**

Oscar Wilde

*Para mi madre,
con amor*

Recitarle ese poema tan hermoso que le enseñó su madre.

La hemos escuchado recitarlo entero o por partes en diversos momentos de su vida, tanto en los malos como en los buenos. Sabemos que para ella es una forma de tenerla cerca, de confirmar ese lazo invisible que las une para siempre. Alguna vez nos ha dicho que su autor se llama Cummings y que, aunque es un poema romántico, para ella simboliza cualquier clase de amor.

Esta mañana la descubrimos, silenciosa, en la cocina, entre ollas y sartenes, preparando el almuerzo con que nos recibe en su casa todos los domingos. Sigilosamente nos acercamos, sin que note nuestra presencia, y se lo recitamos:

**Llevo tu corazón conmigo (lo llevo en
mi corazón) nunca estoy sin él (tú vas
dondequiera que yo voy, amor mío; y todo lo que hago
por mí mismo lo haces tú también, amada mía).**

Sus manos se detienen y, lentamente, ella se da vuelta. Una sonrisa ilumina su rostro y de sus ojos brotan lágrimas de emoción.

Regalarle la oportunidad de ser la primera en saber que va a ser abuela.

La noticia nos estalla en el pecho y, cuando al fin podemos calmarnos y pensar, todos los que amamos vienen a nuestra mente. ¿Por dónde comenzar? De repente el corazón nos da la respuesta y corremos al teléfono. Intuimos, y es casi una certeza, que aun después de muchos años seguirá recordándole a su nieto/a, con ese orgullo único de las abuelas, que ella fue la primera en enterarse, que ella respondió con gritos de alegría, que ella después de cortar el teléfono se puso a bailar como loca por toda la casa.

Abrazarla todas las veces que podamos mientras le decimos: ¡gracias!

Tantos esfuerzos y sacrificios, tanta dedicación, tanta entrega... es imposible traducir en palabras todo lo que sentimos cuando pensamos en todo lo que nos dio, en todo lo que cada día sigue dándonos. Sólo podemos abrazarla y decirle ¡gracias!, ¡gracias! en un vano intento por devolverle aunque sea en mínima porción el increíble amor con que llenó cada momento de nuestra vida.

Incentivarla para que ingrese con nuestra ayuda en el mundo de la informática.

Sabemos que le encanta estar actualizada, renovarse constantemente, seguir aprendiendo cada día cosas nuevas. Por eso, armados de paciencia, le enseñamos a manejar la computadora que le han regalado para poder comunicarse con sus afectos lejanos.

El paso del tiempo nos brinda valiosas enseñanzas: somos nosotros, ahora, quienes le enseñamos; somos nosotros los que descubrimos un mundo nuevo para ella.

Preparar una fiesta sorpresa para su aniversario de casamiento.

Ahora que la familia se agrandó con la llegada de nueras y yernos, y ahora que disfruta como una niña con sus nietos tiene el tiempo para organizar un inolvidable aniversario de bodas.

Papá le ha dicho que no se preocupe, que él se ocupará de todo y junto a nosotros, cómplices, planificamos todos los detalles de la fiesta sorpresa: vendrán sus compañeras del colegio, testigos de los primeros días de su noviazgo; sus amigos de toda la vida; y esta maravillosa familia que fundó con amor y ternura.

Invitarla a cenar a ese restaurante de sus sueños.

Esta noche se convertirá en princesa. Esta noche se pondrá bonita como nunca y pasaremos a buscarla en una carroza de ensueño para llevarla a cenar a ese lugar lujoso al que nunca se atrevió a entrar.

Esta noche mágica es nuestro regalo y se convertirá en otro recuerdo imborrable para ella.

...escucha el timbre y abre la puerta, tímida, con esa semisonrisa que trae de su adolescencia. Le ofrecemos el brazo y juntos, subimos a la carroza. La princesa está lista para su gran noche.

Aprender a escucharla cuando tiene un problema o una dificultad.

Aunque muchas veces nos cueste, porque preferimos seguir viéndola como una mamá perfecta, ahora que somos adultos, podemos construir con ella una nueva forma de relacionarnos. Ya no es necesario que corra detrás nuestro cada vez que nos golpeamos: ahora podemos caminar juntos y compartir alegrías, incertidumbres y tristezas.

Sí, es cierto, cuesta, pero es parte del crecimiento que nos propone la vida: aprendamos a escucharla cuando tiene un problema.

La madre es nuestra providencia sobre la tierra en los primeros años de vida, nuestro apoyo más firme en los años siguientes de la niñez, nuestra amiga más tierna y más leal en los años más borrascosos de la juventud.

Severo Catalina

Recordar juntos cuando nos decía: "No vuelvas tarde", "¡O te pones otra ropa o no sales!", y reírnos de esos momentos.

Aunque no recordamos casi nada de nuestros primeros años de vida, sabemos cómo se preocupaba por nosotros en cada momento.

El tiempo pasó y llegó la adolescencia, esa etapa en la que nos sentíamos capaces de todo, invencibles. Y allí estaba ella, cuidándonos, preguntándonos, poniendo límites incluso a costa de nuestras respuestas hirientes, incluso a costa de amargas discusiones.

Ahora la comprendemos, ahora podemos recordar juntos esos momentos y reír.

Darle las gracias por cuidarnos cada día.

Despierta nuestras carcajadas cuando nos llama por teléfono para decirnos que nos abriguemos, a pesar de que ya sabemos cuidarnos solos. Casi enojada, protesta e insiste porque no puede dejar de hacerlo. Gracias, mamá, por habernos dado la vida y llevarnos de la mano durante tantos años. Gracias, mamá, por seguir cuidándonos cada día.

Regalarle un anillo grabado con nuestras iniciales y la frase "Te quiero, mamá".

Tanto ella como nosotros conocemos la materia de que está hecho este puente que nos lleva de corazón a corazón y aunque estamos convencidos de que no haría falta expresarle un sentimiento que ella conoce de sobra, sabemos que cada vez que manifestamos nuestro amor vuelve a renacer, con más fuerza, ese espíritu bello que es su esencia. Por eso no dudamos en entregarle este anillo donde hemos grabado "Te quiero, mamá" de manera permanente, como nuestro amor en su corazón.

Pedirle que nunca nos deje de mimar y besar, aunque seamos grandes.

Cuando éramos pequeños, armada de besos y abrazos nos ayudaba a enfrentar miedos y fantasmas. Luego, secó nuestras primeras lágrimas de amor con caricias y ahora, sus besos y sus mimos son el remedio que más rápido nos cura de las tristezas y la forma más eficaz de alejar de nosotros a la melancolía.

Ayudarla a teñirse el cabello.

Nuestra relación está hecha de pequeños y grandes momentos, y la hemos ido construyendo, es cierto, también con desencuentros y reconciliaciones.

Los años nos han hecho aprender la más grande de las lecciones: el amor que nos une resiste las más intensas tormentas.

Ahora, en la madurez, esas discusiones de antaño han dado paso a un cálido compañerismo, y disfrutamos de compartir con ella todo tipo de actividad cotidiana.

Esta tarde, por ejemplo, la ayudaremos a teñirse el cabello.

Hacerle saber que apreciamos todas sus palabras de comprensión y aliento a lo largo de nuestra vida.

Aunque en muchos momentos el llanto nos impidió responderle, aunque en otras ocasiones no supimos comprender que en lugar de indicarnos un error nos estaba alentando a superarlo, ahora podemos mirarla a los ojos y reparar esos silencios con palabras, con estas palabras con que agradecemos tanto amor.

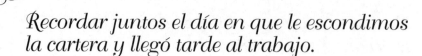

Recordar juntos el día en que le escondimos la cartera y llegó tarde al trabajo.

Al principio, algo nerviosa, creyó que se debía a una distracción suya. Pero, ¿por qué la cartera no estaba en ninguno de los lugares habituales? La veíamos cada vez más tensa corriendo de un lugar a otro de la casa y tratábamos de ahogar la sonrisa de picardía que luchaba por instalársenos en la cara.

De repente se detuvo y, claro, se dio cuenta: su enojo fue inolvidable y puso fin, en un instante y con una mirada fulminante, a nuestra travesura.

Y esta noche, después de la cena y mientras compartimos una taza de té, lo recordamos entre risas.

Pedirle disculpas por haber sido tan traviesos en nuestra niñez.

Después de recorrer juntos el álbum de fotografías de la familia vienen a nuestra mente todos los recuerdos de la infancia, y todas las travesuras que, muchas veces, le provocaron dolores de cabeza y preocupación. Ella ríe como si adivinara y, cuando le pedimos disculpas, dulce, tierna, nos acaricia el cabello mientras dice que no importa, que ya pasó.

Sólo una madre sabe lo que es amar y ser feliz.

Adalbert von Chamisso

Dejar de reclamarle que a nuestros hijos les permite hacer lo que quieren, mientras a nosotros nos ponía en penitencia hasta por el más mínimo desorden.

Aunque en el momento en que sucede llega a convertirse en una molestia, vamos aprendiendo, de a poco, que convertirse en abuela la ha transformado, que ha anudado con nuestros hijos un lazo hecho de risas, complicidades y travesuras. ¿O acaso no recordamos cómo eran nuestras abuelas con nosotros?

Sí, muchas veces los malcría, se "olvida" de ponerles límites, y el tiempo nos ha hecho aprender que, entre otras cosas, en eso consiste ser abuela. Y ella es una maravillosa abuela para nuestros pequeños.

Pedirle que nos enseñe a preparar las recetas de nuestra tradición familiar.

Las guarda en su memoria como al más preciado de los tesoros, porque ésas eran las delicias con que su bisabuela, su abuela y su madre fueron transmitiendo el amor a cada generación de la familia, a través de la comida.

Y ahora, como un legado mágico y especial, nos enseña a nosotros a preparar esos platos que tienen un sabor único, aquel que nos transporta al pasado, al hermoso y querido pasado de nuestra familia.

Incentivar su relación con nuestros hijos.

Ellos aún son pequeños y le brindan el más puro amor. Ella, cuidadosa como siempre, evita invadir nuestro hogar para disfrutarlos. Somos nosotros, como padres y como hijos, quienes debemos ayudarlos a construir ese puente de amor y complicidad que une a los abuelos con los nietos, llevándolos a visitarla, invitándola a casa a jugar con ellos.

Ir a comprar el pan sin protestar.

Con ternura y con firmeza nos ha ido enseñando a asumir deberes y responsabilidades y nos ha dado la posibilidad de crecer aprendiendo a hacer todo lo necesario en una casa, de modo de poder volar solos algún día.

Nos ha ido inculcando el valor de asumir las tareas cotidianas del hogar sin protestar y de llevarlas adelante con amor y con orgullo, sea cual sea su importancia.

Ordenar nuestra habitación sin que nos lo pida.

Hemos decidido sorprenderla y sabemos cómo hacerlo. Cuando llega a casa se detiene frente a la puerta de nuestro cuarto y nos sorprende terminando de ordenar la ropa en los cajones. Sonríe, entra, se sienta junto a nosotros sobre la cama recién tendida y nos estrecha en sus brazos, riendo, feliz de ver cómo crece su retoño.

Decirle que esta vez nos encargaremos nosotros de limpiar la nevera.

¡Tantas veces hizo tanto por nosotros! Ahora que crecimos podemos comenzar a darnos cuenta de lo que significa llevar adelante un hogar y, por ende, podemos comenzar a ofrecerle nuestra ayuda. ¿Por qué no decirle que esta vez seremos nosotros los encargados de limpiar la nevera? Seguramente no quedará tan bien como si lo hiciera ella pero sabrá que lo hicimos con amor, y es lo único que parece importarle.

Pedirle un consejo.

El dilema nos agobia y nos angustia y no encontramos el camino que nos lleve hacia la solución. Hace días que nos mira, preocupada, pues ha aprendido a leer nuestra mente sin necesidad de que le hablemos y sabe que algo nos sucede.

Finalmente nos acercamos y ella, como siempre, nos recibe amorosamente y nos escucha, sin hacer comentarios. Parece que esperara y no sabemos qué, hasta que le preguntamos qué haría en nuestro lugar, y es en ese momento que una leve sonrisa se asoma a sus labios y nos habla, y sus palabras son el bálsamo que necesitábamos y nos brinda el consejo preciso que nos hacía falta.

**Jamás en la vida encontraréis ternura mejor,
más profunda, más desinteresada ni verdadera
que la de vuestra madre.**

Honorato de Balzac

Dejar que nos ayude a decorar nuestra nueva casa.

Muchas veces nos ha dicho que estaba preparada para vernos partir, pero sabemos que aunque sea natural, nuestra ausencia hiere su corazón. Incluirla en aquellos pequeños detalles de nuestra nueva vida lejos del hogar familiar la ayudará a saber que nunca podríamos alejarnos de su corazón y que seguimos necesitándola.

Entender que a veces puede ser celosa y posesiva de nuestros afectos.

En un rincón de su corazón siempre seguiremos siendo pequeños; y puede ser que a veces le cueste comprender que nuestro mundo ahora se completa con otros afectos, pero que ninguno es comparable al amor que sentimos por ella.

Podemos amar mucho y a muchas personas, pero el amor que nos une con ella está hecho de una fibra especial... no es ni mayor ni menor en intensidad, sino simplemente único.

Tenerle paciencia cuando nos llame tres veces por día para preguntarnos algo que ya le enseñamos muchas veces.

Puede ser esa cafetera expresso que le regalamos para el día de la madre y que está llena de botones y teclas, o la computadora con la que no termina de hacerse amiga. Tengámosle paciencia cuando nos pregunta varias veces algo que ya le explicamos. Recordemos cuántas veces nos repitió algo que no entendíamos en la infancia, o con cuánto amor nos ayudó a resolver aquellos difíciles cálculos matemáticos.

Pedirle que prepare nuestro pastel favorito.

Sólo ella sabe hacerlo tal como nos gusta y pedirle que lo prepare siempre la hace feliz, por más atareado que sea su día.

Nos promete que lo hará el sábado por la mañana y que nos espera a nosotros y a nuestra familia por la tarde, para disfrutar de una deliciosa taza de té y de la compañía de sus nietos.

Recordar juntos aquella vez que le escondimos los anteojos para que no pudiera ver nuestras calificaciones.

Ni ella ni nosotros lo olvidaremos jamás. Nosotros temblábamos imaginando una reprimenda que finalmente fue más leve de lo que creíamos. Ella lo recordará siempre porque a pesar del enojo tuvo que reprimir la sonrisa que le despertaba la travesura cometida. Siempre lo recordamos porque con seriedad nos ayudó a comprender que más importantes que las calificaciones era el hecho de que aprendiéramos aquello que los maestros tenían para enseñarnos.

Comprender que ella también comete errores y necesita que la ayuden.

Aunque muchas veces tendemos a verla perfecta, y aunque durante nuestra infancia tuvo características de heroína para nosotros, asumir que es un ser humano que comete errores nos posibilita estar más cerca de ella, para ayudarla cada vez que necesite repararlos o comprender por qué los ha cometido.

Invitarla a dar un paseo en bicicleta por las calles del barrio.

Viene detrás nuestro, siguiéndonos, y ríe como una adolescente ante una travesura hecha a escondidas de sus padres.

Hacía tantos años que no andaba en bicicleta que al principio tuvo miedo, pero ahora se entrega a la aventura y disfruta a pleno de la sensación única de recorrer su barrio esta tarde de otoño. Y nosotros disfrutamos con sólo verla, con sólo escucharla reír.

Compartir nuestros problemas pero no agobiarla con nuestras preocupaciones.

Ella siempre querrá saber en detalle todo lo que nos sucede pero, ¿para qué agobiarla con nuestras preocupaciones, si ya somos adultos y podemos encontrar la solución por nosotros mismos? Es cierto que nunca podremos ocultarle un problema, porque tiene la increíble habilidad de detectar todos nuestros estados de ánimo aun sin mirarnos, con sólo escuchar nuestra voz del otro lado del teléfono, y en este sentido sí podemos compartirlo con ella, pero evitemos angustiarla sin sentido.

Regalarle un día de placer en un centro para la belleza y la relajación.

Aunque siempre dice que prefiere gastar su dinero en otras cosas, sabemos cuánto le gustaría pasar un día en un spa y disfrutar a pleno de todas las actividades, relajada y mimada.

Cómo no devolverle tanto amor con este pequeño regalo, cómo no expresarle nuestro agradecimiento por tantos cuidados con este obsequio.

Darnos cuenta de cuánto la necesitamos.

Aunque ya no la necesitemos para caminar por la vida porque ella nos ha enseñado a hacerlo solos, nos damos cuenta de que seguimos necesitándola cada día. Su presencia nos reconforta y nos brinda una seguridad especial y aunque el tiempo haya teñido sus cabellos de plateado y haya hecho más lento su andar, aunque ya no sea la que nos brinda el alimento y el calor que sólo una madre brinda a sus cachorros, tenerla cerca, poder abrazarla, escuchar sus consejos nos transporta a un lugar imaginario en el que sólo existe la bondad.

Compartir una taza de té mientras miramos el atardecer.

A veces no necesitamos hablar de nada en especial porque estar juntos es todo lo que necesitamos. Con ella nos sucede lo mismo que con esos amigos especiales que son casi hermanos de la vida: el silencio no necesita llenarse con palabras, y podemos estar juntos y nada más.

Esta tarde el sol cae sobre los árboles tiñéndolos de colores increíbles y nosotros dos disfrutamos de una taza de té en el jardín, relajados, con la mente en paz, con la deliciosa conciencia de que nos tenemos cerca, de que estamos cerca.

Invitarla a pasear por la plaza a la que ella nos llevaba en nuestra infancia.

Los juegos no son los mismos pero la plaza conserva ese mismo espíritu alegre que tenía en las tardes de la infancia. Volver allí con ella nos lleva a esa época inocente y libre de preocupaciones, ese tiempo en que lo único importante era tener amigos y correr después de la escuela. Y allí estaba ella, hermosa como hoy, radiante como hoy, feliz, ahora, recordando junto a nosotros aquellos días lejanos.

Ser los primeros en saludarla el día de su cumpleaños.

El teléfono suena muy temprano esta mañana en su casa y al escuchar nuestra voz se preocupa, pero enseguida ríe al oírnos cantarle feliz cumpleaños de manera tan desafinada pero tan llena de amor.

Ser los primeros en saludarla es nada más ni nada menos que lo que ella necesitaba para comenzar un día tan especial con una sonrisa, y rodeada de amor.

Regalarle un ramo de sus flores preferidas, aunque no sea una fecha especial.

No necesitamos acompañarlas con una tarjeta, porque con sólo verlas sabemos que comprenderá qué quisimos decirle. Sus flores preferidas, aquellas que su padre le regalaba en cada cumpleaños, son para ella símbolo de amor.

Sabe, entonces, que entre nosotros no siempre hacen falta palabras, sobre todo cuando de expresar el amor se trata.

**No tiene el mundo flor en tierra alguna,
ni el mar en ninguna bahía perla tal,
como un niño en el regazo de su madre.**

Algernon Ch. Swinburne

Disculparnos por haber sido tan rebeldes y contestatarios en nuestra adolescencia.

Cuando termina de escuchar nuestras disculpas ríe y nos abraza, y vuelve a reír al explicarnos que sus padres pasaron por lo mismo con ella y que nosotros pasaremos por lo mismo con nuestros hijos, que no nos angustiemos, que la rebeldía que manifestamos era necesaria para afirmarnos como personas y que ella, aunque por momentos le costara, lo comprendió.

Así es como nos enseña, cada día, algo nuevo. Así es como nos brinda las claves para transitar el camino que nos propone la vida: con amor y comprensión.

Asumir que en su vejez necesitará de nuestra contención y sostén.

Así como vemos en nosotros las señales del paso de los años, debemos aprender a verlas en ella, y prepararnos para el momento en que necesite cuidados, contención y sostén. Así como ella nos tomó de la mano para enseñarnos a caminar, así como hizo su andar más lento para guiarnos en nuestros primeros pasos, llegará el tiempo en que seremos nosotros quienes caminemos lento para ir a su ritmo, y ésta es una de las más valiosas enseñanzas que la vida puede darnos.

Preguntarle si necesita nuestra ayuda.

La vida nos brinda lecciones a cada paso y de nosotros depende sacar provecho de ellas. ¡Fueron tantos años de pedirle ayuda para tantas cosas! El tiempo pasó, crecimos y ahora somos nosotros los que, en una devolución de cuidados y amor, le preguntamos si necesita nuestra ayuda.

Reírnos juntos recordando el momento en que nos sorprendió fumando a escondidas en nuestro cuarto.

Nunca olvidaremos el temblor que se apoderó de nuestro cuerpo cuando abrió la puerta y nos descubrió. Y ella nos confiesa que en el momento se le mezcló el enojo con una extraña sensación: la de asumir que su hijo/a ya había dejado de ser niño/a. Esa noche nos costó mirarnos y hablar mientras comíamos y sólo pudimos enfrentar su mirada cuando nos habló y nos explicó lo que pensaba y lo que sentía.

Son estos recuerdos, sumados a otros miles, los que hacen que riamos juntos cada vez que nos vemos.

Acompañarla al médico.

Aunque hace todo lo posible por no demostrarlo, sabemos que ese dolorcito la tiene preocupada, y nos ha dicho que nuestro padre no podrá acompañarla y que irá sola.

Aunque protesta, finalmente acepta que la acompañemos, pues sabe que para nosotros es importante estar junto a ella en estos momentos, para cuidarla, contenerla y brindarle amor.

Aprender a expresarle nuestro amor.

Con una carta llena de sentimiento, con una simple rosa, con un abrazo, con una mirada llena de agradecimiento, con una sonrisa… ¡hay tantas maneras de expresarle nuestro amor y es tan importante para ella recibirlo!

Ni el más increíble de todos los diamantes vale para ella lo que un beso de un hijo, lo que una mano puesta en el hombro, lo que un "te quiero, mamá" dicho por teléfono.

Decirle que es la mejor abuela del mundo.

Con ellos se permite jugar y disfrutar sin estar pendiente de educarlos, porque sabe que para eso estamos nosotros. Y entonces se entrega feliz a sus propuestas y sin dudarlo se sienta en el suelo para compartir juguetes y leer cuentos.

La miramos, emocionados, enseñarles, ayudarlos a abrir puertas a mundos imaginarios, despertando en ellos la curiosidad y el deseo de aprender. Y es en ese momento cuando lo pensamos y luego se lo decimos: para nosotros, es la mejor abuela que podían tener nuestros hijos.

Evitar las discusiones. Si no es posible, tener en cuenta que son cuestiones de momento que no menoscaban el amor.

Si no podemos evitar las discusiones recordemos siempre que podemos pelear por muchas cuestiones, precisamente porque la base de nuestra relación con ella es un amor puro e inalterable. Es este amor el que nos permite aceptar los desacuerdos y enfrentarnos a ellos, sin temor a perder su cariño, con la intención de buscar una vía de solución.

**El corazón de una madre
es un abismo profundo en cuyo fondo
siempre encontrarás perdón.**

Honorato de Balzac

Echar un manto de paz sobre los problemas del pasado y disfrutar juntos de nuestro presente.

Crecer no ha resultado fácil, no lo es para nadie. Y ella ha estado allí, tan cerca, que muchas veces nos hemos enojado, nos hemos enfrentado, nos hemos lastimado.

Ahora que el tiempo ha pasado podemos ver con claridad que unas veces ha sido ella y otras hemos sido nosotros los equivocados y que si llegamos a herirnos nunca fue con intención.

El presente nos propone disfrutar de su cariño, nos propone comprender, perdonar y ser perdonados, nos propone vivir en plenitud esta relación madura y llena de amor que hemos construido.

Organizar una gran reunión familiar para la Navidad.

Siempre nos habló con nostalgia acerca de las multitudinarias reuniones familiares con que su familia de origen celebraba las ocasiones importantes. Risas, corridas, gritos y abrazos fueron parte de su infancia y siempre recuerda con amor esos momentos intensos. Por eso, en su homenaje, nos dedicamos a buscar a aquellos tíos lejanos, a los primos, a los amigos de la juventud, para organizar una fiesta ruidosa y alegre en su honor, una celebración de la familia y de los afectos.

Invitarla a compartir un día de campo.

Aceptó encantada la invitación pero con la condición de ser ella quien prepare la comida. Y aquí estamos, todos juntos, riendo bajo el sol y viendo correr a nuestros hijos, sus nietos, libres y felices bajo los árboles. Ella está más bonita que nunca con su canasta llena de delicias y la sonrisa a flor de piel. Las fotografías serán la bella excusa para recordar, cuando pasen los años, este día inolvidable.

Sorprenderla preparando su receta favorita.

Entre ella y nosotros el amor va y viene del pasado al presente, todo el tiempo. La nuestra es una relación hecha de recuerdos y momentos actuales, de afecto y ternura, de dulzura y agradecimiento.

Con orgullo la invitamos a cenar a casa para, sin que ella lo sepa, sorprenderla con esa receta que durante toda nuestra vida familiar fue su especialidad. Ella entra y siente el aroma, sonríe pero no dice nada. Cuando la comida llega a la mesa, nos mira y, comprendiendo todo, vuelve a sonreír.

Bailar juntos esa balada clásica de los bailes de su juventud.

¡Tantos recuerdos vienen a su mente! Emociones, sueños, proyectos, expectativas, alegrías, ansiedades… el futuro no existía, el presente era tan intenso que lo ocupaba todo.

En la radio suena esa balada que tantas veces nos cantó cuando éramos pequeños y no dudamos en invitarla a bailar, aquí, en el centro de la sala, para que recuerde, para que viaje hacia ese tiempo maravilloso y único del que nos ha hablado tanto.

Soportar que nos cuente por centésima vez cómo nos destrozábamos las rodillas y los pantalones al jugar a la pelota.

A ella le encanta traer al presente aquellas travesuras de la infancia, o los primeros momentos de su existencia como madre. Aunque muchas veces nos canse con las mismas anécdotas, debemos aprender a darnos cuenta de que, aun sin quererlo, ella va enriqueciendo nuestra memoria del pasado, ella va convirtiéndose en la memoria de nuestra infancia.

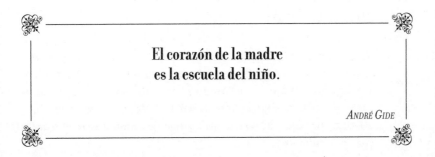

**El corazón de la madre
es la escuela del niño.**

André Gide

Regalarle ese viaje que tanto anhelaba.

Con la complicidad de nuestro padre elegimos el hotel y la fecha más indicada para disfrutar a pleno de los paisajes que soñó conocer durante tantos años.

Llegamos a su casa sin anunciarnos y, a su cara de alegría por vernos, se suma el asombro cuando le damos los tickets de avión. Todavía no comprende de qué se trata todo esto pero cuando lee la información del destino la emoción se apodera de ella y se da cuenta.

Entre gritos y abrazos brotan lágrimas de sus ojos y toma nuestro rostro entre sus manos y, sin poder hablar, nos dice gracias.

Ayudarla a cumplir la dieta que el médico le indicó.

Con el mismo amor y empeño que puso en cuidarnos durante tantos años, ahora nosotros la ayudamos a cumplir con el tratamiento que el médico le indicó. Por eso la acompañamos a hacer las compras y a preparar las recetas adecuadas para cuidar su salud. Es solamente una humilde forma de devolver tanto amor y cuidado.

Incentivarla para que realice aquellas actividades que pospuso durante nuestra crianza.

Nosotros, sus hijos, hemos crecido y ahora tiene más tiempo para dedicarse a ella misma. ¿Por qué no proponerle que retome los estudios que dejó sin terminar en el pasado, o que inicie ese curso a distancia que tanta ilusión le hacía años atrás? Verla feliz, atareada en lo que le gusta, viviendo a pleno esta bella etapa de la madurez es uno de los mejores regalos de la vida.

Regalarle una tarjeta de agradecimiento en la que hayamos narrado aquella situación en la que más profundamente sentimos su amor y su cuidado.

Termina de leerla y se quita los anteojos. Suspira y su mano deja la tarjeta sobre su regazo y sube hasta nuestro rostro, y lo acaricia con dulzura. Allí quedan escritas las palabras con que le agradecemos tanto amor y cuidado. Allí están, en su regazo, que tantas veces nos acogió para aliviarnos del dolor y para alejar las tristezas.

Relajar los músculos de su espalda con un buen masaje.

Sigue tan activa como cuando éramos niños pero, ella misma lo confiesa, su cuerpo no resiste como antes. Por eso en esta tarde que pasamos juntos dedicamos un buen rato a aliviar el dolor de su espalda con un buen masaje hecho con aceite aromatizado. Nuestras manos van y vienen, presionan y aflojan, y dan amor.

Darle gracias por habernos ayudado a hacer por nosotros mismos la tarea de la escuela.

Nunca hizo la tarea por nosotros, siempre estuvo dispuesta a ayudarnos, cada vez que se lo pidiéramos, y aunque muchas veces acabamos peleando, ahora comprendemos por qué insistía con tanta firmeza en que la hiciéramos a tiempo. Más allá de cuáles fueran nuestras calificaciones, le importaba que aprendiéramos a responsabilizarnos y nos preparaba para que, más adelante, voláramos solos.

Saber que hace lo mejor que puede aunque no siempre sea lo acertado.

No existen escuelas que enseñen a ser padres, ni escuelas que enseñen a ser un hijo perfecto. Vamos aprendiendo a medida que la vida nos somete a muy diversas pruebas y siempre existe la posibilidad de equivocarnos. Sólo debemos tener presente que tanto ella como nosotros hacemos lo mejor que podemos, que nos guían las mejores intenciones y que estamos dispuestos a aprender de nuestros errores para no volver a cometerlos.

Sólo cuando llegué a ser madre comprendí cuánto se había sacrificado la mía por mí; sólo entonces supe cuánto la herí con mi desobediencia y cuán orgullosa se sintió por mis éxitos. Cuando me convertí en madre pude advertir cuánto me ama.

VICTORIA FARNSWORTH

Recordar las noches que pasó junto a nuestra cama, pendiente de fiebres y dolores.

En aquellos momentos sólo nos importaba que estuviera cerca para reconfortarnos y acompañarnos. No necesitábamos mejor medicamento que sus caricias y sus cuidados, y no podíamos pensar en cuántas horas le quitaba a su propio descanso.

Ahora que nos sucede lo mismo con nuestros hijos podemos emocionarnos al recordar cuánto amor nos demostró en esas noches, con qué angustia esperó que la fiebre se alejara, cuánto alivio sintió al vernos mejor.

Para mi padre, con amor

Agradecerle por habernos transmitido valores como la honestidad, el respeto y la nobleza.

Mucho de lo que somos, la mayoría de nuestras actitudes, están basadas en estos valores que nos fue transmitiendo no sólo con palabras sino con sus propios gestos y actitudes. Desde pequeños lo hemos visto conducirse en la vida como un caballero noble y respetuoso de los demás, y éste es uno de los mayores legados que podíamos recibir. ¡Gracias, papá!

Un buen padre vale por cien maestros.

JEAN JACQUES ROUSSEAU

Invitarlo a ver un partido de su equipo de fútbol preferido.

Él fue quien nos enseñó a sentir pasión por el deporte y quien, con paciencia y amor, nos fue explicando cada una de las reglas que lo rigen. Y ahora que crecimos, podemos invitarlo a ver juntos la gran final entre su equipo favorito y aquel rival peligroso. Compartimos la emoción y nos sentimos compañeros… pues eso somos también: viejos y queridos compañeros.

Aprender a entender que no es un superhéroe, sino nada más ni nada menos que un padre.

Muchas veces, a lo largo de la vida, pretendimos que fuera perfecto y cuestionamos muchas de sus opiniones o decisiones. El tiempo nos ha hecho madurar y ahora comprendemos que es nada más ni nada menos que un padre dedicado y amoroso, con errores y aciertos, amoroso aun en sus imperfecciones, humano, querible. Nuestro padre.

Organizar una fiesta de cumpleaños sorpresa con los amigos de diferentes momentos de su vida.

¿Qué mejor regalo podemos darle? Con la complicidad de mamá, comenzamos a rastrear a aquellos compañeros de universidad que se perdieron en los caminos de la vida y del tiempo, y convocamos a los amigos de toda la vida. Vamos a celebrar con él un cumpleaños especial y emotivo. Vamos a regalarle este maravilloso homenaje hecho con amor.

Darle un abrazo enorme cada vez que podamos.

El amor que no se expresa queda guardado en nuestro corazón y, al no encontrar a su destinatario, entristece y llora. Saber expresar lo que sentimos por él con un abrazo, una cariñosa palmada en el hombro o mediante un pequeño obsequio es lo que permite que entre nosotros fluya el diálogo sincero y cariñoso.

Llevar a la práctica los valiosos consejos que dicta su experiencia.

Quizás no hable todo el tiempo, pero cuando lo hace siempre tiene algo interesante y valioso para decir, algo que nos deja una enseñanza, algo que nos ayuda a aprender y comprender. Llevar a la práctica sus consejos es demostrarle que lo respetamos y que valoramos su experiencia.

Sentarnos juntos a mirar el futuro.

¡Cuánto camino hemos recorrido! Primero nos llevó de la mano y luego pudimos caminar a la par, abrazados, sin rencores ni cuentas pendientes.

Hemos hecho las cosas bien, y la prueba es que hoy podemos sentarnos aquí, y disfrutar de la brisa fresca de la tarde, a mirar juntos el futuro.

Proponerle pasar juntos un fin de semana lejos de la ciudad.

Durante toda nuestra infancia él fue el más magnífico de los exploradores aventureros. Siempre nos maravillaba con sus conocimientos sobre la naturaleza y sus secretos de supervivencia. Ahora podemos compartir otra clase de aventuras, viajando juntos rumbo a la montaña o el campo, para pasar un fin de semana inolvidable.

Regalarle esa herramienta de trabajo que siempre quiso tener.

Cuando le entregamos el paquete se sorprende por lo pesado que es y, con esa parsimonia que siempre lo ha caracterizado retira el papel que envuelve la caja. Y es allí cuando sonríe y se da cuenta de hasta qué punto lo escuchamos cuando habla de sus hobbies y pensamos en él: allí está esa herramienta eléctrica con la que soñó durante tanto tiempo y éste es el abrazo con que nos agradece un regalo tan esperado.

Ayudarlo a lavar el automóvil.

El plan es pasar toda la mañana juntos y sabemos que lavar el automóvil lo distiende de las preocupaciones de la semana que acaba de pasar. Preparamos todo lo necesario y encendemos la radio en su estación favorita. Quizás no crucemos más de dos o tres frases pero tampoco es necesario: nuestra relación está hecha, también, de estos momentos compartidos haciendo una misma actividad.

Pedirle consejos para nuestra vida.

Pueden aconsejarnos nuestros amigos, un compañero de trabajo o nuestra pareja, pero nunca será lo mismo. Cuando él nos da un consejo sentimos que habla la voz de la experiencia y sus palabras siempre nos transmiten seguridad y la calma que necesitamos cuando enfrentamos un dilema.

Expresarle que ahora entendemos que las prohibiciones y límites eran para cuidarnos y protegernos.

En aquellos difíciles días de la adolescencia sólo queríamos rebelarnos frente a cualquier límite que nos impusiera. Todo nos parecía injusto... teníamos deseos de volar, y no teníamos conciencia de que aún no sabíamos hacerlo. Él fue quien, con firmeza, nos fue indicando el camino. Y ahora podemos comprenderlo, y es ahora cuando podemos expresárselo.

Tener hijos no lo convierte a uno en padre, del mismo modo en que tener un piano no lo vuelve pianista.

MICHAEL LEVINE

Hacerle saber que siempre guardamos el secreto de las travesuras que juntos hacíamos y de las que mamá no debía enterarse.

Así como era firme e incluso severo para ponernos límites, también se permitía participar de ciertas travesuras con nosotros, jurándonos ambos que mamá nunca se enteraría. Esa complicidad nos hacía sentir grandes e importantes a su lado. Hoy, con un guiño de picardía, seguimos prometiéndonos no traicionar nuestros secretos del pasado.

Agradecerle por habernos ayudado a defendernos en la vida.

Nunca nos inculcó el miedo pero sí la cautela ante las diversas situaciones imprevistas a las que podría someternos la vida. Nos educó de una manera tan sólida y amorosa que no podemos menos que agradecerle por habernos brindado las herramientas necesarias para defendernos sin temores que nos paralicen.

Lo que un padre dice a sus hijos no lo oye el mundo, pero puede ser oído por la posteridad.

Juan Pablo Richter

Escribirle una carta que exprese nuestros sentimientos.

Las diversas instancias que atravesamos juntos a lo largo de la vida nos impidieron muchas veces detenernos a decirle lo que sentíamos por él. Y hoy esta idea de escribirle una carta surgió en nuestro corazón, que nunca se equivoca. Por eso escribimos lo que sentimos sin guardarnos nada, esta carta que le entregamos con amor.

Poner en sus brazos a nuestro hijo recién nacido para que se estrene como abuelo.

Se asoma tímidamente a la habitación y finalmente entra, con esa sonrisa enorme que delata su alegría y su emoción.

Con extremo cuidado y dulzura toma a su nieto en brazos y lo mira, y reconoce en él nuestros propios rasgos. Acabamos de ser padres, y él se estrena como abuelo: compartimos la misma emoción.

Regalarle una botella de su vino preferido.

Él siempre bebe una copa en las ocasiones que le parecen importantes. Hoy llegamos a su casa con una botella de su vino preferido, para proponerle un brindis por ser tan buenos compañeros, por ser tan buen padre, por enseñarnos las cosas verdaderamente importantes de la vida.

Prepararle su trago favorito para compartir un buen momento.

Llegamos temprano a su casa para ayudar a nuestra madre con los preparativos de la Navidad y, mientras ella va y viene, nos sentamos con él a disfrutar de su trago favorito, mientras recordamos Navidades pasadas. Siempre nos hace sentir cómodos y seguros, y siempre nos transmite, sin palabras, lo maravilloso que es disfrutar de estos pequeños momentos.

Darle gracias por habernos enseñado a levantar las alas y volar hacia nuestros propios sueños.

Muchas veces nos pareció injusto que no hiciera determinadas cosas por nosotros, y es ahora que comprendemos que todo tenía una razón y un motivo especial: siempre quiso darnos las herramientas necesarias para que voláramos por nuestra cuenta. Nos abrió las puertas de la libertad de elección y nos ayudó a crecer.

Sólo hay dos legados durables que podemos dejarles a nuestros hijos. El primero, raíces; el segundo, alas.

MIGUEL DE UNAMUNO

Pedirle que nos cuente una vez más cómo conoció a nuestra madre.

Ella escucha y protesta porque dice que él cuenta las cosas a su manera, y que no todo fue exactamente así, pero a nosotros nos encanta ver su cara de felicidad cuando narra las instancias iniciales de ese amor que creció y se consolidó y que dio el fruto más maravilloso de todos: nuestra familia.

Hacerle saber que ahora comprendemos cuánto trabajó para que nosotros estuviéramos bien.

¡Cuántas veces nos quejamos amargamente de que no nos dedicara más tiempo! Éramos pequeños, y no podíamos comprender algunas cosas. Ahora sí, podemos decirle que con el paso del tiempo hemos logrado comprender que estaba trabajando para que tuviéramos todo lo que necesitáramos, sin que nos faltara su amor.

Respetar su rotunda negativa a aprender computación.

Muy serio, nos dice que él prefiere comunicarse cara a cara como hizo desde siempre y que no se resigna a dejar de escribir esas largas cartas que envía a sus familiares lejanos. Nosotros sonreímos y dejamos de insistir, pues lo respetamos incluso en estas cuestiones en las que se nos aparece terco y obstinado.

Mirar juntos las fotografías del álbum familiar.

Él nos va contando quién es quién mientras pasa, lentamente, las páginas del viejo álbum de fotografías de su familia. Surgen así parientes desconocidos, historias que hasta hoy permanecían guardadas en lo más recóndito de su memoria, anécdotas que nos hacen comprender mejor quién es, y de dónde viene.

Atenderlo si no se siente bien.

No recordamos haberlo visto nunca en cama… ¡para nosotros era invencible en aquellos tiempos! Es hora de devolver tanta preocupación y cuidados por nuestros malestares de la infancia atendiéndolo con una buena taza de té caliente o una deliciosa sopa casera si no se siente bien.

Pedirle que nos ayude a pintar nuestra casa.

Hemos volado del nido para construir el propio y él, con orgullo y emoción, nos ve partir y tomar las riendas de nuestra vida. De todos modos, seguimos necesitando su palabra, su presencia y su compañía.

Esta mañana llega lleno de energía para ayudarnos a pintar nuestro nuevo hogar… sigue siendo ese padre emprendedor y entusiasta que comparte con nosotros todos los desafíos.

Pedirle que nos cuente cuáles fueron sus sensaciones el día en que nacimos.

Con los ojos entrecerrados vuelve hacia aquel día que ha quedado marcado a fuego en su memoria y nos cuenta todos los detalles. A través de su relato intuimos la ansiedad de los momentos previos y la intensa emoción con que nos miró por primera vez. Es casi como si estuviéramos allí, con él, viviendo juntos uno de los mejores días de su vida.

Honrarlo reivindicando los valores que nos enseñó.

Los hijos que traicionan los valores que sus padres les han inculca-do tienen el alma vacía. Nosotros preferimos reivindicar y llevar a la práctica, con cada una de nuestras actitudes, los valores que él nos inculcó a lo largo de la vida mostrándonos su ejemplo. Es sólo una de las maneras que tenemos de honrarlo y de demostrarle lo bien que ha hecho las cosas con nosotros.

Respetar a un niño no es decir "¡Qué lindo es!". Respetar a un niño es darle todas las posibilidades para que pueda ser hombre.

JEAN JACQUES ROUSSEAU

Pedirle que nos hable de su propia infancia.

A través de sus relatos descubrimos facetas desconocidas de los abuelos y de los tíos y vamos armando lentamente el rompecabezas familiar. Cuando habla de su propia infancia vemos que sus ojos adquieren un brillo desconocido y que su voz se torna suave y profunda. Nos fascina escucharlo hablar del pasado y traerlo al presente, para nosotros.

Comprender que no siempre tendrá la palabra justa que necesitamos escuchar.

No siempre tendrá la palabra justa e indicada que necesitamos para aliviarnos de las preocupaciones y tristezas. Y es que cuando nos convertimos en adultos hay muchas cuestiones que debemos aprender a resolver solos. El tiempo y la madurez nos ayuda a comprender que aunque siempre estará a nuestro lado, no siempre tendrá la solución que precisamos.

Ayudarlo a plantar un limonero en su jardín.

Ahora que sus hijos hemos crecido tiene el tiempo suficiente para dedicarse a la jardinería, una de sus pasiones. Pero, además, puede contar con el mejor ayudante del mundo. Juntos, esta mañana elegimos el mejor lugar para este limonero que crecerá fuerte y lozano, como el amor que nos une.

Volver juntos al barrio de la infancia.

Muchas cosas han cambiado pero el espíritu permanece, inalterable. Las calles tranquilas y llenas de la risa de los niños, las casitas con jardines llenos de flores y pájaros, aquella plaza donde jugábamos juntos.
Volver con él al barrio donde crecimos nos permite recordar y reír y, por un momento, volver al pasado y volver a ser quienes éramos.

Invitarlo a caminar al parque para que realice ejercicios.

Al principio costó un poco convencerlo, pero esta salida de los sábados por la mañana finalmente se convirtió en una deliciosa rutina, en un agradable momento juntos, para hacer aquellos ejercicios que le indicó el médico.

Sabemos cuánto disfruta de nuestra compañía y él sabe cuánto disfrutamos de la suya: son estos momentos los que nos acercan y nos convierten en excelentes compañeros de la vida.

Darle un beso enorme y decirle cuánto lo queremos y cuánto lo seguimos necesitando.

Lo sorprendemos esta mañana enfrascado en la lectura del periódico y, por unos instantes, lo observamos. Su cabello está plateado y ahora usa lentes, pero tiene la misma imponente presencia de siempre.

Nos acercamos y él nos ve, y sonríe. No queremos decirle nada en particular, sino simplemente darle un abrazo, o un beso sin palabras, que simbolice todo nuestro amor por él.

Invitarlo a una exposición de los automóviles que marcaron su época.

Quizás el tema de la exposición no nos interese mucho, pero invitarlo a visitarla juntos hace que le demostremos el genuino interés que sentimos por él. Compartir estos momentos de distensión nos hace estar más cerca… interesarnos por aquellas cosas que fueron parte de su juventud le hará sentir cuánto lo queremos.

Dejar de lado rencores del pasado y aprovechar juntos el poder estar ahora tejiendo nuevas vivencias que mañana nos harán reír.

Todo lo que vivimos juntos fue necesario para que hoy exista este presente entre nosotros. Vivir anclados en lo que ya sucedió nos impide disfrutar de las cosas buenas que hoy pueden sucedernos.

Sí, es cierto, no todo fue un lecho de rosas entre él y nosotros, pero también es cierto que hizo lo mejor que pudo y que hoy, ya grandes, podemos comprenderlo y dedicarnos a pasar sólo buenos momentos.

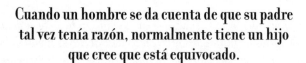

Cuando un hombre se da cuenta de que su padre tal vez tenía razón, normalmente tiene un hijo que cree que está equivocado.

CHARLES WADSWORTH

Hacernos un tiempo para sentarnos juntos a tomar un café y escucharlo.

El ritmo vertiginoso de la vida hace que corramos de aquí para allá, tratando de cumplir con mil y una responsabilidades. Y sumergidos en esta realidad nos olvidamos de hacernos un tiempo para compartir con él una charla y un café. Busquemos la manera de encontrarnos para disfrutar de un momento ameno y lleno de afecto, pues son estos momentos los que nos ayudan a seguir adelante.

Decirle que si volviésemos a nacer, volveríamos a desear que fuera nuestro padre.

A pesar de los desencuentros y las peleas, a pesar de aquellas cosas no dichas entre nosotros sabemos que es el mejor padre que nos podría tocar, y que más importante que saberlo es poder decírselo. Papá: si volviésemos a nacer, volveríamos a desear que fueras tú y no otro quien nos ayuda a caminar por la vida.

Acompañarlo a cortarse el cabello.

Ambos sabemos que es una excusa para pasar un rato juntos. Al terminar decidimos regresar caminando a su casa, conversando como viejos amigos, saludando a los vecinos de tantos años, felices de ser quienes somos, felices de disfrutar de este presente lleno de armonía.

Agradecerle por haber procurado que siempre estemos cubiertos en nuestras necesidades de salud, educación y alimentación.

Recién ahora podemos comprender en su total dimensión lo que significa llevar adelante una familia, procurando que no falte nada, haciendo lo posible por ser felices. Recién ahora podemos agradecerle tanto sacrificio y preocupación, tanto esmero puesto en que creciéramos sanos y en que tuviéramos la mejor educación.

Abrazarlo muy fuerte en el último minuto del año.

Todos ríen y se abrazan a nuestro alrededor. Entre buenos augurios y brindis alcanzamos a verlo y nos acercamos. Cuando llegamos a su lado, sin decirle nada lo abrazamos muy fuerte, con todo el amor del mundo: no hacen falta las palabras, porque él comprende inmediatamente y responde a nuestro abrazo.

Agradecerle por habernos enseñado a mirar más allá de las estrellas.

Con gran persistencia nos impulsó a no conformarnos y a ambicionar cada vez más. Siempre nos dijo, a modo de ejemplo, que más allá de las estrellas había otros mundos desconocidos, y que dependía de nosotros tomar el impulso para descubrirlos. Gracias, papá, por enseñarnos que siempre podemos esperar más de la vida.

Escribirle una tarjeta en la que enumeremos sus enseñanzas más valiosas.

Al escribirla, nos sorprende a nosotros mismos descubrir la enorme cantidad de enseñanzas importantes que nos transmitió. Y cuando él, esta tarde, sentado en su sillón, termina de leer la tarjeta, sus ojos brillantes de emoción nos miran y nos agradecen, y sus manos toman las nuestras, en silencio.

Proponerle que se disfrace de Santa Claus para sorprender a nuestros hijos esta Navidad.

Acepta enseguida nuestra propuesta y allí está, disfrutando, riendo ante la cara de asombro de sus nietos que, maravillados, asisten a esta mágica aparición sin saber que es su abuelo el que se ha prestado a esta travesura. Lo vemos reír y nos emociona saber que en este momento es una de las personas más felices y orgullosas del mundo.

Pedirle que les enseñe a pescar a nuestros hijos.

No alcanzamos a oír lo que dicen pero notamos que están pasando, juntos, un gran momento. Él les enseña los secretos de la pesca y ellos lo miran, asienten y preguntan. Verlo así nos llena de emoción y nos hace tomar conciencia de lo bien que hemos hecho las cosas.

Disculparnos por haber sido tan rebeldes e intransigentes durante nuestra adolescencia.

Nadie le enseñó a ser padre y ahora comprendemos que hizo lo mejor que pudo. El crecimiento no está exento de dolores y él nos ayudó, en aquel difícil momento, a encontrar el rumbo correcto hacia la madurez. Ahora entendemos que no podía ser de otra manera y que somos lo que somos, en gran medida, gracias a su firmeza.

Llevar su apellido con orgullo.

Siempre nos habló con orgullo de su padre y de su abuelo y nos enseñó la importancia de honrar el apellido de la familia, y sus tradiciones. Y eso es lo que hacemos ahora, presentándonos con orgullo ante los demás, firmes y seguros de quiénes somos.

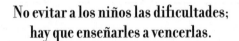

**No evitar a los niños las dificultades;
hay que enseñarles a vencerlas.**

Luis Pasteur

Regalarle un par de habanos para fumarlos a escondidas de mamá.

Lo prohibido atrae de una manera especial, y sabemos cuánto añora fumar un buen habano. Por eso le proponemos ser cómplices en esta travesura y nos escapamos juntos de su casa rumbo a aquel viejo muelle que fue testigo de nuestras charlas más profundas.

Aprender a cuidarlo.

Los años pasan para todos, y también para él. De a poco, empezamos a asumir que debemos comenzar a cuidarlo y a preocuparnos por su salud. Si bien siempre será nuestro padre, los roles comienzan a modificarse y, con amor, nos preparamos para devolverle aunque sea un poco de lo mucho que nos dio.

Pedirle su opinión con respecto a nuestros asuntos de trabajo.

Pedirle su opinión cuando tenemos un dilema relacionado con nuestra actividad laboral lo hará sentirse útil y valorado. A pesar de que ya crecimos y hemos aprendido a vivir, su palabra experimentada siempre nos brinda una clave precisa para aclarar un panorama que se nos presenta confuso.

Invitarlo a sentarse en la cabecera de nuestra mesa.

Llega de visita a casa, con mamá, dispuestos a compartir un almuerzo en familia. Cuando estamos a punto de sentarnos a la mesa le indicamos que ocupe la cabecera. Es nuestra manera de decirle que sabemos que es el jefe, el fundador de esta gran familia, y que lo honramos con estos pequeños gestos.

Invitarlo a que pase las vacaciones con nosotros y sorprenderlo alquilando la misma casa de la playa a la que nos llevaba cuando éramos niños.

Nunca podría haberse imaginado semejante sorpresa. La casa de la playa está intacta y allí pasamos muchos buenos momentos, de su mano. Ahora regresamos juntos y dispuestos a compartir la alegría de habernos convertido en una gran familia, disfrutando de recuerdos pero también de la alegría del presente.

Agradecerle que haya insistido tanto en que recibiéramos la mejor educación.

En el momento no nos parecía importante e incluso muchas veces nos rebelamos frente a su insistencia, pero ahora que recogemos los frutos de haber recibido la mejor educación posible podemos agradecerle ese empeño, esa perseverancia con que nos impulsó a tratar de ser siempre mejores.

Aprender a descubrir su costado tierno.

Fueron muchos años de mostrarse firme y seguro frente a nosotros, aunque por dentro lo agobiaran las preocupaciones. Últimamente ha podido relajarse y así, de a poco, comenzamos a descubrir que es más tierno de lo que podíamos imaginar y eso nos predispone para iniciar juntos una nueva etapa en nuestra relación.

Proponerle construir juntos el árbol genealógico de su familia.

Conocer nuestras raíces es lo que nos ayuda a afirmarnos en la vida, es la base que necesitamos para iniciar cualquier emprendimiento… en definitiva, es la plataforma que nos permite volar. Con su ayuda construimos juntos su árbol genealógico, que también es el nuestro y que es el que les legamos a nuestros hijos.

Incentivarlo para que realice ese viaje especial que postergó durante tantos años.

Siempre quiso viajar a la tierra de sus ancestros pero nuestra crianza hizo que postergara la idea durante años. Ahora que dispone de más tiempo somos nosotros los que le recordamos aquella cuenta sin saldar en su vida, y lo ayudamos a preparar un viaje que para él, seguramente, será inolvidable.

Pedirle a mamá que nos ayude a elegir el mejor regalo para el día del padre.

Cuando nos hemos quedado sin ideas, cuando ya no sabemos cuál puede ser el mejor regalo, recurrimos a ella, que lo conoce mejor que nadie y que, con amor, puede darnos la clave que estábamos buscando para agasajarlo como se merece en un día que para nosotros tiene un bello significado.

Hermanos
para siempre

Agradecerles el haber podido compartir juntos tantas vivencias imborrables.

Tener hermanos y, además, sentir que hemos compartido con ellos cientos de momentos inolvidables es uno de los tesoros más grandes que nos regaló la vida. No dejemos pasar la oportunidad de agradecerles, por medio de un abrazo, de un regalo o de una carta, el hecho de haber pasado tantas cosas buenas juntos.

Recordar juntos las travesuras que hacíamos en el hogar familiar.

Las anécdotas surgen solas esta noche, y lo que no recuerda uno lo recuerda el otro y así, en este ir y venir de recuerdos reímos y volvemos a sentirnos un poco niños, trayendo al presente a aquellos pequeños indomables que nunca se cansaban de jugar.

Programar vacaciones en conjunto con nuestras parejas.

Además de ser hermanos nos hemos convertido, con el paso de los años, en excelentes amigos y compañeros. Por eso podemos pensar juntos en unas maravillosas vacaciones compartidas. Mientras planificamos nuestro itinerario y vamos programando el viaje en todos sus detalles, no podemos dejar de sentirnos orgullosos de llevarnos tan bien hasta el punto de poder hacer esto juntos.

Evitar las palabras hirientes.

Nos conocemos tanto que sabemos cuáles son los puntos débiles de cada uno… sabemos qué cosas nos duelen. Utilizar ese poder para lastimarnos es como clavar un puñal, es cometer la peor de las traiciones, es similar a no haber amado nunca.

Las palabras hirientes se deben evitar siempre, pero más aún con los hermanos, pues lastimarlos es como lastimarnos a nosotros mismos.

Agradecerles por nunca habernos sentido solos en la vida.

En esos momentos en que todo a nuestro alrededor se veía negro, cuando la soledad atenazaba el corazón amenazando su existencia, allí estuvieron, dispuestos a escuchar y a acompañar en silencio nuestro dolor, tomándonos de la mano para salir adelante, empujándonos a vivir otro día más, con la esperanza de un mañana luminoso. Gracias a ellos no hemos podido sentirnos solos nunca en la vida. Gracias a ellos.

Respetar sus decisiones.

El amor inmenso que sentimos por ellos puede provocar, algunas veces, que critiquemos sus decisiones con el afán de indicarles el rumbo acertado. No olvidemos nunca que siempre es mejor escuchar y luego sugerir, sin imponer y sin criticar. Ellos están haciendo su propio camino y también deben aprender de sus errores, tal como alguna vez nos sucedió a nosotros.

Abrazarnos y sentirnos felices de seguir siendo tan buenos hermanos en la vida.

A veces sentimos la necesidad de hacer un balance de nuestra vida y de nuestros afectos. Pensemos en todo lo que hemos pasado junto a nuestros hermanos, en todas las adversidades que hemos enfrentado juntos, abrazados; en los momentos de increíble alegría, en las tristezas, en el dolor... Todo nos lleva a desear abrazarlos y sentirnos felices por seguir siendo los mejores hermanos del mundo.

Buscas la alegría en torno a ti y en el mundo.
¿No sabes que sólo nace en el fondo del corazón?

RABINDRANATH TAGORE

Ayudarlos a pintar y acondicionar su nuevo hogar.

Nos encanta saber que, además de nosotros, hoy han llegado todos estos amigos para ayudarlos. Entre todos formamos un equipo de trabajo que quizás no sea muy profesional, que quizás no esté perfectamente organizado, pero al que le sobra entusiasmo y alegría para ayudarlos a pintar y acondicionar su nuevo hogar.

Contarles a nuestros padres las picardías que hicimos y que aún desconocen.

En aquel momento nos juramos silencio eterno pues nos parecía que si nos descubrían pasaríamos un momento terrible. Los años pasaron y dejaron atrás aquella travesura que nunca descubrieron y hoy, casi por casualidad, uno de nosotros la recordó y juntos la traemos al presente, riéndonos de la cara de asombro de mamá y papá, que no lo pueden creer y que, finalmente, ríen con nosotros.

El mundo está lleno de pequeñas alegrías; el arte consiste en saber distinguirlas.

GOTTHOLD E. LESSING

Realizar una reunión que esté dedicada a recordar nuestras vivencias como hermanos.

Aunque papá y mamá se morían por estar aquí, esta reunión es exclusiva para los hermanos. Van llegando todos y la casa se llena de risas y abrazos. La tarde va pasando entre charlas y recuerdos, y permanece en la mente de todos el deseo de seguir estando juntos, el deseo de repetir este encuentro lleno de afecto y camaradería.

Decirles cuánto los extrañamos cuando están lejos.

Aunque los amigos pueden llegar a convertirse en hermanos de la vida, el lazo que nos une con nuestros hermanos de sangre es verdaderamente único. Hay algo que va más allá de lo racional, algo que tiene que ver con lo emocional y lo instintivo, que nos une de una manera incondicional. Cuando están lejos sentimos su ausencia. Poder manifestarles cuánto los extrañamos hace posible que nos acerquemos aún más entre nosotros.

Recordar juntos, con una sonrisa, las peleas y las reconciliaciones.

Ahora lo comprendemos: podíamos pelearnos a muerte porque, en el fondo del corazón, sabíamos que nuestro amor mutuo era indestructible, y así lo demostraban los tímidos avances que hacíamos para, finalmente, volver a ser cómplices en todas las aventuras.

Volver juntos al barrio de la infancia y recordar las anécdotas que vivimos en sus calles.

Los recuerdos van surgiendo solos mientras caminamos por estas calles que han cambiado tanto pero que, sin embargo, conservan la esencia de nuestros primeros años de vida. Señalamos aquella casa, o ese árbol al cual nos trepábamos, y seguimos caminando juntos, como lo hacemos por la vida, hermanados por el recuerdo pero también por el presente.

Visitar juntos a nuestros abuelos.

Aunque solemos visitarlos a menudo, con nuestra familia, a ellos hay pocas cosas que los hagan tan felices como el hecho de recibir a todos sus nietos juntos. A nosotros, además, también nos gusta organizar con nuestros hermanos estas reuniones familiares en las que, en torno a una deliciosa comida casera, recordamos historias, narramos anécdotas y compartimos buenos momentos.

No competir nunca por el amor de nuestros padres.

Es cierto… hubo momentos en que sentimos celos, hubo momentos en que nos sentimos menos queridos, pero nuestra relación es tan sana que hemos podido darnos cuenta de que el amor de nuestros padres es infinito y que nadie pretendería apropiárselo, nunca.

Estar dispuestos a escucharlos y a compartir sus silencios.

Esta vez no buscan nuestro consejo ni nuestra palabra de aliento: sólo necesitan desahogarse y compartir el silencio. Sólo con nosotros tienen la confianza suficiente como para hacerlo. Y aquí estamos, junto a ellos, señalando con nuestra presencia la magnitud del amor que nos une.

Cuidar a sus hijos como si fueran nuestros.

Verlos convertirse en padres nos llenó de emoción y de orgullo. Esos pequeños que nos han hecho tíos son de los más grandes amores de nuestra vida, y estamos dispuestos a cuidarlos como si fueran hijos propios, brindándoles buenas enseñanzas y ayudándolos a descubrir el mundo.

No pretender arreglarles la vida.

A veces los vemos tan tristes que surge en nosotros el impulso de reparar su corazón y evitarles los dolores. No podemos vivir por ellos ni arreglar su vida, pero podemos estar allí para escucharlos y para darles un consejo, cada vez que lo necesiten.

**Ayuda a tus semejantes a levantar su carga,
pero no a llevarla.**

PITÁGORAS

Brindarles el mejor de los regalos: que sepan que pueden contar con nosotros en cualquier circunstancia y momento.

En las buenas y en las malas: allí estamos y ellos lo saben y no hay necesidad de explicar nada. Ser hermanos es, entre muchas otras cosas, asumir un compromiso de por vida, y hacerlo con gusto: ayudarnos y sostenernos en las tristezas, y estar juntos para compartir las alegrías.

Sorprenderlos regalándoles aquella golosina favorita de nuestra infancia.

Están presentes en todos y en cada uno de nuestros recuerdos porque siempre han estado allí, junto a nosotros. Tenemos presentes todos sus gustos y preferencias. ¿Por qué no hacérselos saber regalándoles esa golosina que tanto les gustaba comer al salir de la escuela?

Saber acompañarlos en los momentos de tristeza.

Debe haber muy pocas personas en el mundo que los conozcan como nosotros. Podemos darnos cuenta, con sólo mirarlos, de que están pasando un mal momento. Sólo nosotros sabemos cómo acompañarlos, en qué momento callar y en qué momento acercarnos para brindarles nuestro abrazo y nuestro amor incondicional.

Colocar una fotografía suya en un lugar preferencial de nuestra casa.

Sabemos que para tenerlos presentes no es necesario mirar esa fotografía, pero saber que está allí es un símbolo de cuánto los queremos, de cuál es el valor que tienen en nuestra vida. Es simplemente una forma de honrar la hermandad.

Agradecerles por hacernos sentir que podemos contar con ellos.

Siempre están en el momento justo en que los necesitamos y todas las veces que los hemos llamado para que estuvieran a nuestro lado han dejado lo que estaban haciendo para acompañarnos y reconfortarnos. Por eso sentimos la necesidad de agradecerles mediante esta carta que, emocionados, terminamos de escribir en casa, esta tarde.

**Mejorar es de gran ayuda,
pero estimular vale más.**

JOHANN W. GOETHE

Hacer lo posible por volver a unir a la familia en los momentos de crisis.

El lazo que nos une es tan fuerte que nada ni nadie lo puede romper. Lo sabemos, y es por eso que podemos enfrentar juntos las crisis de nuestra familia y abogar por la mejor solución, trayendo nuevamente la paz al hogar.

Dejar en el pasado las disputas y las diferencias.

No todas las diferencias se pueden saldar con una charla. Hay ocasiones en que debemos aceptar que no logramos ponernos de acuerdo y que es mejor seguir hacia adelante. Aquellas disputas de la niñez y de la adolescencia que quedaron sin resolver no deben enturbiar la armonía de que gozamos en el presente. Hemos crecido, somos los mismos y, a la vez, somos diferentes. Aprendamos a compartir los buenos momentos que la vida nos tiene preparados.

Estar pendientes de ellos.

No sólo en los momentos malos sino también en los buenos. No sólo para acompañarlos ante la adversidad sino en un día como cualquier otro. Estar pendientes de nuestros hermanos es, además, pensar en ellos a la hora de hacerles un regalo, o de organizar una reunión familiar, o de agasajarlos con su comida favorita.

Pensar juntos en el futuro de la familia.

Llegará un día en que mamá y papá no estarán y seremos nosotros los guías de esta gran familia que hemos formado entre todos. Es muy importante que pensemos juntos en el futuro y que hagamos todo lo necesario para permanecer unidos, recordando el ejemplo de nuestros mayores.

Seguir siendo tan compinches como lo éramos en nuestra infancia.

A pesar de que somos adultos y estamos llenos de deberes y responsabilidades, con ellos podemos relajarnos y volver a ser aquellos compinches traviesos que planificaban mil y una bromas para los demás, o aquellos amigos inseparables que se escondían en la rama más alta del árbol del jardín para intercambiar secretos. Conservar ese espíritu alegre y entusiasta nos hace sentir aún más unidos.

Muchas personas se pierden las pequeñas alegrías mientras aguardan la gran felicidad.

Pearl S. Back

Aceptar que no nos lo cuenten todo.

Cuando éramos niños no había secretos entre nosotros pero, es cierto, las cosas han cambiado. Ahora tienen su propia vida y es lógico, y debemos comprender que tengan secretos propios que no deseen compartir ni siquiera con nosotros.

Debemos aprender a aceptar y respetar que si bien seguimos estando tan unidos como siempre, no tienen porqué contárnoslo todo.

**No tratéis de guiar al que pretende
elegir por sí su propio camino.**

WILLIAM SHAKESPEARE

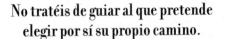

Brindar con ellos.

A nuestro alrededor corren y ríen los hijos con que nos ha premiado la vida. Papá y mamá caminan por el jardín, tomados de la mano. Nos miramos con la certeza de que estamos haciendo las cosas bien y por eso levantamos nuestras copas y brindamos por el pasado, por el presente y por el futuro, siempre unidos.

Firmar un nuevo pacto de hermandad.

Juntos hemos redactado las máximas que rigen a nuestra hermandad. Estamos de acuerdo en no traicionarnos, en cuidarnos siempre mutuamente, en apoyarnos y sostenernos, en honrar a nuestra familia... aunque sabemos que no hace falta ponerlo por escrito, firmar este nuevo pacto de hermandad nos confirma nuevamente que contamos para siempre el uno con el otro.

Darnos cuenta de que seguimos teniendo los mismos gustos de la infancia.

Sabemos que somos hermanos porque no les tenemos que preguntar qué sabor de helado prefieren, porque no hace falta que les consultemos qué comida desean que preparemos para la próxima reunión familiar, porque no es necesario pensar demasiado a la hora de hacerles un regalo. Son estas pequeñas cosas las que nos demuestran cuánto nos conocemos.

Recuperar el viejo álbum de fotografías familiar y actualizarlo con las fotografías de nuestras familias.

Recorrer sus páginas es, de alguna manera, recorrer la historia de ésta, nuestra hermosa familia. Juntos, completamos las páginas en blanco con las fotografías de los sucesos de los últimos años: las vacaciones juntos, sus hijos y los nuestros corriendo en el parque, el abrazo que nos debíamos desde hace tanto tiempo.

Queridos
abuelos

Agradecerles por habernos cuidado como si fueran nuestros padres.

Sin tomar conciencia de ello, en sus brazos nos sentíamos tan seguros como en brazos de nuestros padres y nunca dudamos en correr hacia ellos para saludarlos con un gran beso. Ahora podemos darnos cuenta y agradecerles ese cuidado especial, tan lleno de sabiduría, que nos prodigaron cuando éramos niños. Nadie podría haberlo hecho mejor que ellos.

Escuchar sus historias.

Cuando éramos pequeños inventaban historias fantásticas para nosotros, llenas de hadas y duendes, de príncipes y de princesas enamoradas, que escuchábamos con atención y con los ojos llenos de asombro. Ahora esperan a que los visitemos para narrarnos esas increíbles historias de sus antepasados, esos recuerdos que surgen con increíble nitidez de su memoria y que a nosotros nos deleitan tanto como aquellas que imaginaban en nuestra infancia porque, de alguna manera, hablan de nuestra propia historia, hablan de lo que somos.

La experiencia es una cantera riquísima de la que muchos hombres extraen tesoros de vida.

Sándor Petöfi

Llenarlos de besos y abrazos por ser tan cariñosos y protectores con nosotros.

Desde que tenemos memoria nos han dado amor, cariño y comprensión sin esperar nada a cambio. Siempre nos han dicho que ser abuelos es el mayor premio que les dio la vida. Pero, ¿por qué no llenarlos de besos y abrazos para agradecerles ese inmenso amor? Demostremos lo que sentimos por ellos, ese amor único y especial que nos llena el corazón y nos impulsa a agradecerles.

Ayudarlos con las reparaciones del hogar.

Aunque pretenden seguir subiéndose a la escalera para quitar las telarañas del techo saben que es peligroso hacerlo. Por eso nos tomamos una tarde libre, cada tanto, para ir a su casa y hacer por ellos esas pequeñas reparaciones o esa limpieza profunda que requiere energía, reflejos y vigor. ¿El premio? El beso más dulce y una gran taza de leche chocolatada.

Pedirle a nuestra abuela que nos espere esta tarde con esos muffins que sólo ella sabe hacer.

No hemos vuelto a probar muffins tan deliciosos como los que hace ella en ningún lugar de la ciudad y recordamos ese sabor con tanta intensidad como recordamos las mejores cosas de la infancia. Ella ríe feliz al escucharnos pedirle que los haga esta tarde para nosotros y comienza a trabajar en la cocina para tener todo preparado a nuestra llegada. Éstos son los momentos, breves pero intensos, en los que nos demostramos mutuamente el amor que sentimos.

Hacerles un obsequio que les recuerde la tierra de su infancia.

No lo hemos tenido que pensar mucho, porque siempre nos hablan del increíble aroma de los jazmines que poblaban los jardines de las casas de su pueblo natal. Ese perfume está asociado a días lejanos y felices y al calor de sus padres. Hoy hemos querido celebrar que los tenemos junto a nosotros con esta planta llena de brotes y pimpollos que pronto serán fragantes flores y que ahora ponemos en sus manos, junto con un beso.

La única manera de multiplicar la felicidad es compartirla.

PAUL SCHERRER

Estar pendientes de su estado de salud.

Siempre, por más ocupados que estemos, podemos tomarnos un par de minutos para llamarlos por teléfono y preguntarles cómo están. Ellos necesitan sentirse queridos, tal como lo necesitamos nosotros y, a esta altura de sus vidas, saber que sus nietos se preocupan por su salud los hace sentir valorados y protegidos. Tengámoslo en cuenta: con muy poco podemos hacer mucho.

Tener en cuenta todas sus enseñanzas.

A medida que crecemos vamos tomando conciencia de cuántas cosas importantes nos enseñaron, de cuán valioso es para nosotros su ejemplo de vida. Ellos mismos dicen que son "de la vieja escuela" y se enorgullecen de haber vivido en una época en la que los valores importaban más que el interés y el consumo. Y nosotros tratamos de tener en cuenta su legado: enarbolar esos valores que nos definen como personas y que nos dignifican.

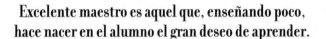

Excelente maestro es aquel que, enseñando poco, hace nacer en el alumno el gran deseo de aprender.

Arturo Graf

Hacerles saber que todavía conservamos la lapicera que nos regalaron cuando comenzamos nuestros estudios universitarios.

Ni ellos ni nosotros hemos olvidado ese día en que, ceremoniosos, nos entregaron el estuche que guardaba esa valiosa lapicera. Con ella, nos dijeron en aquel momento, escribiríamos nuestros mejores trabajos universitarios. Hoy se sorprenden y sonríen al saber que aún la conservamos.

Visitarlos con nuestros hijos.

Sabemos que nos esperan con ansiedad y que cuando nos ven llegar con nuestros pequeños hijos la emoción los embarga… ¡Los hemos convertido en bisabuelos!

Con ellos disfrutan tanto como lo hicieron con nosotros y siempre los esperan con un pequeño regalo, un beso y un mimo. Nosotros sonreímos al pensar lo bella que es la vida, que les ha permitido llegar a vernos como padres felices y orgullosos.

Pedirles su opinión sobre nuestros proyectos.

Casi siempre tienen una palabra sabia para darnos y aunque no estén de acuerdo con nuestras decisiones nos apoyan incondicionalmente en cualquier cosa que emprendamos. Son nuestros más férreos defensores y acudimos a ellos porque los valoramos como personas, por su experiencia, además de porque son nuestros queridos abuelos.

Ser sus cómplices en una travesura.

Cuando éramos pequeños, sin quererlo, inventamos con ellos un código de complicidades y muchas veces nos guardamos en secreto ciertas travesuras para que no se enteraran papá y mamá.

Ahora se ríen cuando les decimos que sí, que les vamos a llevar en nuestra próxima visita una barra de su chocolate preferido, ése que tienen prohibido en la dieta. Ellos nos juran que no se lo dirán a nadie y nosotros, después de tantos años, volvemos a sentirnos sus cómplices en la aventura.

Preparar con nuestros padres y hermanos una reunión muy especial para celebrar el día del abuelo.

Hoy son ellos los invitados de honor, hoy son ellos los agasajados. Entre todos hemos preparado esta reunión familiar a la que no ha faltado nadie. Cuando ellos llegan, tomados del brazo, caminando lentamente, corremos a abrazarlos y a llenarlos de besos. Adentro, en la casa, nos espera un delicioso almuerzo y muchas horas por delante para estar juntos.

Ser comprensivos cuando nos cuenten una y otra vez las mismas anécdotas.

En cada reunión familiar vuelven a contar aquellas lejanas historias de su juventud, aquellas proezas, aquellas picardías de la adolescencia… y nosotros, riendo y guiñándoles un ojo, volvemos a decirles que sí, que ya sabemos, que ya nos ha contado otras veces la misma anécdota, pero que no importa, que sigan, porque nos encanta oírlos hablar con pasión y ternura de su propia vida.

Agradecerles por llenar nuestra vida de recuerdos imborrables.

El aroma de la comida casera, hecha con tiempo y con amor; la inolvidable fragancia de lavanda que tenían las sábanas de su cama a la hora de la siesta; el sonido suave e inconfundible de sus pasos acercándose desde la cocina para recibirnos… han llenado nuestra vida de recuerdos queridos y atesorados; sin quererlo, han poblado nuestra infancia de aromas y sonidos que evocamos con emoción.

Adaptarnos a su ritmo cuando estamos con ellos.

Sí, es cierto, nos damos cuenta apenas los vemos: su andar es más lento y por momentos nos parece que se tomaran todo el tiempo del mundo para hacer cada pequeña cosa. Nosotros, por el contrario, corremos de aquí para allá sumergidos en mil ocupaciones.

Cuando estamos con ellos, tratamos de adecuarnos a su ritmo, sin imponerles nuestra velocidad, comprendiendo que algún día también llegaremos a viejos y necesitaremos que quienes estén a nuestro lado comprendan que ya no podemos ni queremos correr de aquí para allá.

Ayudarlos a generar proyectos de vida acordes con su edad.

Ellos nos brindan el mejor ejemplo: la vida no termina en la vejez, sino que siempre nos da la oportunidad de seguir intentando y generando proyectos y planes. Verlos tan llenos de entusiasmo y energía nos brinda la excusa ideal para proponerles la realización de diversas actividades que harán que se sientan plenos y que los llenarán de satisfacciones.

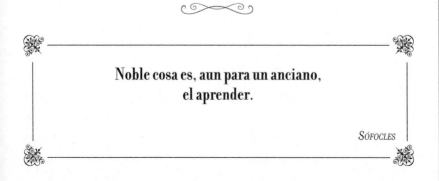

Noble cosa es, aun para un anciano, el aprender.

Sófocles

Invitarlos una tarde al cine y a tomar el té después de la función.

Nunca olvidaremos esas maravillosas tardes en que nos llevaban a ver un filme y luego a disfrutar de los más ricos dulces en su casa, entre juegos, mimos y risas. Ahora podemos ser nosotros quienes los invitemos al cine y, luego, a tomar una deliciosa taza de té en aquel salón elegante del que nos hablaron tanto. Es una buena manera de retribuirles tantos buenos momentos que hemos pasado de su mano.

Hacerles saber que nuestra vida no sería la misma si ellos no hubiesen estado a nuestro lado desde el primer momento.

¿Cómo hubiéramos podido vivir sin ese abrazo cálido, sin esos besos repetidos hasta el infinito, sin esos mimos? Sí, sabemos que nuestra vida no sería la misma; intuimos que hubiéramos crecido algo más tristes, algo más solos. Ellos llenaron y llenan nuestra existencia con el más puro e intenso amor: el de los abuelos.

Los años nos enseñan muchas cosas que los días no saben nunca.

RALPH W. EMERSON

Decirles que le damos gracias a la vida por regalarnos la oportunidad de contar con abuelos tan maravillosos.

No todos los seres humanos reciben el maravilloso regalo de tener abuelos, de crecer en su compañía como lo hicimos nosotros. Hoy es la oportunidad de acercarnos a su casa para decirles lo mucho que le agradecemos a la vida por su existencia. No esperemos a mañana: el momento es hoy.

Ayudarlos a cuidar las plantas de su jardín.

Cuando éramos pequeños la abuela nos nombraba sus ayudantes y juntos íbamos de aquí para allá podando los rosales, recogiendo las hojas caídas, cortando pimpollos para regalarle a mamá.
Hoy volvemos a esa casa tan llena de recuerdos para ayudarlos a cuidar el jardín, haciendo por ellos aquellas cosas que ya no pueden hacer. La abuela nos premia con una de sus más bellas rosas y con esos besos que tan bien nos hacen.

Quedarnos a dormir una noche en su casa y revivir los tiempos de nuestra niñez.

El tiempo transcurre de una manera diferente aquí, en este salón que fue testigo de tantas travesuras. La noche cae y de la cocina comienza a salir ese olorcito incomparable: el de la comida de la abuela.
Están felices, lo sabemos, y nos llenan de atenciones. Con ellos volvemos a vivir, esta noche, aquellas noches de juegos, mimos y risas de nuestra niñez.

Acompañarlos al consultorio del médico.

El amor tiene mil y una maneras de transmitirse y de expresarse que van más allá de los gestos de afecto y las palabras. El amor hacia nuestros abuelos también se manifiesta a través de cuidados y atenciones. Acompañarlos a la consulta con el médico es una de las formas que tenemos, como nietos, de expresarles nuestro interés por su salud, además de convertirse en una excelente manera de agradecerles tanto amor.

Incluirlos en nuestros planes de fin de semana.

Podemos invitarlos a pasar el día en casa y disfrutar de un delicioso almuerzo, o pedirles que nos acompañen en algún paseo por las afueras de la ciudad. La idea es que compartan con nosotros, sus nietos adorados, esos buenos momentos que sólo se dan cuando estamos en familia, y que sientan que están presentes para nosotros, aunque ya no necesitemos sus cuidados.

Abrazarlos con dulzura.

Al abrazarlos sentimos la fragilidad de su cuerpo y la fortaleza de su carácter y de su espíritu. Con este abrazo que deseamos infinito volvemos a ser niños por un momento y a sentirnos seguros como sólo podemos sentirnos en sus brazos. Queridos abuelos: gracias por la ternura, gracias por el amor, gracias por estar en el centro de nuestra vida y de nuestro corazón.

Hacerles saber que pueden contar con nosotros en todo momento.

Seguramente lo sabremos cuando nos toque a nosotros llegar a viejos. Por ahora sólo intuimos que ellos necesitan saber que pueden contar con nosotros en todo momento, no sólo para los imprevistos sino para aquellas cuestiones de la vida cotidiana que quizás ya no puedan resolver por sí mismos. Los hace felices saber que pueden apoyarse en sus nietos, y a nosotros nos llena de orgullo saber que podemos ayudarlos.

La familia es base de la sociedad y el lugar donde las personas aprenden por vez primera los valores que les guían durante toda su vida.

Juan Pablo II

Compartir con ellos la Navidad.

Cuando éramos pequeños llenaban el árbol de Navidad de regalos, pues nada los hacía tan felices como vernos descubrir que Santa Claus había traído nada más ni nada menos que ese juguete que tanto deseábamos tener.

Ahora que los años han pasado, seguimos compartiendo con ellos la misma alegría al ver el rostro de nuestros hijos abriendo paquetes y riendo. Estos momentos son los que nos interesa conservar grabados en la mente: los momentos pasados en familia.

Acompañarlos en sus caminatas de fin de semana.

El médico les aconsejó que caminaran al menos media hora cada día, y aunque no podemos acompañarlos los días de semana, nos reservamos los sábados para compartir con ellos esta actividad que les proporciona tanto bienestar.

Mientras caminamos conversamos sobre todo lo que nos sucedió en los días anteriores, compartimos opiniones, planeamos paseos, hablamos de nuestros hijos y de nuestros padres. Estar con ellos nos proporciona paz y serenidad.

Recordar entre risas los retos y los enojos.

Ellos son los que, esta tarde, en su casa, nos recuerdan aquellos momentos en que las travesuras traspasaban el límite de lo tolerable y tenían que enojarse con nosotros. Entre risas, nos confiesan lo mucho que les costaba poner cara de serios para imponer un freno a nuestra energía y volviendo a reír recuerdan cuántas veces engañaron a mamá y a papá contándoles que nos habíamos portado muy bien, para que no se enojaran con nosotros.

Una familia feliz no es sino un paraíso anticipado.

Sir John Bowring

Aprender de sus experiencias.

Siempre nos han dicho que no sirve de nada llegar a viejo acumulando riquezas y bienes materiales si no se ha aprendido nada de la vida. Con su ejemplo, nos enseñan que cada día es un nuevo paso en un camino del cual tenemos mucho que aprender. Y ellos no han vivido en vano... han acumulado experiencias que les permiten transmitirnos sabiduría. Cada día aprendemos de ellos y su ejemplo de vida es uno de nuestros más preciados tesoros.

Enviarles una tarjeta postal cada vez que viajamos.

Sabemos cuánto les gusta tener noticias nuestras con frecuencia y por eso los recordamos durante las vacaciones o cada vez que debemos hacer un viaje, y les enviamos una pequeña nota o una tarjeta postal llena de alegría y buenas noticias.
Tenerlos presentes en nuestro corazón, recordarlos, hacerles saber que pensamos en ellos les proporciona gran alegría.

Confortarlos en los momentos de tristeza.

Nada nos prepara para el dolor. Ni siquiera la experiencia acumulada en tantos años de vida puede amortiguar la tristeza que produce la ausencia de un amigo que ya no está. Podemos notar la melancolía en su mirada, y podemos hacer mucho por confortarlos y ayudarlos a sobrellevar esta melancolía. Un abrazo, una tarde en compañía, un paseo compartido, una charla que recuerde a quien ya no está son buenas opciones para estar con ellos en este difícil momento.

Agradecerles por habernos mostrado que la vida tiene múltiples caminos por los que optar.

Las historias que nos han ido contando a lo largo de los años nos enseñan que la vida muchas veces nos pone frente a un cruce de caminos, y que debemos elegir. Y en esa posibilidad de elegir radica la riqueza de la existencia, la maravilla de estar vivos. Gracias, queridos abuelos, por habernos enseñado que podemos elegir y equivocarnos, pero que la vida siempre nos da la oportunidad de volver a empezar.

Incentivarlos para realizar nuevas actividades que les proporcionen buen estado de salud físico y mental.

Sabemos que tienen el entusiasmo y la energía que se necesita para emprender una nueva actividad: sólo les falta ese ligero empujoncito para comenzar a hacer algo que les reporte alegría, bienestar y un buen estado de salud.

Proponerles tomar clases de yoga, o inscribirse en clubes que organicen caminatas grupales es, ciertamente, la mejor manera de estar pendiente de ellos y de ofrecerles alternativas para sentirse mejor cada día.

Nuestros hijos: el amor más puro

Darles gracias por haber hecho nuestra vida tan feliz.

Sin ellos todo hubiera sido completamente diferente. No podemos imaginarnos la vida sin ellos, sin su amor y su alegría. Les damos las gracias por habernos hecho tan felices, por colmarnos de amor el corazón, por llenar cada instante de intensidad, por darle un sentido a nuestra existencia.

Decirles cuánto hemos aprendido de la vida enseñándosela a ellos.

A medida que les fuimos mostrando el mundo fuimos aprendiendo, junto con ellos, cuánto de bueno hay para descubrir en cada paso que damos como familia. Tenemos muchas maneras de expresarles que ser sus padres nos ha dado la posibilidad de aprender de la vida cosas que no imaginábamos que podríamos aprender, y que se los debemos a ellos.

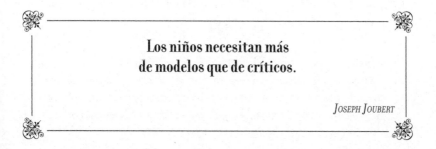

Los niños necesitan más de modelos que de críticos.

JOSEPH JOUBERT

Aceptar que siempre van a ser nuestros hijos pero que necesitan tomar sus propias decisiones.

No hay nada que deseamos con más intensidad que evitarles las tristezas y los dolores, pero debemos aceptar que deben aprender a tomar sus decisiones y que es parte de la vida que se equivoquen. No podemos enseñarles todo, debemos dejar que poco a poco comiencen a caminar sin tomarse de nuestra mano, para comenzar a volar con alas propias.

Abrazarlos y dejarlos llorar sobre nuestro hombro.

En estos momentos sobran las palabras. Ya habrá tiempo para escucharlos y consolarlos. Por ahora sólo debemos abrazarlos, muy fuerte, y dejar que apoyen la cabeza en nuestro hombro para llorar, para ahogar ese dolor o esa pena que se estrena en su pecho y que sólo pueden aliviar en nuestro regazo.

Dejar que nos ayuden sin temor a perder autoridad frente a ellos.

Hemos descubierto que les encanta convertirse en nuestros ayudantes porque los hace sentirse importantes y valiosos. ¿Por qué no pedirles ayuda cuando la necesitamos, para hacer un pequeño arreglo del hogar o para lavar el auto un sábado por la mañana? No dejaremos de ser padres por eso, sino todo lo contrario.

Ayudarlos sin pretender solucionarles la vida.

Cada día los vemos crecer y hacerse fuertes para comenzar a enfrentar los retos de la vida, para descubrir por sí mismos el amor y la maravilla que los esperan en el camino que les ha tocado recorrer. Y allí estaremos siempre, cerca de ellos, para ayudarlos y sostenerlos, pero sin pretender vivir por ellos; brindándoles seguridad y amor para encontrar la solución a las dificultades.

Desconocemos el amor de los padres, hasta que tenemos a nuestros propios hijos.

HENRY WARD BEECHER

Aceptar sus elecciones aunque no concuerden con las nuestras.

Muchas veces la experiencia nos indica que están por tomar una decisión que juzgamos equivocada y el amor infinito que sentimos por ellos, en un principio, nos impulsa a evitarles un dolor o un disgusto. Debemos aprender a aceptar que crecen y que comienzan a hacer sus propias elecciones, y que éstas no tienen por qué ser malas. Quizás están eligiendo un camino diferente, y debemos respetarlo.

Acompañarlos en sus fracasos y desilusiones.

Aunque nuestro primer impulso es decirles que les habíamos anticipado lo que sucedería debemos reflexionar y pensar en qué es lo que más necesitan en este momento: nuestra compañía y comprensión. Ya habrá tiempo para hablar de lo que sucedió y de cómo se podría haber evitado: ahora es el momento de dar amor y sostener.

Sentirnos orgullosos de lo que son.

Pueden ser absolutamente diferentes a nosotros; pueden crecer y convertirse en personas distintas de las que imaginábamos cuando los teníamos en brazos, pero siempre estaremos orgullosos de ellos, por la sencilla razón de que somos sus padres y los amamos con un amor sincero y total.

Enseñarles que un final no es el fin, sino la posibilidad de tener un nuevo comienzo.

Ellos recién están dando sus primeros pasos en la vida y comienzan a tomar conciencia de que las etapas comienzan y se terminan. Como padres, debemos estar preparados para enseñarles que todo final implica, en sí mismo, el comienzo de algo nuevo y que si bien es humano entristecerse por aquello que termina, nunca debemos perder el optimismo por aquello que recién se está gestando.

Estimularlos para que tengan proyectos propios.

Es cierto, no queremos que vivan la vida de otros ni queremos vivir la vida por ellos, porque es lo peor que podríamos hacerles; pero sí podemos estimularlos para que generen sus propios proyectos. Hacerlo es una buena manera de enseñarles a comenzar a usar sus propias alas.

El niño no aprende lo que los mayores dicen, sino lo que ellos hacen.

Baden Powell

Ayudarlos a que puedan partir de nuestro hogar para construir uno propio.

En un rincón del corazón desearíamos que se quedaran para siempre con nosotros. Verlos tan grandes y escucharlos hablar de su deseo de tener su propio hogar nos encoge el corazón y el orgullo por verlos crecer se nos mezcla con el dolor que nos provoca tener que dejarlos partir. Intentar retenerlos sólo provocará daño y dolor: lo mejor que podemos hacer es ayudarlos a construir su propio nido, su propio lugar.

Asumir que han crecido y que ya no nos necesitan del mismo modo.

En sus primeros días de vida dependían de nosotros para casi todo y de a poco, con el paso de los años, fueron aprendiendo a desenvolverse solos. Sabemos que siguen necesitándonos y que esto les sucederá siempre; y sabemos que allí estaremos, a su lado para lo que necesiten, dispuestos a consolarlos o a ayudarlos, pero debemos asumir que han crecido y que ya no nos necesitan del mismo modo. Pretender que sigan siendo niños por siempre es como cortarles las alas antes de que empiecen a volar.

Preparar con ellos su pastel favorito aunque no sea un día especial.

La lluvia arruinó nuestros planes para salir a pasear y se nos ocurre una alternativa para pasar la tarde juntos, en casa: ¿por qué no preparar su pastel favorito, con su ayuda?
La cocina se llena del delicioso aroma que sale del horno y, aunque tengamos mucho para limpiar, estamos felices por haber pasado juntos el día, entre risas y bromas.

Organizar un campamento familiar de fin de semana.

Alejarnos de la ciudad nos llena de alegría, y saber que vamos rumbo a un fin de semana lleno de aventuras los tiene completamente entusiasmados. Y es que ellos necesitan salir de la rutina diaria de la escuela y las tareas, para compartir en familia este tipo de paseos que los pone en contacto con la naturaleza.
Volveremos cansados pero felices, llenos de recuerdos que atesoraremos para siempre.

Hacerles saber que nuestro amor es tan inmenso que ninguna palabra puede definirlo completamente.

Comenzamos a sentirlo cuando supimos que iban a nacer, que su pequeña vida comenzaba a gestarse, y el amor fue creciendo y fortaleciéndose cada día, con cada enseñanza, con cada paso que fuimos dando juntos, como familia.

El amor que sentimos por ellos es increíble y no podemos expresarlo con palabras, pues ninguna parece alcanzar para describir lo que siente nuestro corazón.

Enseñarles a soñar.

No olvidemos nunca que somos el mayor ejemplo para ellos y que comienzan a mirar el mundo a través de nuestros ojos. Si lo que ven de nosotros es una actitud pesimista de derrota ante cualquier circunstancia no podrán aprender a soñar. De nosotros depende que sepan que los sueños pueden hacerse realidad si ponemos pasión y empeño en realizarlos. De nosotros depende que miren el mundo con optimismo y esperanza.

Dale a tu hijo una idea constructiva, y lo habrás enriquecido para siempre.

MONTAPER

Enseñarles a ser libres.

Como padres, podemos enseñarles que no es necesario vivir atados a convencionalismos, que el espíritu necesita la libertad tanto como nosotros necesitamos el aire que respiramos. Que aprendan a pararse con dignidad y orgullo frente al mundo es el mejor legado que podemos darles. Que aprendan a volar en libertad es lo mejor que puede sucederles.

Abrazarnos y felicitarnos por haber formado una hermosa familia.

El sueño que alguna vez soñamos juntos se hizo realidad y hoy disfrutamos del amor de esta hermosa familia que hemos formado con ellos. El sol brilla, oímos el canto de los pájaros y nos abrazamos, riendo, conscientes de que tenemos el mayor de los tesoros en casa: nuestros amados hijos.

Combatir juntos a los monstruos de sus pesadillas.

Otra vez ha vuelto ese monstruo horripilante que los despierta en mitad de la noche y los llena de miedo. Para ellos es casi una realidad y por eso, esta noche los tranquilizamos diciéndoles que iremos juntos a combatirlo para que no vuelva a aparecer. Con la cara llena de asombro nos siguen por la casa, armados con el palo de amasar, gritándole al monstruo que se vaya porque de lo contrario se arrepentirá. Un rato después, duermen un sueño tranquilo y apacible y nosotros, sentados a su lado, sonreímos y los acariciamos con ternura.

Esmerarnos para que tengan un cumpleaños inolvidable.

¡Cuántos recuerdos imborrables! ¡Cuántas tardes llenas de risas y alegría! Cada año nos esmeramos para que ése, su día, sea inolvidable. Y sabemos que no depende de cuánto dinero gastemos sino del empeño que pongamos, y de que usemos nuestra imaginación para sorprenderlos. Un pastel decorado con su personaje favorito de la televisión, la casa llena de globos de colores, un paseo para compartir con todos los amigos son buenas ideas para que disfruten como nunca.

Enseñarles a detectar los peligros para poder evitarlos.

El mundo se presenta ante ellos inabarcable, inmenso, lleno de maravillas y peligros. En estos primeros pasos que dan solos necesitan tomarse de nuestra mano pues de ese modo encuentran la seguridad necesaria para enfrentarse a lo desconocido. En estos primeros pasos somos sus guías, los únicos en quienes confían para saber cómo detectar un peligro y así poder evitarlo.

No le evitéis a vuestros hijos las dificultades de la vida, enseñadles más bien a superarlas.

Louis Pasteur

Aprender a señalarles los límites con claridad y firmeza.

Los límites impuestos con claridad y firmeza son absolutamente necesarios para evitar que corran riesgos innecesarios y para que aprendan a discernir lo que está bien de lo que está mal. Señalarles límites es, también, un modo de amarlos y de cuidarlos.

 La única manera de que un niño aprenda a pedir perdón es que lo escuche primero de nuestros labios.

KEVIN LEMANS

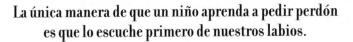

Evitar someterlos a exigencias innecesarias.

Los vemos crecer tan rápido y aprender con tanta velocidad cosas nuevas que a veces creemos que son más grandes de lo que son en realidad, y tendemos a exigirles más de lo que pueden. Tratemos de recordar cómo éramos a su edad, y cuáles eran las cosas que más nos gustaba hacer, para evitar presiones y exigencias que pueden llegar a frustrarlos.

Contagiarnos su espontaneidad y su frescura.

Compartir la vida con ellos nos ha permitido recuperar la espontaneidad y la frescura de la infancia, que muchas personas perdemos con el correr de los años y con las obligaciones de la vida adulta. Gracias a ellos hemos vuelto a jugar como niños y a disfrutar de las pequeñas cosas, aquellas que verdaderamente tienen sentido.

Organizar reuniones y paseos con el resto de la familia.

Cuando les llegue el momento de formar su propia familia tendrán grabados en la mente, de manera indeleble, los buenos momentos de su infancia. La familia que formamos con ellos será el espejo en el que se mirarán a la hora de elegir una pareja y tener hijos. Generar momentos para compartir con los tíos, los abuelos y los primos es brindarles la posibilidad de tomar conciencia de lo importante que son los afectos.

No olvidarnos nunca de dialogar con ellos.

Son pocos los momentos que tenemos para compartir durante la semana y muchas veces las preocupaciones de la vida adulta nos hacen olvidar que ellos esperan que les preguntemos cómo fue su día, o si necesitan ayuda para hacer la tarea. De nosotros depende funcionar como una verdadera familia que se reúne en torno a la mesa para conversar y compartir lo bueno y lo malo que nos ha sucedido cada día.

Comenzar cada día con besos y abrazos.

Aunque el tiempo nos corre y sentimos que llegaremos tarde a todos lados, nada nos impide comenzar cada día dándoles un beso y un abrazo. Cada día que comienza es una nueva vida en miniatura... cada día que comienza con ellos es un regalo incomparable... cada día que comienza debería estar regido por el afecto y el amor.

Enseñarles que la vida tiene mil matices.

Así como alguna vez nos lo enseñaron nuestros padres, somos nosotros quienes, ante cada nueva situación, les mostramos todas las posibilidades que nos brinda la vida. De este modo, les enseñamos a no conformarse con lo primero que salta a su vista, les enseñamos la importancia de seguir buscando alternativas a cada situación, les enseñamos que la vida tiene mil matices por descubrir.

Aprender de ellos.

Debemos tener la mente y el corazón abiertos y dispuestos a recibir lo que tienen para enseñarnos, que es mucho. Su actitud de maravilla ante el mundo, ese afán por descubrir y por investigar, la ternura a flor de piel, el afecto y el amor presentes en cada gesto, la sensibilidad, la inocencia... ¡Cuánto podemos aprender de ellos mientras los acompañamos en el camino de la vida!

Ser un buen ejemplo para su vida.

Ellos nos miran todo el tiempo y de nosotros van tomando modelos de conducta y aprenden actitudes y gestos que luego los acompañarán en su vida adulta. Además de enseñarles las cosas importantes, debemos ser un buen ejemplo, un buen modelo a seguir, seres de los que puedan sentirse orgullosos en el futuro.

Recibir con los brazos abiertos a sus amigos.

Para ellos es importante saber que pueden invitar a sus amigos a casa y que allí los esperan sólo buenos momentos. Y para nosotros es una gran alegría saber que son queridos por sus amigos y que les entusiasma traerlos a casa. De nosotros depende que se sientan cómodos y felices de vivir en un hogar agradable y armonioso.

Hacer que en nuestro hogar reine la armonía.

Nuestro hogar es el lugar desde el cual salen a explorar el mundo, y en él deben sentirse seguros y protegidos. Si en casa viven en un ambiente agresivo y hostil les costará mucho crecer sanos y felices. Amarlos es, también, proporcionarles un ámbito saludable, en el que el afecto se manifiesta de manera natural y constante.

Nuestros
queridos tíos

Darles las gracias con un enorme beso por haber sido siempre nuestros cómplices.

Sí, los abuelos nos permitían hacer casi todo pero la diferencia de edad nos impedía establecer ese vínculo único que tenemos con nuestros tíos, basado en la travesura y la complicidad. Ahora que crecimos y que el tiempo pasó podemos darnos cuenta de lo afortunados que fuimos, y que somos, por tenerlos en nuestra familia.

Recordar juntos esas vacaciones en que nos llevaron a conocer el mar.

Aquellas vacaciones fueron realmente inolvidables. Tíos, padres, primos, hermanos… todos juntos en la playa, descubriendo el ímpetu de las olas, que nos revolcaban asustándonos y haciéndonos reír al mismo tiempo. Ellos fueron los que nos hablaron del mar y del respeto que debíamos tenerle. Ellos fueron los que nos tomaron de la mano para enseñarnos a sortear las olas más fuertes… ellos, con su ejemplo, iban enseñándonos a vivir y a disfrutar.

Agradecerles que nos hayan ayudado tantas veces a hacer la tarea para la escuela.

Siempre hay un tío en la familia que ama las matemáticas, o la historia, o la gramática, y que está dispuesto a aclarar nuestras dudas con fantásticos ejemplos, haciendo sencillo lo complicado, poniendo al alcance de nuestras manos la maravilla del conocimiento. Saber agradecerlo es hacerle saber cuánto apreciamos su ayuda y su experiencia.

Recordar juntos las tardes que pasamos en la playa, buscando pequeños tesoros.

Ahora que miramos hacia atrás, nos damos cuenta de la enorme paciencia con que, cada tarde, al caer el sol, nos acompañaban en nuestras expediciones infantiles a buscar esos pequeños tesoros escondidos en la arena. Pequeñas piedritas, caracoles de colores que traía el mar, aquella fantástica pluma de gaviota. Ellos caminaban a nuestro lado, incansables, riendo con nuestros descubrimientos.

Agradecerles por todas las veces que nos escucharon y comprendieron nuestra forma de ser.

Fueron muchas las ocasiones en que nos sentimos incomprendidos por nuestros padres y allí estaban ellos, dispuestos a escucharnos. Cuánta paciencia nos tuvieron cuando recurríamos a ellos después de una pelea o una discusión en casa, y con cuánto amor nos ayudaron a regresar.

Sólo la propia y personal experiencia hace al hombre sabio.

Sigmund Freud

Hacerles saber que todavía guardamos los muñecos que nos regalaron.

Allí están, en un baúl, junto con los libros de cuentos y otros juguetes, gastados y con remiendos, pero los guardamos como un tesoro que nos lleva de viaje a la infancia. Fueron los muñecos que se convirtieron en amigos inseparables en los primeros años, aquellos sin los cuales no podíamos dormir, los que llevábamos abrazados a la casa de los abuelos.

Hacerles saber que sólo basta que nos avisen qué necesitan para estar a su lado brindándoles nuestra ayuda.

Siempre supimos que podíamos contar con ellos para cualquier cosa que necesitáramos. Ahora somos nosotros los que les hacemos saber que estamos dispuestos a devolver esa atención, esos cuidados, ese abrazo que siempre consuela y repara.

Hacerles saber que ellos fueron nuestros segundos padres y que les agradecemos por ello con el corazón.

Su sola presencia en nuestra vida, muchas veces hizo que la angustia de las primeras tristezas que nos ensombrecieron se alejara. Nos cuidaron, jugaron con nosotros como niños y nos enseñaron mil y una maravillas. Nuestro corazón les agradece haber estado allí, en todos los momentos de la vida… nuestros segundos padres.

Recordar juntos la emoción que sentimos cuando nos llevaron a nuestro primer concierto de música.

Después de escuchar mil y una previsiones de nuestros padres, salimos con ellos ansiosos, expectantes y emocionados rumbo al primer concierto de música de nuestra vida. Nunca olvidaremos el orgullo con que nos fueron explicando cada detalle, la actitud experimentada con que nos guiaron entre la multitud, la emoción de compartir aquel gran momento.

Reírnos de todas sus ocurrencias.

A veces los tíos son los payasos de la familia y alegran cada una de las reuniones con sus graciosas ocurrencias. Son esos tíos que parecen niños eternos y que se sientan a jugar con sus sobrinos, olvidándose del tiempo que transcurre y de todo lo demás. Esos tíos son los que alegraron nuestra infancia, y son los mismos que todavía siguen haciéndonos reír cada vez que los vemos.

Confiarles nuestras dudas e incertidumbres.

Con ellos nos une un lazo único y especial, parecido y a la vez muy distinto del que tenemos con nuestros padres. Cuando sentimos que algo que nos sucede puede llegar a preocupar a papá y mamá recurrimos a ellos para confiarles nuestras dudas e incertidumbres, y sus palabras siempre nos reconfortan.

Recordar con amor las ocasiones en que deseábamos escapar de casa para vivir con ellos.

Ahora entendemos que nuestros padres debían educarnos y ponernos límites, pero en aquella época cualquier reto nos parecía injusto y la posibilidad de vivir con los tíos se asemejaba al paraíso. Ahora lo recordamos y reímos con ellos, que con tanto amor nos hicieron comprender que nuestro lugar estaba en casa, con mamá y papá.

Hacerles saber cuánto de las vivencias compartidas marcaron un rumbo diferente en nuestra juventud.

Quizás lo hicieron sin darse cuenta, pero a lo largo de los años fueron enseñándonos, por medio de las vivencias compartidas, aquellas cosas intangibles pero verdaderamente importantes, que luego marcaron un rumbo diferente en nuestra juventud. Sus enseñanzas, sumadas a las de nuestros padres, fueron y son el mayor tesoro que poseemos.

No es el haber recibido una lección lo que nos salva, sino el haber sabido aprovecharla.

GEORGE CANNING

Agradecerles por habernos dado los mejores primos del mundo.

Con sus hijos formamos un equipo invencible a la hora de inventar juegos e imaginar todas las travesuras posibles. Nuestra infancia estuvo llena de alegría y diversión gracias a ellos, y nunca olvidaremos las vacaciones y los fines de semana que pasamos juntos, como una gran familia.

Tener una buena relación con sus hijos.

Si bien durante la infancia compartíamos juegos y travesuras, los años nos han ido llevando por rumbos diferentes. De todos modos, entre nuestros primos y nosotros el afecto está latente y no hace falta vernos con frecuencia para saber que podemos contar los unos con los otros. Somos el futuro de la familia y sólo de nosotros depende conservar siempre el amor intacto... esto es lo que hace más felices a nuestros padres y a nuestros tíos.

Agradecerles por haber estado junto a nosotros cuando comenzamos nuestra etapa escolar.

Estuvieron siempre pendientes de nuestros logros pero nunca olvidaremos tantas tardes pasadas en su casa, haciendo la tarea juntos, entre risas y bromas. Ahora que crecimos podemos darnos cuenta de cuánto empeño pusieron en que tuviéramos buenas calificaciones, y se.los agradecemos.

Pedirles consejos sobre la relación con nuestros padres.

Hubo momentos difíciles en los que los límites nos parecían injustos y los retos, innecesarios. Por suerte pudimos confiar en ellos para pedirles un consejo y siempre tuvieron la palabra justa y sabia que aliviaba la angustia o diluía el enojo.

Ellos nos ayudaron a comprender y a aceptar que no siempre tenemos la razón, y que el diálogo es el mejor camino para solucionar los problemas familiares.

Nada se da tan generosamente como los consejos.

FRANÇOIS DE LA ROCHEFOUCAULD

Hacerles saber que cada invitación a su casa era igual a una invitación a una fiesta.

Nos moríamos por que nos invitaran a dormir a su casa porque sabíamos que prepararían todo para que fuera una fiesta. Siempre había un paseo incluido, un pequeño regalo, golosinas y nuestra comida favorita. Su casa estaba a nuestra disposición, para que jugáramos cuanto quisiéramos.

¡Gracias, tíos, por llenar nuestra vida de alegría!

Expresar todo lo que sentimos por ellos en una carta.

Nos han hecho sentir tan bien la última vez que fuimos con nuestros hijos a su casa que luego, de regreso, comenzamos a recordar todos los buenos momentos vividos y así surgió el impulso de escribirles en una carta aquello que sentimos por ellos.

El amor, la confianza, la complicidad, ese sentimiento imposible de calificar tan parecido a la más profunda amistad, el agradecimiento por tanta alegría, por tanto cuidado se van plasmando en el papel que, lo sabemos, guardarán como un tesoro.

Decirles que extrañamos su presencia cuando están lejos.

Podemos tener miles de amigos y seguir siendo parte de las reuniones familiares, pero cuando ellos no están notamos su ausencia. Los extrañamos como se extraña a esas personas especiales con las que no hacen falta demasiadas palabras, como se extraña a esos viejos compañeros que lo saben todo de nosotros. Es en esos momentos cuando quisiéramos tenerlos cerca para decirles lo bien que nos hace su presencia.

Festejar su cumpleaños con un regalo especial.

Entre ellos y nosotros hay un código no escrito, y por eso comprenderán que no pensamos conformarnos con un regalo típico y formal. Los sorprenderemos con una invitación a un concierto de su músico preferido, o con la propuesta de regresar por uno o dos días a aquel bosque donde hicimos nuestro primer campamento y donde, por la noche, compartimos nuestra primera charla de adultos.

Confesarles nuestras travesuras más terribles.

Siempre nos hicieron sentir que podíamos confiar en ellos absolutamente, y por eso fueron los silenciosos confesores de nuestras travesuras más terribles, aquellas que guardamos en secreto, durante años, ante nuestros padres. De alguna manera, les hacemos sentir nuestras gracias. Sin quererlo, confiando en ellos hicimos que se sintieran los tíos más importantes del mundo.

Invitarlos a acampar un fin de semana con nosotros.

Tantas veces les narramos a nuestros hijos las aventuras que vivimos con ellos que ahora los miran con una mezcla de admiración y sorpresa. Estos días serán seguramente inolvidables, tanto para ellos como para nosotros y estos pequeños con los que ahora escalan sierras y siguen el curso de los arroyos.

Seguir siendo cómplices aun en la vida adulta.

Entre risas, nos damos cuenta de que no han perdido ni un ápice de ese espíritu travieso y juguetón con que compartían juegos y aventuras con nosotros. Los años han pasado hasta el punto de que se han convertido en abuelos, pero eso no les impide, más bien les facilita, seguir haciendo chistes y bromas en cada reunión familiar que compartimos, y buscarnos con la mirada hasta encontrarnos a nosotros, sus cómplices.

Reírnos de los secretos compartidos de la infancia.

Entre charlas, risas y recuerdos la tarde se va alejando para dar paso a la noche, aquí, en su casa. Nuestros padres están por llegar para que cenemos todos juntos y nosotros seguimos recordando aquellos terribles secretos que guardamos juntos, jurándonos silencio eterno, y volvemos a reír.

Hacerles saber que pueden contar con nosotros.

Cuando llegamos a la madurez comenzamos a desear retribuir a nuestros afectos más queridos y cercanos algo de lo mucho que nos dieron en los primeros años. Con los tíos nos sucede que hemos sentido tan intensamente que podíamos contar con ellos en las diferentes etapas de nuestra vida que ahora queremos que sepan que estamos preparados para que cuenten con nosotros de manera incondicional y absoluta.

Organizar con ellos una expedición de pesca como las que compartíamos en la adolescencia.

Sentarnos en un bote, en medio de un lago, con ellos en esos largos fines de semana de pesca nos proporcionó siempre relajación y bienestar. Esas expediciones de pesca fueron la excusa ideal para compartir reflexiones, ideales y opiniones. Cada vez que regresábamos sentíamos que éramos un poco más grandes.

Ahora somos nosotros los que organizamos una expedición con la idea de compartirla con ellos, con la idea de revivir la mística de aquellos felices días.

Agradecerles el haber llenado nuestra infancia de fantásticas aventuras.

Inventaron para nosotros las más increíbles historias que nos ayudaban a dormir y a soñar con mundos de fantasía. Nos llevaron de la mano a conocer lugares sorprendentes y nos enseñaron los secretos del mundo y de la naturaleza. Ahora podemos agradecerles tantos días felices con un beso, con un abrazo entrañable, con una enorme sonrisa.

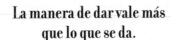

La manera de dar vale más que lo que se da.

PIERRE CORNEILLE

Recordar juntos esa noche que instalaron la tienda de campaña en el jardín y jugamos a ser expedicionarios.

Sólo con ellos y en su casa teníamos la libertad casi absoluta de jugar hasta caer rendidos y de olvidarnos por una noche de las obligaciones de la escuela y de la vida cotidiana de la infancia. Nunca olvidaremos la sorpresa de ver la tienda armada en el jardín, preparada para albergar nuestros sueños y nuestras aventuras. Ellos fueron, ahora lo sabemos con certeza, los grandes amigos de aquellos años.

Acompañarlos a realizar sus actividades favoritas.

Puede ser que su deporte favorito no sea el que más nos guste, o que pasar la tarde cocinando galletas en el horno no sea nuestro plan ideal, pero aceptar su invitación y acompañarlos para compartir sus actividades favoritas es una buena forma de retribuirles todo el tiempo que nos dedicaron cuando éramos pequeños.

Descubrir cuánto tienen de parecido con nuestros padres.

Nos cuidaron con el mismo esmero pero, a diferencia de papá y mamá, se permitieron malcriarnos un poco, sólo lo suficiente como para que fueran nuestro "cable a tierra" en los momentos difíciles en los que necesitábamos un amigo, un cómplice, alguien que nos escuchara sin juzgarnos o sin angustiarse. Se parecen mucho a nuestros padres pero a la vez tienen ese matiz único que los diferencia y los hace absolutamente queribles.

Ayudar a nuestra tía a preparar mermeladas caseras para regalar a la familia.

Se acerca la Navidad y ella quiere agasajar a todos regalándoles esa mermelada de naranjas exquisita con que se ha hecho famosa entre nosotros.

Necesita ayuda, y por eso no dudamos en acercarnos a su casa y pasar la tarde en la cocina, aprendiendo, riendo, conversando, compartiendo esos momentos únicos que sólo se dan entre personas que se quieren de verdad.

Pedirles que nos cuenten cómo era nuestro/a padre/madre en la infancia.

Ellos saben con cuánto interés escuchamos las historias de la familia que tienen para contarnos, porque su punto de vista es, además de sincero, sumamente divertido y original. Por eso se sientan esta tarde con nosotros y nos narran en detalle las travesuras y los tropiezos de papá/mamá en la niñez, descubriendo facetas desconocidas que lo/a hacen aún más querible.

Agradecerles que sean una parte tan importante de nuestra vida.

Nos enseñaron a crecer, nos abrieron los ojos a las maravillas del mundo, estuvieron a nuestro lado en los buenos y en los malos momentos. Fueron creciendo y aprendiendo con nosotros y, junto a nuestros padres, nos dieron la seguridad y la fortaleza que necesitábamos para salir al mundo. ¿Cómo agradecerles este regalo tan inmenso y valioso si no es con un gran beso y un abrazo que les demuestre cuánto los queremos?

Invitarlos a pasar unas vacaciones juntos.

Ya no somos los niños de antaño ni ellos son esos tíos jóvenes y revoltosos que nos maravillaban con el relato de sus aventuras. Ahora somos nosotros los que programamos esas vacaciones que son un regreso a aquel pueblo de montaña al que nos llevaron por primera vez. Volvemos allí juntos, adultos, a compartir charlas y aventuras.

A los amigos,
esos espejos
del alma

Escribirle una carta agradeciéndole que nos quiera a pesar de nuestros defectos.

Es el/la que está siempre a nuestro lado, el/la que tolera nuestros defectos y nuestras equivocaciones sin protestar y sin molestarse, el/la que nos conoce más profundamente y el/la que siempre tiene la palabra o el silencio justo que necesitamos.

Escribirle una carta en la que expresamos nuestro agradecimiento por soportarnos aun cuando nadie lo hace es, también, decirle cuánto lo/a queremos.

No dejarlo/a solo/a en los momentos en que se encuentra triste y desanimado/a.

Hay momentos en la vida en que no se necesita más que la presencia de un/a buen/a amigo/a. Momentos en que la tristeza y la desazón se apoderan de las personas. Cuando nuestro/a amigo/a se encuentre atravesando una mala etapa es cuando más se prueba el valor de la verdadera amistad.

Quien de veras sea tu amigo, te socorrerá en la necesidad, llorará si te entristeces, no podrá dormir si tu velas y compartirá contigo las penas del corazón. Éstos son signos seguros para distinguir al fiel amigo del adulador enemigo.

William Shakespeare

Ahorrar para comprarle ese objeto que desea tener desde hace tanto tiempo.

Sólo nosotros sabemos con cuánta intensidad desea ese objeto que considera especial y por eso, por el amor que nos une, no escatimamos esfuerzos para ahorrar y poder regalárselo. De estos pequeños grandes gestos está hecha nuestra amistad, tan especial para nosotros.

**La única manera de poseer
un amigo es serlo.**

Emerson

Saber que siempre hace lo mejor para nosotros, aunque en el momento no lo comprendamos de esa manera.

Hay momentos en que nos vemos inmersos en determinadas circunstancias y no podemos percibir con claridad si vamos por el camino correcto. Para eso también están los amigos: para ayudarnos a comprender y a rectificar el rumbo.

Puede suceder que en el momento no lleguemos a entender el porqué de su actitud, pero debemos confiar en ellos, sabiendo que siempre hacen lo mejor por nosotros.

Escucharlo/a cuando nos da un consejo o una advertencia, aunque nos duelan sus palabras.

Los amigos complacientes, ésos que sólo están para festejar nuestras ocurrencias y que miran hacia otro lado cuando nos equivocamos no son verdaderos amigos. La amistad se pone a prueba cuando un/a amigo/a está dispuesto a darnos un consejo si nota que hemos actuado mal, sin importarle que sus palabras nos duelan, porque nos aman y saben que lo primordial es que no volvamos a equivocarnos.

Contactar a ese/a amigo/a de la infancia que tanto quiso para que vuelvan a encontrarse.

¡Con cuánto gusto preparamos esta sorpresa! La verdad es que resultó difícil encontrar a ese/a amigo/a del que tanto nos habló, pero lo logramos, y ahora sabemos que el esfuerzo valió la pena, ahora que vemos la emoción pintada en su rostro, ahora que los/as vemos fundirse en un abrazo tantos años postergado.

Regalarle un ramo de sus flores favoritas, sin que sea una fecha especial.

Aunque no sea un día especial lo/a tenemos presente todo el tiempo, pues es parte de nuestra vida. Esta mañana hemos visto que en las calles venden ramos de sus flores favoritas, los jazmines, y no dudamos en comprar uno para regalárselo.
La amistad debe honrarse y celebrarse cada día, con un pequeño gesto que exprese lo valiosa que es para nosotros.

Aceptar a sus otros amigos sin competir por su amor y sin causarle situaciones incómodas.

Evitemos a toda costa ahogar la amistad encerrándola en una jaula de oro. Los buenos, los verdaderos amigos no reparten su cariño entre varias personas sino que lo multiplican, y siempre hay amor y compañía para todos. Pretender que nuestros amigos lo sean con exclusividad sólo nos convertirá en personas egoístas, que no merecen su amistad.

Ayudarlo/a a decorar su casa nueva.

¡Con cuánta alegría nos cuenta que ya tiene un nuevo hogar! Ni siquiera hace falta que nos lo pida, porque somos nosotros los que inmediatamente nos ofrecemos para ayudarlo/a a ponerla en condiciones y decorarla. Para eso, también, están los buenos amigos, que se alegran con los logros de los otros casi como si fueran propios.

Comprenderlo/a cuando esté de mal humor y no nos trate como de costumbre.

No podemos pretender que un/a amigo/a esté siempre alegre y de buen humor, para compartir salidas y buenos momentos. La amistad también se demuestra entendiendo que puede estar de mal humor y, sin quererlo, tratarnos con distancia o frialdad. Lo mejor que podemos hacer en estos momentos es hablar con él/ella y tenderle la mano.

Estar a su lado en todo momento en que necesite nuestra ayuda.

La amistad entre dos personas no se construye sólo con los buenos momentos compartidos. También se pone a prueba cuando un buen amigo necesita nuestra ayuda. La amistad está hecha de vivencias, de risas y alegrías, pero también de tristezas compartidas. Estar junto a nuestro/a amigo/a cuando nos necesita es símbolo de la amistad más profunda.

Los amigos: una familia cuyos individuos se eligen a voluntad.

Alphonse Karr

Recordar que lo que nos unió es el amor y que las ideas diferentes no debieran separarnos.

Si pensáramos del mismo modo siempre y con respecto a todas las cosas que nos van sucediendo no nos enriqueceríamos mutuamente. Para ser amigos no necesitamos estar siempre de acuerdo, y las ideas que no compartimos no tienen por qué separarnos. Lo importante es que aprendamos a respetar las diferencias, y que podamos aprender de ellas.

Ayudarlo/a a estudiar para ese examen tan difícil, aunque sólo sea para servirle un té o un café.

Sabemos el esfuerzo que implica estudiar para rendir un examen porque nos ha sucedido, y por eso ahora estamos aquí, en su casa, dispuestos a pasar la noche haciéndole compañía, alentándolo/a a seguir adelante.

Aunque no podamos ayudarlo/a a estudiar, sí podemos estar a su lado para ofrecerle un té o un café, o un breve momento de distracción.

Compartir sus actividades y dejar que él/ella comparta las nuestras.

Podemos proponerle ir juntos al mismo gimnasio, o pedirle que se sume a nuestro grupo de amistades de la oficina. Él/ella puede incluirnos en ese curso de jardinería que tan entusiasmado/a lo/a tiene. Lo importante es que, además de las vivencias compartidas en el pasado y que ahora toman la forma de recuerdos, tengamos actividades en común en el presente.

Aceptar que tiene sus propios intereses y que no por ello ha dejado de querernos.

A lo largo de los años vamos eligiendo diversos rumbos y no siempre coinciden con los suyos. Debemos aprender a aceptar que nuestros caminos pueden separarse debido a que nos atraen intereses diversos, pero que eso de ninguna manera se convierte en un obstáculo para que el afecto siga fluyendo entre nosotros.

Agradecerle por hacer nuestra vida más plena.

Nada reemplaza el afecto de un/a amigo/a. La familia, los hijos, las parejas son, junto con los amigos, los pilares sobre los que se asienta nuestra existencia diaria. Si faltaran los/as amigos/as faltaría la alegría, la complicidad, la solidaridad, la compañía... nos faltarían aquellas cosas esenciales pero intangibles que hacen nuestra vida más plena.

Un verdadero amigo es el más grande de todos los bienes y el que, menos que ninguno, se piensa en adquirir.

La Rochefoucauld

Acercarnos en las horas difíciles, aunque sólo sea para compartir un silencio.

Hay momentos en los que las palabras sobran, momentos difíciles en los que las palabras no alcanzan, y sólo se necesita la paz del silencio. Son esos momentos en que él/ella nos necesita más que nunca, sólo para saber que estamos allí, preparados para escucharlo/a cuando el dolor, por fin, le permita hablar.

No medir nunca cuánto nos da para dar nosotros en igual medida.

En más de un sentido la amistad se asemeja al amor. Quien calcula lo que recibe para luego retribuir en igual medida es dueño, solamente, de un alma miserable. La verdadera amistad, al igual que el verdadero amor, no tienen medida, no necesitan medirse. Sólo necesitan expresarse.

Estar atentos a sus necesidades antes de que nos pida ayuda.

Puede suceder que no estemos al tanto de cada pequeño paso que da en el día, pero sí sabemos aquellas cosas que son realmente importantes, y por eso podemos acercarnos a él/ella antes de que nos pida ayuda para tenderle una mano franca y sincera, la de nuestra amistad.

Amigo es aquel que adivina siempre cuándo se le necesita.

JULES RENARD

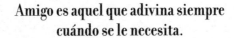

Darle gracias por su fiel compañía, en los mejores y peores momentos de nuestra vida.

La inmensa mayoría de los recuerdos importantes de nuestra vida están asociados a él/ella. Ha estado allí cuando la alegría nos embargó completamente con la llegada de nuestro primer hijo y cuando sufrimos aquel gran dolor que todavía guardamos como una espina clavada en el corazón.

Un amigo es el compañero que nunca nos abandona, el que sufre y se alegra con nuestros sufrimientos y alegrías, el que nos brinda su corazón a cada paso.

Escribirle una carta rememorando las anécdotas vividas en común, y leerla juntos.

Muchas veces las circunstancias de la vida nos impulsan a hacer un balance de quiénes somos y adónde vamos, y es en estos momentos en los que volvemos a descubrir el verdadero valor de la amistad. Escribirle una carta recordando esas anécdotas únicas nos sirve para darnos cuenta de la importancia de tener un buen amigo.

No ser egoístas, creyendo que sólo está para ayudarnos a nosotros.

No podemos pretender que deje su vida en suspenso instantáneamente y corra a nuestro lado cada vez que se lo/a pedimos. La amistad no se nutre con el egoísmo... la verdadera amistad respeta los tiempos y los intereses de los amigos y ése es el alimento que necesita para crecer y robustecerse.

No señalarle una falta o un error delante de otras personas.

Conocerlo/a tan profundamente y estar al tanto de sus secretos más privados no nos da derecho a lastimarlo/a señalándole una falta o un error delante de otras personas. Hay cuestiones que sólo deben resolverse con un diálogo privado y sincero, sin testigos; un verdadero diálogo entre amigos que se quieren, se escuchan y se respetan.

Proponerle armar juntos el rompecabezas de la vida.

¿Por qué no proponerle que sea nuestro aliado/a y así armar juntos el rompecabezas de la vida? Con cada día que vivimos ubicamos una nueva pieza en su lugar, y los buenos amigos son los compañeros que comparten el camino con nosotros, los testigos invalorables de cada paso que damos.

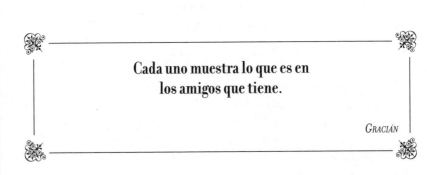

Cada uno muestra lo que es en los amigos que tiene.

Gracián

Demostrarle que nuestro único interés es su propio bienestar.

Cuando percibimos que está a punto de equivocarse o creemos que la decisión que ha tomado no es la correcta no podemos hacer menos que expresarle nuestro parecer, demostrándole que no lo hacemos por conveniencia propia ni por un interés particular sino, simplemente, porque lo que más nos interesa es su bienestar.

Celebrar sus éxitos aunque no estemos pasando un buen momento.

No siempre coinciden los buenos momentos de uno/a y de otro/a. Hay ocasiones en las que sus más grandes logros coinciden con una etapa oscura de nuestra vida, pero eso no debe impedirnos alegrarnos por él/ella, con sinceridad, con el corazón, pues cuando el afecto es genuino y profundo va más allá de cualquier coyuntura, por mala o buena que ésta sea.

Pedirle consejos sobre las situaciones que no logramos resolver o vislumbrar correctamente.

¿Quién mejor que él/ella, que nos conoce tan profundamente, para aconsejarnos en este momento de confusión? Recurrir a los amigos para pedirles consejos sobre una situación que no podemos ver con total claridad es, también, demostrarles que su palabra tiene valor para nosotros.

Ayudarlo/a a resolver sus conflictos amorosos.

Hay pocas crisis tan convulsionantes como las que se generan en el corazón... pocas veces lo/a hemos visto tan angustiado/a, con la melancolía pintada en la mirada. Somos amigos, es cierto, y por eso podemos acercarnos y ayudarlo/a a encontrar la luz que necesita el corazón para reencontrar el rumbo del amor, dándole nuestro consejo, abrazándolo/a, escuchando, permitiendo que se desahogue.

No pretender que sea igual a nosotros.

Lo que nos diferencia es precisamente lo que nos enriquece, lo que llena esta amistad de matices, es justamente lo que nos permite aprender cosas de él/ella. Si pretendiéramos que fuera idéntico/a a nosotros, si nos forzáramos a estar siempre de acuerdo en todo estaríamos deshonrando este sentimiento genuino que nos une desde hace tanto tiempo.

Darle a nuestra amistad una segunda oportunidad.

Así como entre nosotros hubo, hay y habrá momentos de intenso compañerismo y amistad, también hubo, hay y habrá enojos y discusiones. Debemos aprender que las diferencias son parte de la vida, cuando de sentimientos tan puros como la amistad se trata. Lo importante es no guardar rencores y saber darle siempre una segunda oportunidad a un buen amigo/a.

Disculpar sus errores y agradecerle que perdone los nuestros.

Una amistad fuerte es capaz de superar los más grandes obstáculos y de perdonar las más graves equivocaciones. Son las personas las que muchas veces no tienen la grandeza necesaria para reconocer los errores propios y perdonar los ajenos. Nuestra amistad no se merece que seamos mezquinos, nuestra amistad se merece los más grandes gestos de amor y de perdón.

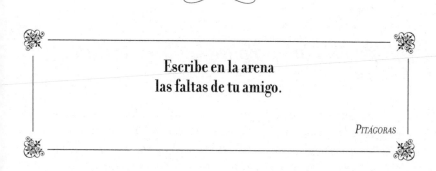

Escribe en la arena las faltas de tu amigo.

PITÁGORAS

Sorprenderlo/a con una llamada inesperada, sólo para desearle que pase un día muy feliz.

Hoy nos hemos despertado con más entusiasmo que nunca. La vida nos sonríe, tenemos una hermosa familia, sueños, proyectos y el/la mejor de los/as amigos… ¿Qué más podemos pedir?
Siguiendo esos maravillosos impulsos que nos dicta el corazón tomamos el teléfono para llamarlo/a y desearle que tenga el mejor día posible.

Organizar una fiesta sorpresa para su cumpleaños, con sus amigos más queridos.

Quizás la excusa es que no tenga tiempo para organizar nada especial, o que el mal momento que está pasando no le permite pensar en un festejo. Es en estas ocasiones cuando los amigos demuestran lo que son y lo que sienten. Hagamos que el día de su cumpleaños sea verdaderamente especial, con una fiesta que lo/a sorprenda y lo/a gratifique, en compañía de aquellos que más quiere en el mundo.

Alegrar su día preparándole su comida favorita.

Hay momentos en los que sólo necesitamos el calor de un hogar, una mirada afectuosa, un plato de buena comida que nos entibie el corazón y nos ayude a transitar la tristeza. Él/ella está pasando por un mal momento y por eso lo/a invitamos a casa a compartir ésa, su comida favorita, que preparamos con todo el amor del mundo.

**El amigo verdadero demuestra su autenticidad
en las horas adversas.**

Cicerón

Incluirlo/a en el grupo de nuestras nuevas amistades.

Afortunadamente son muchas y buenas las personas con las que nos vamos cruzando en los caminos de la vida y algunas de ellas se convierten en nuevos y fantásticos amigos. Pero nunca nos olvidamos de él/ella, el/la más cercano/a, el que nos conoce desde hace tanto tiempo, y nos produce una inmensa alegría incluirlo en el grupo de las nuevas amistades y darnos cuenta de que ahora somos muchos más los que compartimos más buenos momentos.

Escuchar su opinión aunque no la compartamos.

No siempre podemos compartir sus opiniones sobre un mismo tema, pero lo importante no es estar de acuerdo en todo, sino respetarnos en nuestras diferencias sin atropellarnos, sin anularnos como individuos. Hemos aprendido, con los años, que podemos escuchar una opinión suya con serenidad, aunque no la compartamos.

Mantener el contacto a pesar de la distancia.

Cuando el afecto es genuino, la amistad verdadera supera todas las barreras que impone la distancia.
De todos modos, debemos mantener el contacto cotidiano, ése que se construye con llamadas telefónicas, visitas, encuentros. Si la distancia física nos obliga a dejar de vernos por un tiempo, recurramos a todas las vías de comunicación posibles que nos mantengan al tanto de lo que le sucede a nuestro/a amigo/a.

No pretender solucionarle la vida sino estar a su lado aunque sólo sea para darle un abrazo.

Cada uno debe recorrer su propio camino y aunque hay ocasiones en que quisiéramos enfrentar determinadas situaciones por él/ella, no podemos solucionar su vida... debemos dejar que sea él/ella quien intente un nuevo rumbo, quien busque la luz al final del túnel. Eso sí, él/ella sabe que allí estamos, cerca, muy cerca, aunque más no sea que para dar un abrazo.

Amigo es el que en la prosperidad acude al ser llamado y en la adversidad sin serlo.

Demetrio de Falero

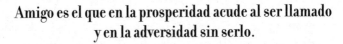

Estar a su lado en los momentos más amargos de su vida.

¿De qué sirven los amigos si cuando se los busca en los momentos difíciles de la vida no se los encuentra? Los verdaderos amigos, aquellos que colman nuestra existencia de buenos momentos, también están para acompañarnos y sostenernos cuando no podemos mantenernos de pie, cuando necesitamos una presencia que nos brinde calor y contención.

Divertirnos creando proyectos comunes, aunque no siempre se concreten.

A veces nos reunimos sólo para soñar con planes y proyectos que nos involucren a los dos: unas fantásticas vacaciones, el inicio de un emprendimiento comercial, o una simple salida de fin de semana. No nos importa tanto el hecho de que se concreten como la alegría de compartir ideas en común, como la sensación única de saber que nuestra amistad nos permite volar con la imaginación.

Darle ánimos para enfrentar la entrevista para un nuevo trabajo.

Conocerlo/a tanto nos permite saber que debe estar nervioso/a ante esta nueva posibilidad. Por eso no dudamos en llamarlo/a o acercarnos a su casa para darle ánimos, para tranquilizarlo/a expresándole que sabemos cuánto vale y que está absolutamente capacitado/a para enfrentar con seguridad este nuevo reto.

Aceptar su mano cuando necesitamos ayuda.

Nada debe impedirnos aceptar su ayuda cuando realmente la necesitamos. Él/ella sabe que no estamos pasando por un buen momento y se ha ofrecido a estar a nuestro lado. Ni el orgullo, ni la falsa modestia pueden interponerse entre nosotros.

Tener una actitud de conciliación cuando tenga un conflicto con sus seres queridos.

Lo que menos necesita en estos momentos es alguien que critique a quienes están en conflicto con él/ella, alguien que avive el fuego de la disputa. Nuestra actitud debe ser de conciliación, intentando hacerle ver todas las facetas de la situación para poder resolverla en buenos términos, sin herir y sin recibir heridas. No olvidemos que la familia es la base fundacional de todos los seres humanos.

Frente a un problema, estar a su lado sin incentivarlo/a para que actúe por impulso o sin reflexión.

Lo sabemos por experiencia propia: en determinadas ocasiones tendemos a actuar de manera irreflexiva en aras de solucionar rápidamente un conflicto o un problema y en lugar de resolverlo nos sumergimos más en el pantano.

Si está pasando por un mal momento, no dudemos en ofrecerle nuestra ayuda para reflexionar y buscar, juntos, una vía de solución sólida y correcta. No lo/a empujemos a actuar impulsivamente pues sabemos que de este modo no se llega a nada.

Dejar el egoísmo de lado y aceptar que tenga otras amistades.

Es cierto… los celos son parte de la vida y muchas veces hemos sentido esas punzadas en el corazón cuando nos habla de lo bien que lo pasó con sus nuevos/as amigos/as, pero debemos reflexionar para poder darnos cuenta de que una amistad profunda y sincera no se extingue con la llegada de nuevos amigos sino todo lo contrario: se fortalece y se oxigena.

Invitarlo/a a pasear en bicicleta como hacíamos en épocas pasadas.

En aquellos tiempos éramos capaces de pasar toda la tarde en bicicleta, recorriendo lugares conocidos y descubriendo otros, siempre juntos/as. Reíamos, hablábamos, compartíamos secretos... disfrutábamos, sencillamente, el hecho de estar juntos.

¿Por qué no revivir esos momentos proponiéndole un paseo en bicicleta por la ciudad?

**Sin la amistad,
el mundo es un desierto.**

FRANCIS BACON

Aceptar que ya no tendrá tanto tiempo para nosotros cuando el amor llegue a su vida.

Está enamorado/a, al fin. Lo notamos en su mirada, en la alegría con que nos habla de esa persona tan especial con la que desea pasar todo el día, todos los días.

Por un lado sentimos esa pequeña puntadita en el corazón que nos entristece, al darnos cuenta de que ya no pasa tanto tiempo con nosotros, pero en el fondo del alma sabemos que es mucho más feliz ahora, y su felicidad nos hace felices a nosotros.

Regalarle un álbum con las fotos más significativas de nuestra amistad.

Éstos son los regalos que más nos gusta hacer, pues van más allá de comprar un objeto… son esos regalos en los que pensamos, en los que trabajamos, en los que ponemos todo el amor del mundo.

Nos ha llevado tiempo, es cierto, reunir estas encantadoras fotografías, pero lo hemos hecho con el corazón. La sorpresa se mezcla con la emoción en su mirada, cuando lo recibe y recorre sus páginas con nosotros. ¡Qué hermoso homenaje a nuestra amistad!

Ayudarlo/a a tomar decisiones sin imponerle nuestra forma de vida.

A la hora de aconsejarlo/a o de sugerirle un rumbo a seguir debemos tener presente que es posible que lo que funciona con nosotros no sea lo mejor para él/ella. Podemos ayudarlo/a a tomar decisiones, es cierto, pero tratando de no imponerle aquello que nos parece mejor para nosotros, sino pensando en qué es lo ideal para él/ella.

**Cuando un amigo nos pide algo,
la palabra "mañana" no existe.**

George Herbert

Agradecerle por todos estos años que estuvo a nuestro lado dándonos lo mejor de sí.

Cuando miramos hacia atrás y recorremos la historia de nuestra amistad nos resulta increíble pensar que hayamos pasado tanto juntos. Alegrías, tristezas, emoción, euforia, discusiones, abrazos, desencuentros, reconciliaciones.

El corazón se llena de dicha al pensar en que somos millonarios porque contamos con su amistad, y por eso no dudamos en agradecerle todos estos años compartidos.

Pedirle perdón cuando por alguna razón hemos sido injustos con él/ella.

Cuando el orgullo se interpone entre nosotros, ese bello sentimiento que nos une ya no fluye como lo hace el agua en un arroyo fresco de montaña. Saber que nos hemos equivocado con él/ella y no tener la grandeza de aceptarlo significa asestar un golpe certero en el corazón de nuestra amistad. Pedir perdón no nos hace ver inferiores y débiles, sino todo lo contrario.

Un amigo es una persona que sabe todo de ti, y a pesar de ello te quiere.

ELBERT HUBBARD

Escribirle una carta contándole todo lo que sentimos por él/ella.

Es muy difícil expresar con palabras algo tan intangible, tan profundo, tan complejo como lo que sentimos por él/ella, pero hoy haremos el intento.

Esta carta que nos proponemos escribir será dictada por el corazón y llegará a sus manos como un verdadero regalo de cariño sincero y eterno, tan eterno como el amor que nos une.

Regalarle una canción que represente las vivencias de nuestra amistad.

Después de tanto buscar y buscar, en ese viejo local de venta de discos la hemos encontrado: aquella antigua canción que entonábamos a dúo y que fue símbolo de nuestra amistad por tanto tiempo.

Estos pequeños regalos valen más que los objetos más costosos, porque están hechos con el corazón y porque son el homenaje justo y preciso que nuestra amistad se merece.

No dudar en prestarle aquello que tanto necesita.

Los verdaderos amigos, aquellos amigos del alma, no dudan ni un instante en desprenderse de cualquier cosa que poseen, si un amigo la necesita. Los verdaderos amigos no piensan en lo que dejan de poseer cuando lo prestan pues sólo piensan en ayudar al amigo que los necesita.

No dejarlo/a de lado cuando el amor llegue a nuestra vida.

Si considéráramos que los amigos son nada más que buenos compañeros para los momentos de soledad no mereceríamos tenerlos a nuestro lado. Pero también es cierto que cuando el amor llega a nuestra vida invade todos los momentos, hasta que toma su forma definitiva.
Lo importante es saber que una amistad es un tesoro que debe cuidarse y que no se intercambia con un amor.

Atar dos globos, poner en cada uno nuestros nombres y soltarlos como señal de unión y libertad.

El viento fresco de la tarde se los lleva lejos, muy lejos, allí donde ya no podemos verlos. Viajan con las nubes rumbo a mundos nuevos y desconocidos. Unidos y libres a la vez, como nuestra amistad, que ata nuestros corazones pero que a la vez los hace libres para enfrentar con alegría cada día.

¡Qué raro y maravilloso es ese fugaz instante en el que nos damos cuenta de que hemos descubierto un amigo!

WILLIAM ROTSLER

Aceptar que en la amistad también existen los celos para aprender a encauzarlos de manera no conflictiva.

Cuando un sentimiento como los celos aflora entre dos amigos, lo peor que puede hacerse es intentar ocultarlo, o negarlo. Los celos pueden surgir porque son parte de cada uno de nosotros y porque están íntimamente relacionados con el amor y el afecto, pero lo importante es saber encauzarlos hablando de lo que sentimos, expresándonos abiertamente.

Planificar juntos un viaje, pleno de aventuras y experiencias.

Ese viaje con el que soñamos desde hace muchos años comienza a tomar forma y empieza a ser parte de nuestra realidad. No importa tanto el hecho de saber adónde iremos sino de saber que lo estamos compartiendo desde el principio, desde que era nada más que un sueño en común, un símbolo más de nuestra amistad.

Recordar los primeros momentos compartidos.

Aunque nos tratamos con la misma confianza y cercanía con que se tratan los hermanos, lo cierto es que aunque parezca increíble hubo un tiempo en que no nos conocíamos, y hubo un tiempo en que, tímidamente, comenzamos a conocernos.
Recordar los primeros momentos compartidos nos hace valorar aún más lo que tenemos y, además, nos llena de orgullo al saber que hemos recorrido juntos un largo camino.

Respetar los códigos propios de nuestra amistad.

A lo largo de los años hemos construido una serie de códigos propios que rigen y caracterizan a nuestra amistad. Fueron surgiendo a medida que nos conocíamos, a medida que íbamos confiándonos secretos y sentimientos. Respetarlos es honrar tantos años compartidos, tantas cosas aprendidas, tantos buenos momentos.

Buscar juntos un trébol de cuatro hojas que represente la suerte que hemos tenido al encontrarnos.

Aunque no habíamos tomado muy en serio la idea, mientras caminábamos por el campo, sin querer, lo hemos encontrado. Es otra de esas señales mágicas con que la vida nos enseña que vale la pena soñar con imposibles, porque tarde o temprano, si ponemos empeño y pasión, se harán realidad, al igual que este maravilloso trébol de cuatro hojas que gira entre nuestros dedos.

Aprender a callar a tiempo antes de generar una discusión innecesaria.

Nos conocemos tanto que sabemos cuál es el momento preciso en que es conveniente callar, para evitar una discusión innecesaria. No podemos pretender no pelear nunca y estar siempre de acuerdo, porque eso sería imposible; pero sí podemos estar atentos a aquellos momentos en que su ánimo no es el mejor, para callar y conservar la armonía.

Valorar las pequeñas cosas, como sentarnos a dialogar a la sombra de un árbol.

El alma recibe su alimento y se enriquece cada día, con pequeños gestos que dicen mucho, con breves momentos cargados de intensidad. Y nuestra amistad, afortunadamente, responde a estas premisas. Para estar juntos y compartir nuestros sueños y deseos no necesitamos más que un lugar tranquilo y tener el corazón dispuesto a dar y a recibir.

Estar dispuestos a aprender de él/ella.

Los amigos son esos seres maravillosos que, además de demostrarnos amor y lealtad; que además de darnos felicidad y compañía, siempre nos enseñan algo. Sólo es necesario que estemos dispuestos a aprender, con humildad, con franqueza, abriendo el corazón a cada paso que damos juntos.

Ofrecerle la última porción de pizza aunque deseábamos comerla nosotros.

A veces la amistad no se demuestra con gestos ampulosos. A veces la amistad no se expresa con palabras sentidas. Hay ocasiones —quizás la mayoría— en las que el sentimiento que surge sobre la amistad se hace patente de manera espontánea, en un acto cotidiano, en un momento compartido.

Ser afectuosos hasta en los momentos en que debamos decirle que no estamos de acuerdo con su forma de actuar.

El afecto debe estar impreso en cada palabra, en cada gesto con los que construimos, día a día, nuestra amistad, no sólo en los buenos momentos sino también cuando debemos señalarle lo que consideramos un error de su parte. No olvidemos nunca que el amor mueve montañas, que con la amabilidad y el afecto siempre se llega a donde se desea llegar.

Escribir juntos el libro de las vivencias de nuestra amistad.

A veces nos sentamos juntos/as a narrar en sus páginas una historia que recordamos en todos sus detalles pero otras veces el libro viaja de su casa a la nuestra lleno de sorpresas. Allí encontramos esas anécdotas que habíamos olvidado, allí expresamos lo bien que nos hizo conversar hace unos días. El libro de vivencias de nuestra amistad se ha convertido en poco tiempo en un espejo maravilloso en el cual mirarnos.

Un amigo es la persona que nos muestra el rumbo y recorre con nosotros una parte del camino.

Francesco Alberoni

Procurar que las risas y sonrisas sean la base de nuestra relación.

Aunque es imposible no reconocer que la vida tiene sus momentos amargos, debemos actuar y vivir como si cada día fuera una nueva oportunidad para reír y ser felices. El optimismo es lo que nos permite que las risas y sonrisas sean la base de nuestra relación. Quien vive pensando en que algo malo puede suceder, termina experimentándolo.

Aceptar que las discusiones forman parte de la relación y nos ayudan a crecer.

Cuando un desacuerdo es inevitable y genera una discusión no debemos desesperarnos pues en el fondo del corazón sabemos que la amistad que nos une es indestructible y que son precisamente estos desacuerdos los que nos fortalecen tanto como las alegrías compartidas.

Estar con él/ella en sus buenos momentos, pero por sobre todo acompañarlo/a en sus malas horas.

Es muy sencillo compartir los días con alguien que está feliz, al que la vida le sonríe. El compromiso real y profundo se demuestra cuando esa persona a la que tanto queremos atraviesa un mal momento, y necesita nuestra ayuda.
La amistad que nos une no se limita sólo a reír y a divertirnos, sino a ser capaces de tender una mano y abrazarnos ante el dolor.

Confiarle todos nuestros sueños.

Por más descabellados que nos parezcan, por más irrealizables que se nos presenten, son nuestros sueños, son aquellas utopías que queremos concretar. No dudemos en compartirlos con él/ella, pues es de todo el mundo quizás la única persona que puede comprendernos cabalmente, la única persona que se atrevería a soñar de la misma manera.

La amistad supone sacrificios;
y sólo el que está dispuesto a hacerlos, sin molestia,
comprende la amistad.

NOEL CLARASÓ

Hacerle saber que, entre todos los seres del mundo, lo/a hemos elegido como nuestro/a amigo/a.

Podría haber sido otra persona cualquiera pero la vida y el destino quisieron que fuera él/ella y ahora nos damos cuenta de que no podía ser de otra manera. Por más que a lo largo del camino sigamos encontrando buenos amigos, nadie ocupará el lugar de honor que él/ella tienen en nuestro corazón.

Ayudarlo/a cuando un ser querido se encuentre enfermo.

Tenemos miles de maneras de demostrarle lo mucho que lo/a queremos, y millones de formas de agradecerle habernos premiado con su amistad. Estar a su lado cuando alguna persona de su familia tenga un problema de salud es sólo una de ellas. Por eso no dudamos ni un instante en ponernos a su disposición para lo que necesite en este difícil trance.

Agradecerle por ayudarnos a defender nuestros sueños.

Cuando muchos nos tildaban de locos él/ella nos dijo que siguiéramos adelante; cuando casi nadie creía en que los haríamos realidad él/ella nos impulsó y nos enseñó que la perseverancia es la mejor aliada en estos casos. Gracias, querido/a amigo/a, por darnos la fuerza necesaria, por brindarnos el aliento en las horas más difíciles, por ser el/la defensor/a acérrimo/a de todos nuestros sueños.

Redactar juntos el decálogo de nuestra amistad.

Ambos sabemos con qué arcilla hemos modelado nuestra amistad, y conocemos perfectamente las reglas que la rigen y que están basadas en el respeto y el cuidado mutuos, en la libertad individual, en la lealtad y en el compromiso de por vida. Juntos, redactamos el decálogo de nuestra maravillosa y eterna amistad.

No dejar que la política o las diferentes creencias pongan en riesgo nuestra amistad.

Podemos ser muy diferentes y pensar de manera muy distinta sobre muchas cosas pero afortunadamente ninguna discrepancia se impone sobre lo más importante que tenemos: nuestra amistad, nuestra historia en común. Nunca debemos dejar que lo que nos separa sea más fuerte que aquello que nos une.

Gran parte de la vitalidad de una amistad reside en el respeto de las diferencias, no sólo en el disfrute de las semejanzas.

JAMES FREDERICKS

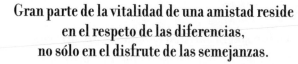

Pasar largo rato conversando, aun de las cosas más triviales, sintiendo que fue el tiempo más valioso de nuestro día.

Aunque no haya nada importante de qué hablar esta tarde, el solo hecho de poder intercambiar impresiones acerca del día que termina, el solo hecho de reír con sus comentarios y de contarle lo que nos ha sucedido nos relaja y nos distrae de las preocupaciones cotidianas. Muchas veces éste se convierte en el momento más valioso del día, el que compartimos con nuestro/a mejor amigo/a.

Aceptar que existen momentos en que desea estar a solas con sus propios problemas.

A nosotros también nos sucede lo mismo: no siempre la compañía de un amigo es la solución para nuestros problemas. Hay momentos en que el alma nos pide soledad para poder encontrar la paz que tanto necesita. Si él/ella nos indica que prefiere estar solo/a, respetemos su decisión. El problema no es con nosotros: es el momento de aguardar su llamada, con calma y amor.

La verdadera amistad es como la fosforescencia, resplandece mejor cuando todo se ha oscurecido.

RABINDRANATH TAGORE

Preparar un pastel para su cumpleaños y decorarlo con una frase que exprese lo que sentimos.

Para él/ella es una sorpresa: en primer lugar, lee la frase e inmediatamente nos sonríe y luego, cuando le cuentan que preparamos el pastel con nuestras propias manos se nos acerca, nos abraza y nos agradece. La emoción y la alegría nos invaden, y el orgullo de sentirnos más amigos que nunca.

Pedirle que nos diga lo que ve de nosotros.

Puede que no todo lo que tenga para decirnos sea de nuestro agrado, pero lo cierto es que a las verdades debemos enfrentarlas, y él/ella es la persona que mejor nos conoce, y aquella que con amor siempre nos ha señalado defectos y virtudes. Pedirle que nos diga lo que ve de nosotros es, además, una forma de hacerle saber cuánto valoramos su opinión.

Invitarlo/a a remontar juntos la cometa de nuestra amistad.

Lenta pero segura sube y sube, impulsada por el viento. Como símbolo de nuestra amistad, que sabe buscar siempre nuevos horizontes, esta cometa que hoy remontamos juntos brilla bajo el sol del mediodía y baila con las nubes, alto, muy alto, tan alto como puede llegar nuestra amistad.

Aprestarnos a defenderlo/a cuando lo agredan injustamente.

No tenemos miedo a las consecuencias porque ni siquiera nos detenemos a pensar en ellas. Cuando un/a amigo/a recibe una agresión gratuita e injustificada debemos ser los primeros en correr a defenderlo/a. No olvidemos nunca que un/a amigo/a es un hermano que nos regaló la vida.

Hacerle saber que estamos agradecidos con la vida por habernos regalado una amistad tan hermosa y duradera.

Nuestros padres nos enseñaron el verdadero valor de la amistad, la nobleza que trae implícita, lo maravilloso que es sentir que podemos contar con alguien, para todo y para siempre. Amigo/a, no sabes lo agradecidos que estamos a la vida por gozar de tu amistad.

Nunca es largo el camino que conduce a la casa de un amigo.

JUVENAL

Volver juntos al patio de la escuela.

Volvemos después de muchos años y traspasamos juntos, nuevamente, como hacíamos todos los días, el portón de hierro. Todo parece más pequeño que como lo recordábamos pero sigue intacto el espíritu del juego y de la alegría compartida en los recreos. Volver juntos al patio de la escuela… volver al escenario de los mejores momentos de la niñez, allí donde nació nuestra amistad, nos permite tomar conciencia de cuánto hemos recorrido juntos.

Proyectar vacaciones con nuestras parejas.

Desde nuestros primeros proyectos en común, aquellos lejanos, relacionados con juegos o momentos divertidos, hemos llegado hasta aquí, al día de hoy, que nos encuentra más unidos que nunca y pensando en la posibilidad de pasar juntos las próximas vacaciones, con nuestras parejas. Más allá de la alegría del momento, nos sentimos orgullosos de ser tan buenos amigos.

Recorrer juntos el barrio de nuestra infancia.

No hubo ninguna excusa, a lo largo de los años, que nos hiciera volver. Hoy caminamos estas calles con la emoción y el recuerdo impresos en el corazón, recordando aventuras, confesiones, secretos compartidos, y mucha diversión. Ésta fue la patria de nuestra infancia en común y como todo lo que nos hace bien, guardamos estas imágenes en el corazón.

Tener una buena relación con su familia.

Los grandes amigos comparten muchas cosas, y entre ellas están los momentos familiares. Son muchas las ocasiones en que veremos a sus padres o a sus hermanos y, aunque no forman parte de nuestra familia, son sus afectos más cercanos, y por eso es tan importante ser bienvenidos en el hogar familiar.

Saber decirle que no.

Hay ocasiones en las que, en aras de conservar la armonía, decimos que sí a una propuesta o a una simple pregunta, aunque en el fondo sentimos o pensamos de otra manera. Una amistad que no es completamente sincera pierde su esencia y por eso es mejor saber decir que no, aunque eso genere una controversia. No debemos preocuparnos pues es sólo cuestión de un instante resolverla: lo importante es que él/ella confíe en que somos francos en cada momento.

Decirle que lo/a queremos porque posee los más hermosos valores del mundo.

Si tuviéramos que escribir la lista de los motivos que nos hacen quererlo/a y elegirlo/a cada día como amigo/a no terminaríamos nunca, pero estamos convencidos de que uno de los primeros que vendrían a nuestra mente son los hermosos valores con que enfrenta cada día: la lealtad, la solidaridad, la dignidad, la esperanza…

No juzgarlo/a por un mal momento.

Todos podemos tener un mal día y reaccionar de manera injustificada, pues es parte de la vida y de nuestra condición de humanos. Lo que no podemos hacer es juzgarlo/a de manera terminante si es él/ella el/la que pasa por un mal momento y tiene con nosotros una reacción inesperada. En estas ocasiones debemos tener presente que él/ella no es habitualmente de esta manera y ser comprensivos.

Medirlo/a con la misma vara con que nos medimos a nosotros.

Siempre que no seamos excesivamente estrictos con nosotros mismos, debemos medirlo/a con la misma vara que utilizamos para nuestras cuestiones personales. Como en muchos otros órdenes de la vida, el equilibrio es lo más indicado: no seremos con él/ella más estrictos ni más complacientes de lo que somos con nosotros mismos.

Recostarnos juntos sobre el césped a mirar las estrellas y soñar con otros mundos.

La noche, cálida y despejada de nubes, nos invita a recostarnos sobre el césped y a disfrutar del maravilloso espectáculo de este cielo oscuro y lleno de estrellas.
La noche, silenciosa compañera, nos invita a soñar con otros mundos posibles, con esos mundos que sabemos que podemos alcanzar con imaginación y con entusiasmo, si estamos juntos.

Una amistad es como un permanente sueño compartido.

Nábor Obrán

Aceptar que necesite estar solo/a pero sin alejarnos, por si nos pide ayuda.

Respetemos su decisión así como respetamos sus opiniones, sus afectos, sus valores y sus conductas pero no nos alejemos demasiado. Con el corazón pendiente, aguardaremos su llamada, preparados para correr a su lado y ofrecerle nuestra ayuda, nuestros brazos, nuestro corazón.

Hacerle saber que lo consideramos un/a hermano/a del alma.

Además de los lazos de sangre, a lo largo de la vida elegimos, y nos eligen, unas pocas personas que nos hacen más llevadero el camino, que llenan de amor nuestro corazón. Él/ella es uno de esos seres únicos, es ese hermano que nos dio la vida, el hermano del alma, el que no necesita compartir la sangre para estar a nuestro lado.

Darle un abrazo muy grande que nos una de corazón a corazón.

El motivo puede ser un festejo, el inicio de un proyecto en común, o nada más ni nada menos que el nacimiento de un hijo. Lo importante es transmitir con nuestro abrazo el sentimiento profundo que nos une a él/ella, el compromiso eterno que hemos acordado, el inmenso amor que nos profesamos cada día.

Reconocer que no teníamos razón y pedirle disculpas.

Cuesta, es cierto, darnos cuenta, finalmente, de que no teníamos razón, de que nuestros argumentos no eran los correctos para evaluar la situación, de que, en pocas palabras, nos hemos equivocado con él/ella. Y también cuesta dar ese paso que es pequeño pero que nos parece gigantesco: pedir perdón. Cuando nos encontremos en esta situación pensemos que aquellos gestos o aquellas cosas que cuestan son las que mejores frutos rinden, y que vale la pena el esfuerzo.

La amistad no puede ir muy lejos cuando ni unos ni otros están dispuestos a perdonarse los pequeños defectos.

Jean de La Bruyère

Recordar cuánto lo queremos en el instante en que nuestro orgullo pueda jugarnos una mala pasada.

Las disputas siempre son amargas y una de las peores consecuencias que acarrean consiste en que en el momento nos hacen perder de vista lo esencial, enfrascados como estamos en tratar de fijar nuestra posición ante una controversia. Si el orgullo nos ciega y no nos deja ver aquello que es verdaderamente trascendental, hagamos el esfuerzo por recordar y tener presente que el amor que le tenemos es más fuerte que estas pequeñas tormentas.

Hacerle saber que siempre tendrá un lugar en nuestro corazón pero también en nuestra casa, si es que la necesita.

Afortunadamente no podemos prever lo que nos sucederá en el futuro porque el mayor atractivo de la vida es sorprendernos a cada paso, tanto con alegrías como con tristezas. Puede sucederle lo peor, pero sabe que en nosotros tiene un refugio, que nuestra casa puede albergarlo/a todo el tiempo que necesite, que nuestro corazón siempre estará dispuesto para aliviar sus penas más hondas.

Cuidar a sus hijos para que pueda salir con su pareja.

Los vemos llegar felices a nuestra casa y correr escaleras arriba para jugar con nuestros hijos. Nuestra mente viaja hacia el pasado y recuerda la infancia compartida, los juegos, las risas… ¡cuántas cosas hemos pasado juntos! Parece increíble que hoy sean nuestros hijos los que comparten aventuras y alegría en esta noche en que somos padres y casi tíos a la vez.

Interiorizarlo/a sobre nuestro nuevo hobby para poder compartirlo.

A pesar de que no coincidimos en todos nuestros gustos e intereses, le contamos con entusiasmo acerca de este nuevo hobby que nos tiene fanatizados, con la ilusión de que quiera comenzar a compartirlo con nosotros y, así, tener un nuevo motivo para estar juntos y pasar un buen momento.

Hacerle saber que puede llamarnos a cualquier hora si nos necesita.

La verdadera amistad no impone condiciones, sino todo lo contrario: nos hace dueños de una incomparable libertad. Él/ella sabe que puede contar con nosotros para lo que sea, en cualquier momento del día y de la noche. Es lo que hacen los grandes amigos, aquellos que nos esperan, nos ayudan, nos consuelan incondicionalmente.

Un amigo es alguien con quien se puede no hacer nada y disfrutar de ello.

Anónimo

Alegrarnos por sus logros aunque a nosotros no nos vaya tan bien.

Lo/a vemos tan feliz, tan pleno/a por estas realizaciones, por el logro de tantos proyectos, que no podemos menos que alegrarnos, contagiándonos con un poco de su entusiasmo, ese que tanto necesitamos en este momento de la vida. Los verdaderos amigos no envidian nunca, sino todo lo contrario: sólo pueden sentirse felices de que aquella persona a la que tanto quieren alcance lo que desea.

Decirle que si no estuviera a nuestro lado, la vida nos parecería un desierto.

Podemos vivir un gran amor, tener los hijos más maravillosos del mundo, vivir rodeados del afecto de la familia, pero el círculo perfecto de la plenitud se completa con la existencia de esos amigos queridos, sin los cuales la vida nos parecería un desierto. La amistad es uno de los sentimientos más nobles de los que es capaz el hombre, y no poder contar con él es una verdadera catástrofe. No lo olvidemos nunca y hagamos un culto de la amistad.

Aprender a mirar las cosas con su óptica.

Antes de reprenderlo/a por alguna acción, pongámonos en su lugar y pensemos si no actuaríamos igual en ese contexto. A veces tendemos a actuar irreflexivamente, guiados por el impulso, y cometemos el error de no saber apreciar una situación en todas sus facetas, cuando no estamos sumergidos en ella. Aprendamos a mirar las cosas con su óptica, para opinar con justicia.

Evitar los reproches mutuos.

Puede suceder que, por determinadas circunstancias, estemos más atareados que de costumbre y nuestros encuentros sean más espaciados que lo habitual. Puede suceder que necesitemos estar solos por un tiempo, para reflexionar. Lo importante es saber respetar estos momentos en que no nos vemos, evitando los reproches y las recriminaciones, que sólo causan dolor y desazón.

Impedir por todos los medios que las sospechas quiebren nuestra amistad.

Cuando una duda acerca de la amistad que nos une se instala en el corazón, el dolor de esa espina clavada casi nos impide respirar. Debemos actuar de inmediato para recobrar la calma y para disipar las sospechas, por más leves que éstas sean, acudiendo a él/ella para planteárselas, con el corazón abierto.

La amistad convierte las tormentas y las tempestades de las emociones en días claros, e ilumina con la luz del sol la confusión de los pensamientos.

FRANCIS BACON

Tener siempre abiertas las puertas de casa para él/ella.

Para nosotros, nuestro hogar es el reflejo de nuestro corazón, y por eso sabe que no necesita una invitación previa para visitarnos, pues las puertas de casa siempre estarán abiertas para él/ella. Aquí siempre encontrará una sonrisa cálida de bienvenida, un buen plato de comida casera, una copa de vino y un abrazo franco y sincero.

No minimizar sus tristezas o frustraciones.

Nos entristecen y hacen que nos sintamos frustrados cosas diferentes, pero eso no es excusa para menospreciar el motivo de su malestar. Aunque sabemos que ante determinada situación nosotros reaccionaríamos de manera diferente, el afecto que nos profesamos mutuamente nos lleva a respetarlo/a y a acompañarlo en estos momentos difíciles.

Incentivarlo/a para que emprenda nuevos proyectos.

Si intuimos que será bueno para él/ella, si confiamos en que podrá llevarlo adelante sin problemas y con nuestra ayuda, ¿por qué no incentivarlo/a para que inicie ese proyecto que lo tiene tan ilusionado/a? Para esto, también, la vida nos premia con amigos tan valiosos: para impulsarlos a crecer, para ayudarlos a que su vida tome nuevos y maravillosos rumbos.

Escribirle una carta diciéndole que mucho de lo que somos se lo debemos a él/ella.

Porque enriqueció nuestra vida con sabias palabras, porque la llenó de alegría con tantas aventuras compartidas, porque nos hizo conocer el verdadero valor de la amistad, porque nos sostuvo en los momentos difíciles, por compartir tantas experiencias… en definitiva, por habernos premiado con su amistad es que escribimos estas palabras que brotan del corazón y que están llenas de agradecimiento.

Aceptar que nos oriente cuando nos encontramos confundidos.

Cuando nuestro barco parece haberse quedado sin timón; cuando sentimos que hemos perdido la brújula que nos orienta en la vida, debemos saber que contamos con el mejor piloto de tormentas. Lo más importante es que sepamos aceptar su ayuda y que podamos entregarnos sin reservas a su guía, con la confianza que siempre caracterizó a nuestra amistad.

Agradecer su lealtad.

A lo largo de los años que lleva nuestra amistad hemos pasado juntos por mil y una situaciones y él/ella siempre se ha mantenido firme a nuestro lado, incluso en aquellos momentos en que éramos nosotros los equivocados. Nos ha defendido, nos ha acompañado, nos ha criticado con amor y franqueza, nos ha perdonado... no encontramos otra forma más clara para agradecer tanta lealtad que este abrazo que hoy le damos, que esta carta que hoy le escribimos.

Proponerle fijar un día de la semana para compartir una actividad o una salida.

Tenemos tantas obligaciones y compromisos que muchas veces postergamos salir juntos o compartir una actividad que nos distraiga y nos distienda. Si bien nuestra amistad no se rige por una agenda, podemos proponerle fijar un día para, aunque más no sea, compartir un trago o un café, mientras hablamos de esas cosas que nos resultan esenciales, para vivenciar esos buenos momentos que sólo se comparten con un buen amigo.

Pedir un deseo para él/ella con la llegada del Año Nuevo.

En estas fechas estamos llenos de esperanza y optimismo, y de buenos deseos para todos los que amamos. Dedicamos el instante en que comienza un nuevo año a pensar en aquellos que están más cerca de nuestro corazón, y él/ella es una de las primeras personas a quienes les deseamos, con total intensidad, el cumplimiento de todos sus deseos.

Ser sus mejores confidentes.

Una de las claves de una buena amistad es la capacidad de saber escuchar y guardar un secreto o una confidencia. Hay determinadas cosas que él/ella necesita compartir sólo con nosotros y al hacerlo nos demuestra una inmensa confianza en nuestra persona, que no debemos ni podemos traicionar si queremos llamarnos buenos amigos.

Uno de los mayores consuelos de esta vida es la amistad, y el más suave placer de la amistad, el tener a alguien a quien comunicar un secreto.

Alessandro Manzoni

Pedirle que nos ayude a resolver un problema.

Recurrir a él/ella cuando no encontramos la solución a un conflicto o a un problema es una de las más bellas formas de demostrarle cuánto valoramos su presencia o su opinión. Aunque no siempre estemos de acuerdo con lo que nos dice, aunque quizás finalmente optemos por otra alternativa, contar con su palabra siempre nos ayuda.

Regalarle un objeto de la suerte para que lo acompañe toda su vida.

Uno de nuestros mayores deseos es que la suerte lo/a acompañe en todos y cada uno de los momentos de su vida, pues es un ingrediente extra que las personas necesitamos para alcanzar el éxito en cualquier labor que emprendamos. Por eso le regalamos este pequeño amuleto, para que lo/a acompañe y se convierta en un símbolo de lo bueno que le deseamos siempre.

Ser sinceros con él/ella cuando nos parece que ha tomado un camino equivocado.

Ser complacientes es mucho más sencillo, es cierto, pero si tomáramos esta actitud cuando nos parece que ha elegido un camino equivocado no estaríamos siendo sinceros. Aunque nos cueste, siempre es mejor indicarle lo que pensamos con franqueza. De este modo le damos la posibilidad de rectificar el rumbo emprendido.

Hacerle saber que, pase lo que pase, siempre estaremos a su lado.

No importa a dónde nos lleve el camino de la vida, no importa nada de lo que pueda suceder pues es imposible que esta amistad se quiebre. Siempre, pase lo que pase, estaremos a su lado para reír y festejar los buenos momentos, y para sostenernos y abrazarnos en los malos. Ésta es la base de nuestra amistad.

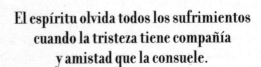

El espíritu olvida todos los sufrimientos cuando la tristeza tiene compañía y amistad que la consuele.

WILLIAM SHAKESPEARE

Ayudarlo/a a mirar la vida con mayor optimismo.

Hay momentos en los que su mirada pierde el brillo debido a que la amargura y la tristeza se instalan en su corazón. Son esos momentos en los que tiende a creer que nada tiene solución. Allí debemos actuar nosotros, ayudándolo/a a mirar la vida con optimismo, contagiándole energía y fuerza para seguir caminando, para salir adelante.

Brindar por nuestra amistad con esa botella de vino que reservamos para una ocasión importante.

Mientras brindamos, pensamos en que éste no será ni el primero ni el último brindis que hagamos por nuestra amistad, pues ella seguirá fortaleciéndose y enriqueciéndose con el paso de los años. Esta copa que levantamos, entonces, es por el pasado y por el presente, pero también por el futuro que, estamos convencidos, nos encontrará juntos.

Ayudarlo/a a curar las heridas del corazón.

Ya hemos pasado por el mismo dolor, y sabemos que, en el momento, puede parecer que nunca se acabará, que ya no habrá días de felicidad. Ahora que él/ella lo está atravesando, debemos estar más cerca que nunca, ayudándolo/a, acompañándolo/a, haciéndole saber que el tiempo es el único que puede curar estas heridas, y que llegará un día en que el sol volverá a salir para su corazón.

Acompañarnos en la vida lo más posible, pero sin asfixiarnos.

Cuando un amigo busca la manera de estar presente en todos y cada uno de los momentos de la vida, aunque lo guíe la mejor de las intenciones, termina por asfixiarnos. La amistad es compañía y compartir muchos momentos, de los buenos y de los malos, es cierto, pero también es libertad e independencia para poder elegir cuándo estar juntos.

No creer jamás que la distancia hará que nuestra amistad se diluya.

Cuando una amistad es profunda y verdadera la distancia no hace más que fortalecerla, no hace más que poner delante de nuestros ojos la más pura realidad: que su vida está unida a la nuestra para siempre, con un lazo que ni el tiempo ni la lejanía pueden desatar. Sólo depende de nosotros hacer que la nuestra sea una hermosa y eterna amistad.

El encanto de la amistad es que puede reanudarse en cualquier momento, sin que importe cuánto tiempo haya estado suspendida; no hay protocolos ni formalidades que observar, ni modo de vida que emprender.

JOHN WINTERICH

Agradecerle que nos escuche aun cuando nos quedamos en silencio.

Entre nosotros, los silencios son a veces tan valiosos como las palabras. Sólo él/ella es capaz de comprender que hay momentos en que no necesitamos más que su presencia para que el alma reencuentre la paz perdida, para que el corazón retome el ritmo habitual de sus latidos.

Caminar juntos por la orilla del mar recordando nuestra infancia.

Recordando lo que fuimos es que podemos ver con claridad quiénes somos en el presente, y hacia dónde vamos. Esta tarde soleada y ventosa nos invita a caminar y a recordar, y a compartir imágenes, momentos, impresiones con las que construimos, juntos, el rompecabezas de nuestra vida.

Agradecerle por prestarnos su hombro para llorar cuando el amor nos desilusionó.

Sentíamos que el corazón era un cristal frágil que se partía en pedazos y creíamos que nunca íbamos a volver a amar, que nadie podría amarnos. Y él/ella nos prestó su hombro y nos dejó llorar, sin juzgarnos, sin hablar, conmovido/a por nuestra congoja, más amigo/a que nunca. Sus gestos y sus palabras de aquellos días fueron reparando las heridas, de a poco, y nos hicieron ver que el amor vuelve a presentarse cuando menos lo esperamos.

Aceptar que tiene sus propios sueños y acompañarlo/a en ellos.

No importa que sean diferentes, muy diferentes de los nuestros: lo importante es que tenga sueños, que trabaje arduo para cumplirlos, que no deje nunca de soñar. Allí estamos, allí estaremos siempre para acompañarlo/a, para tenderle nuestra mano amiga, ésa que tanto necesita para que sus sueños se hagan realidad.

Evitar que los desacuerdos se transformen en imparables bolas de nieve.

Cuando una discusión quiebra la armonía que caracteriza a nuestra amistad, lo peor que podemos hacer es dejar que los días pasen sin buscar una solución, sin proponer un acuerdo. No importa quién da el primer paso, porque aquí el orgullo no tiene cabida: lo fundamental es buscar la manera de que los desacuerdos se resuelvan para volver a ser tan buenos amigos como siempre lo fuimos.

Hacerle saber la dicha que sentimos de contar con su amistad.

Una carta sincera y llena de sentimiento, un pequeño obsequio que dé cuenta de lo que sentimos, un simple abrazo: tenemos muchas formas de que él/ella sepa cuán dichosos nos sentimos al saber que podemos contar con su amistad desde hace tantos años.

Escribir en un papel nuestro compromiso para una amistad eterna, enrollarlo, introducirlo en una botella y arrojarla juntos al mar profundo.

¡Quién sabe cuántas tempestades atravesará esta botella que arrojamos al océano! ¡Quién sabe a qué lejanas playas llegará nuestro mensaje! Así de fuerte es nuestra amistad, así de intrépida y aventurera… tal como esta botella viajera, que se lleva el compromiso eterno de dos amigos verdaderos.

Saber reencontrarnos después de un desacuerdo.

El amor propio es muy importante para saber plantarnos en la vida, pero puede convertirse en el sentimiento más dañino si se interpone entre nosotros cuando tenemos un desacuerdo o una discusión. El orgullo y la tozudez hacen que el corazón se endurezca, y pierda de vista el camino adecuado que nos lleva a reencontrarnos: el de la reflexión y el diálogo.

Llamarle la atención cuando creemos que se está equivocando, sin enojarnos si decide hacer las cosas a su manera.

Podemos sugerirle un camino diferente al que está tomando si creemos que está equivocado/a, pero lo que no debemos hacer es enojarnos si, finalmente, decide hacer las cosas a su manera, aunque a nosotros nos parezca que está perseverando en un error. La amistad nos da muchos derechos, es cierto, pero entre ellos no figura el derecho a ofendernos por estas cuestiones.

Agradecerle por ser el espejo de nuestra alma.

Sus sentimientos hacia nosotros son tan cristalinos que podemos dejar que el alma se refleje en ellos, sin temores. Él/ella nos permite vernos tal cual somos, sin engaños ni falsas ilusiones. Gracias, querido/a amigo/a, por ser el mejor espejo que podría tener nuestra alma.

Tener en cuenta que una discusión de momento es sólo "de momento".

Hay pocas cosas que angustien tanto como una discusión entre amigos. Cuando nos sucede sentimos que todo nuestro mundo tambalea, que todo a nuestro alrededor puede quebrarse hasta desaparecer. En estos difíciles momentos, debemos mantener la calma y tomar conciencia de que si nuestra amistad es tan fuerte como creemos podemos superar ésta y mil controversias más.

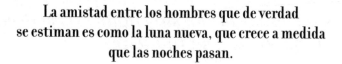

La amistad entre los hombres que de verdad se estiman es como la luna nueva, que crece a medida que las noches pasan.

PROVERBIO POPULAR INDIO

Echar un manto de comprensión cuando nuestras posiciones sobre un tema sean irreconciliables.

Cuando es imposible, por más que lo intentamos, ponernos de acuerdo sobre un tema, lo mejor que podemos hacer es echar un manto de comprensión sobre la cuestión y dejar que sea el tiempo el que ubique las cosas en su justo lugar. Permanecer fijados en la disputa nos desgasta y nos desmoraliza, más aún cuando sabemos que las posiciones se han tornado irreconciliables. Nuestra amistad se merece este pequeño gesto de paz.

Organizar un campamento de fin de semana con nuestras familias.

Los pequeños corren de aquí para allá, maravillados, gritando, riendo y descubriéndolo todo. Nosotros, mientras organizamos todo lo necesario para pasar la noche en el bosque, nos miramos y sonreímos, sabiendo que no hacen falta palabras para expresar el orgullo que sentimos de haber llegado hasta aquí, de haber crecido juntos/as, de poder compartir estos hermosos momentos con las familias que hemos formado.

Contarles a nuestros hijos las travesuras que hacíamos juntos cuando teníamos sus edades.

Mientras hablamos con ellos y les vamos contando las travesuras vividas en común nuestra mente viaja hacia el futuro, tomada de la mano de la ilusión. Los vemos crecer y compartir con sus amigos vivencias tan parecidas que deseamos que puedan continuar esa amistad a lo largo de los años, tal como nos sucedió y nos sucede a nosotros.

Organizar juntos una reunión con los compañeros de la infancia.

De a poco van llegando y se suceden los abrazos y las risas que provocan la emoción del reencuentro. Han cambiado mucho, es cierto, tal como hemos cambiado nosotros, pero el espíritu alegre y juguetón sigue siendo el de aquellos años. ¡Qué bien que hemos hecho en reunirlos! Éstas son las cosas que nos gusta llevar a la práctica juntos, pues siempre se convierten en momentos para recordar y agradecer.

Asistirlo/a cuando esté enfermo/a y mucho más si no tiene quién lo/a atienda.

El amor y los cuidados pueden obrar milagros y muchas veces son más poderosos que la mejor medicina, pues son una medicina para el alma y para el corazón. Estar a su lado cuando esté enfermo aunque más no sea que para acompañarlo u ofrecerle una taza de té es, en realidad, ofrecerle una vez más nuestro corazón.

Al igual que la voluntad humana que se afirma en el infortunio, la amistad se experimenta en la tempestad.

KERNER

El amor
hacia uno mismo

Tener presente al niño que llevamos dentro.

Aunque muchas veces lo olvidamos, agobiados como estamos por las obligaciones y las responsabilidades, ese niño que fuimos y que llevamos dentro nuestro es el que nos permite conservar la capacidad de jugar, de sorprendernos, de reír. Nuestro niño interior es el que impide que el alma envejezca y se marchite.

No perder nunca las esperanzas.

Lo dice el proverbio popular: "La esperanza es lo último que se pierde". Pueden abatirse sobre nosotros los más negros nubarrones y cegarnos con rayos poderosos. Podemos perder todo lo que de a poco hemos ido consiguiendo con nuestro esfuerzo, pero nunca debemos perder las esperanzas, pues son ellas las que nos permiten saber que hay claridad más allá de las tinieblas.

**Espera. Sólo el que espera vive.
Pero teme el día en que se te conviertan
en recuerdos las esperanzas.**

MIGUEL DE UNAMUNO

Descubrir la maravilla de la vida en cada pequeño momento.

La mirada pura de nuestros nietos, el instante mágico en que amanece, la dicha de haber formado una hermosa familia, las flores abriéndose en nuestro jardín, los logros de nuestros hijos, el amor, la paz del alma. Vivir pendientes de que se produzcan grandes acontecimientos hace que nos perdamos el goce de los pequeños momentos, ésos que son verdaderamente importantes.

No mentir.

¡Cuánta energía malgastada! ¡Qué trabajo tan arduo es el de sostener una mentira! A veces es duro decir una verdad, pero también es cierto que es sólo cuestión de un momento. Evitemos las mentiras, pues ellas tarde o temprano terminan por convertirse en dolorosas dagas clavadas en el corazón de quienes nos creen y confían en nosotros.

Honrar a nuestros mayores.

Renegar de nuestros orígenes es renegar de lo que somos. Podemos ser críticos de nuestros mayores, es cierto, pero eso no impide honrarlos, valorar su esfuerzo, aprender de su experiencia, asumir que somos parte de una historia familiar única y llena de matices y que mucho de lo que somos proviene de ellos.

Sentirnos parte de la comunidad.

Sentirnos parte de la comunidad es dejar de ser uno para ser muchos diferentes, pero unidos por determinados valores e ideales esenciales que nos identifican como personas. Sentirnos parte de la comunidad genera obligaciones, es cierto, pero también nos da derechos y libertades.

Liberarnos de los prejuicios que no nos permiten crecer.

Los prejuicios pueden convertirse en pesadas cadenas que sujetan nuestros pies, que asfixian las alas con que volamos. Vivir atados a ideas preconcebidas nos impide ver qué hay más allá del lugar donde estamos parados, nos impide abrir la puerta a nuevos mundos, a nuevas sensaciones.

No dejarnos caer.

Por más que sepamos que hay muchos brazos amigos que nos sostendrán, debemos tratar de no llegar nunca al punto de dejarnos caer. Seamos los primeros en rescatarnos antes de que el presagio de tormenta se convierta en realidad. Pensemos en positivo, en todo lo bello que nos rodea, y en que nunca es tan oscuro como un segundo antes del amanecer.

Acariciarnos el alma.

Un bello poema que nos emocione, esa melodía que nos recuerda tan buenos momentos, la voz de un ser querido… tenemos muchas maneras de acariciarnos el alma con pequeñas acciones, con mínimos gestos. Son precisamente estas caricias las que nos convierten en seres sensibles, en amantes de la vida.

Entra hasta el fondo del alma de los demás, y deja que los demás también entren hasta el fondo de la tuya.

MARCO AURELIO

Aprender a convivir con aquello que no nos gusta de nosotros.

Utilizar tiempo y energía en tratar de negar aquello que no nos gusta de nosotros es, sencillamente, dilapidarla sin sentido. Es cierto, siempre hay algo de nosotros mismos que no nos deja del todo conformes, que quisiéramos ocultar, pero la clave para alcanzar la paz consiste en aprender a convivir con aquello que no nos gusta, y el primer paso es aprender a reconocerlo mirando hacia nuestro interior.

No conformarnos nunca.

No hablamos de ese inconformismo de desear siempre algo más, de ese estado de permanente insatisfacción que nos impide disfrutar el presente. Cuando decimos que no nos conformamos nunca nos referimos a que siempre buscamos superarnos, aprender nuevas cosas, avanzar, paso a paso, en el maravilloso sendero que nos propone la vida.

Saber vislumbrar la luz al final del túnel de la angustia.

La angustia, ese sentimiento que oprime el corazón y nos quita el aire, nos sume en un túnel sombrío que muchas veces parece no tener salida. En esos momentos lo importante es ponernos de pie y avanzar, a tientas, a ciegas, como sea, pero avanzar, sabiendo que tarde o temprano veremos ese hilo de luz que irá creciendo hasta convertirse en un mañana lleno de esperanza.

Aprender a estar solos.

Hay momentos en que, por determinadas circunstancias, la soledad se convierte en nuestra compañera más cercana. Sin angustiarnos, sin desesperarnos, con la certeza de que el amor regresará algún día a nuestro corazón, debemos aprender a estar solos, y aprovechar esta etapa para reencontrarnos, para reconocernos, para reflexionar y volver a ponernos de pie.

Aceptar la compañía de un buen amigo.

Aunque sólo deseemos estar solos, para no molestar a nadie con nuestra tristeza y nuestro dolor, es muy importante que hagamos el esfuerzo de aceptar la compañía de un buen amigo. A veces cuesta, porque el dolor es muy grande y no nos permite mirar más allá de lo que nos sucede. En estos momentos, debemos recordar que son los amigos los que, con su compañía y con sus palabras, nos ayudan a reencontrar la paz perdida.

Apostar al futuro.

Ser conscientes de nuestro pasado es lo que nos permite reconocernos en el presente, saber de dónde venimos para poder saber hacia dónde vamos. En este sentido es importante mirar cada tanto hacia atrás; pero es el futuro, y la esperanza depositada en él, el que nos espera. No vivamos pendientes de lo que ya pasó... nuestros pasos siempre se dirigen hacia delante.

**Tú eres el arquitecto de tu propio destino.
Trabaja, espera y atrévete.**

Wilcox

Hacer del amor el alimento diario de nuestra vida.

Frente a nosotros, y a cada instante, la vida nos presenta lo bueno y lo malo y nos da la posibilidad de elegir. Bondad y maldad, egoísmo y solidaridad, amor y odio: de nosotros depende el rumbo que sigan nuestros pasos. Hacer del amor el alimento diario de nuestra vida es la mejor elección posible.

Conservar la capacidad de asombrarnos.

Cuando una persona pierde la capacidad de asombro, su alma comienza a extinguirse. Cerrar los ojos a las sorpresas cotidianas que nos reserva la vida hace que nos detengamos, que nos estanquemos, que dejemos de avanzar.
Es la capacidad de asombrarnos la que nos permite seguir descubriendo, cada día, la maravilla de la vida.

Expresar las emociones.

Dejar que broten libremente las lágrimas de la emoción, dar rienda suelta a la alegría, liberar el enojo, manifestar nuestra oposición, materializar esa caricia que surge como impulso en nuestro interior... Dentro nuestro albergamos miles de emociones que necesitan expresarse para mostrar lo que somos.

No dejar de soñar nunca.

Sí, es cierto, son los hechos concretos, las realidades materializadas las que cuentan para los demás, pero tan cierto como esto es el hecho de que si dejáramos de soñar comenzaríamos a morir.

Son los sueños los que nos impulsan tal como el viento impulsa a los veleros que se atreven a los más gigantescos de los mares. Son los sueños los que nos dan la fuerza que necesitamos para vivir cada día.

Mirarnos en el espejo con dignidad y sabiduría.

El espejo puede devolvernos tan sólo una imagen, la que aparece a primera vista, pero también puede hacernos reflexionar sobre lo que somos y lo que fuimos.

Mirarnos en el espejo, largamente, nos permite pensar en todo el camino recorrido hasta llegar a este momento, reconociendo errores y aciertos, recordando alegrías y tristezas, asumiendo que hemos aprendido mucho pero que todavía nos queda mucho por aprender.

Ponernos de pie frente a la vida.

Cuando, sin haberlo buscado, un huracán se abate sobre nosotros y lo desbarata todo, sentimos que la vida nos castiga injustamente. Podemos actuar de dos maneras: dejarnos doblegar y vivir lamentándonos; o asumir que somos fuertes y que debemos seguir adelante, aunque nos cueste más que nunca ponernos de pie nuevamente.

No perder la capacidad de aprender.

¡Cuánta soberbia se esconde detrás de las palabras de quienes dicen saberlo todo! Hay tanto por descubrir, tanto por aprender en la vida que no nos alcanzarían cientos de años para lograr saberlo todo. No perdamos nunca la capacidad de aprender, pues es la que nos mantiene en marcha.

**Cuando uno deja de aprender, deja de escuchar,
deja de mirar y de hacer preguntas, preguntas nuevas,
entonces es tiempo de morir.**

LILIAN SMITH

Recuperar los afectos que se perdieron con el tiempo.

Hay momentos en la vida en los que nuestra mirada se dirige hacia atrás y recordamos a aquellos que, por determinadas circunstancias, dejamos de ver. Aquellos afectos de otros años, de otras épocas, que siguieron un rumbo diferente al nuestro, pero que quedaron en nuestro corazón como el mejor de los recuerdos. Hay momentos en que necesitamos recuperarlos para recuperar esa parte nuestra que quedó allí, perdida en el tiempo. El esfuerzo valdrá la pena, ¿por qué no intentarlo?

Aprender a perdonarnos.

¡Con cuánta dureza nos juzgamos! ¡Qué poca piedad nos tenemos en algunas ocasiones! Es cierto, poder ver nuestros errores y reflexionar acerca de lo mal que actuamos es un buen signo de salud, pero también es importante poder perdonarnos para no permanecer anclados en el error, para poder seguir adelante, para seguir amándonos.

Propio del hombre es errar, pero sólo es propio del torpe permanecer en el error.

CICERÓN

Renacer de nuestras propias cenizas.

Las almas puras son indestructibles. Las almas que han vivido alimentándose de amor pueden arder en el fuego más abrasador y salir indemnes, renacer como la más bella de las aves y retomar el vuelo que la tragedia interrumpió.

Aunque no la veamos, aunque nos parezca que éste es el fin, guardemos el último segundo para descubrir que todavía nos queda un ápice de fuerza, la más potente, la más luminosa, aquella que nos hará renacer de las cenizas.

Vivir de modo de no arrepentirnos de aquello que no hicimos.

Puede suceder que miremos hacia atrás y encontremos una larga lista de proyectos que no hemos concretado, de decisiones que no hemos tomado, de iniciativas a las que no les dedicamos la energía que merecían, y que quedaron truncas. Pero también debemos saber que esto no sucedió porque nos quedamos quietos, sino porque elegimos volcarnos hacia otros proyectos, porque tomamos otras decisiones, porque otras iniciativas nos parecieron más válidas.

Reflexionar sobre nuestros errores.

Todos sabemos que quien no aprende de sus errores vuelve a cometerlos una y otra vez, y que para aprender de los errores es necesario reflexionar sobre ellos y sobre las circunstancias que hicieron que se cometieran. Hacer de cuenta que no sucedió nada y seguir adelante es sólo un signo de orgullo vacío, un signo de soberbia sin sentido.

Evitar a quienes buscan ofendernos.

A lo largo de la vida encontramos en el camino a cientos, a miles de personas, de aquellas que nos quieren y de aquellas que por alguna oscura razón que no alcanzamos a comprender intentan ofendernos. De nosotros depende tener la sabiduría suficiente para poder evitar a estas últimas o para poder responder con grandeza a sus ofensas, de modo de seguir adelante en el camino.

No tropezar dos veces con la misma piedra.

¿De qué sirven las crisis, los momentos de tristeza, los desencuentros afectivos, si no aprendemos de ellos, si no reflexionamos sobre lo que sucedió? Volver a caer nuevamente en una situación que nos causó dolor es como tropezar dos veces con la misma piedra, es el resultado de no haber aprendido la lección que nos tenía reservada la vida, es malgastar la maravillosa energía vital que tanto necesitamos para seguir caminando.

 Nunca se debe incurrir dos veces en el mismo error. Los errores deben servirnos de lecciones y convertirse en peldaños para conducirnos a una vida superior.

LUBBOCK

Dejar que la vida nos sorprenda.

Podemos dejar que cada día transcurra de manera mecánica, que la mañana suceda a la noche sin que nada nos ocurra, sin que nada nos conmueva. Pero también podemos vivir esos mismos días de otra manera, con los ojos y el corazón abiertos a la sorpresa y a la maravilla, con el alma dispuesta a la emoción de cada pequeño momento.

Aprender a comenzar de nuevo.

Nadie nos preparó para esto, en ninguna escuela nos enseñaron cómo se hace para volver a comenzar... sólo depende de nosotros. La vida nos somete a pruebas durísimas que son un verdadero desafío a nuestra capacidad de renacer. Pero son los momentos difíciles, precisamente, los que templan nuestro carácter y los que nos brindan aquella maravillosa lección: somos más fuertes de lo que creíamos y podemos comenzar de nuevo.

Saber aprovechar las buenas oportunidades.

Están allí, al alcance de la mano. Podemos verlas, están muy cerca. Tenemos presagios, avisos, alertas que se manifiestan de muchas maneras. Dejar pasar las buenas oportunidades de la vida, sin aprovecharlas, es lo mismo que dejar pasar ese tren que, sabemos, nos lleva al paraíso del amor y la felicidad.

Vivir las crisis como oportunidades de cambio.

Cuando nuestra vida entra en un período de crisis, en el primer momento no podemos pensar en nada más que en resolverla, en salir de ella y todo nuestro ser se enfoca en un solo punto. Pero, ¿por qué no detenernos un momento a pensar? En realidad, una crisis es, por más dolorosa que sea, una fantástica y valiosa oportunidad para cambiar el rumbo, para iniciar algo nuevo y positivo.

No resistirnos a los cambios.

Pretender controlar todos y cada uno de los acontecimientos que se nos presentan es, lo sabemos, imposible. En cambio, podemos relajarnos y estar dispuestos a vivir intensamente, sin resistirnos a los vaivenes, a las sorpresas que el destino nos tiene preparadas. Resistirnos a los cambios nos endurece hasta el punto de convertirnos en frágiles estatuas de cristal.

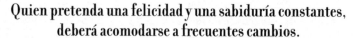

Quien pretenda una felicidad y una sabiduría constantes, deberá acomodarse a frecuentes cambios.

Confucio

Despertarnos con la sensación de que hoy puede ser un gran día.

La vida es maravillosa, pues nos presenta a cada instante una increíble gama de opciones. Podemos despertar cada día como autómatas, sin darnos cuenta de que estamos aquí, de que estamos vivos, y sólo durar. Pero también podemos despertar y abrir bien los ojos para ver la luz de la mañana, y sonreír ante lo que nos espera, preparados para disfrutar cada instante de un día que, creemos, será inolvidable.

Amar sin medida.

El amor que puede cuantificarse o medirse con una regla no es verdadero. El amor que puede calcularse en porciones, que puede dosificarse, no es verdadero.

Dispongámonos a amar sin medida, porque no hay medida posible para el amor cuando es puro, cuando es real, cuando, finalmente, abre sin permiso las puertas de nuestro corazón.

Saber detenernos a tiempo.

Hay algo que no nos convence del todo, hay algo que todavía no podemos nombrar, que sólo vislumbramos, que nos hace dudar acerca de algo o alguien. Cuando el corazón y la mente nos muestran estas alertas debemos saber escucharlas para poder detenernos a tiempo, antes de salir lastimados.

Aprender a administrar nuestra energía.

Cuando recordamos nuestra adolescencia o nuestra juventud una de las primeras imágenes que vienen a nuestra memoria es esa energía inacabable, infinita, que nos permitía hacer miles de cosas a la vez sin pausa y con prisa.

La madurez nos hizo tomar conciencia de que podíamos encauzar ese río caudaloso en aquellas iniciativas verdaderamente importantes, para que rindieran sus mejores frutos.

Luchar contra las adversidades sin rendirnos.

Cuando todo pase podremos sentarnos a llorar o a pensar en todo lo que sucedió. Ahora, en el momento en que la adversidad se cierne sobre nuestra existencia, debemos actuar sin pausa, sin rendirnos, con la mirada puesta en el futuro, sabiendo que podemos atravesar este momento y salir indemnes, con la fortaleza de nuestro corazón y la compañía de los que nos quieren bien.

Los golpes de la adversidad son muy amargos pero nunca son estériles.

Ernesto Renán

No malgastarnos.

Nuestra vida es tan valiosa y hay tantas personas a nuestro lado que realmente nos necesitan que es un sinsentido malgastarnos en proyectos que sabemos destinados al fracaso, en relaciones que nos quitan la energía y no nos aportan nada, en vivir anclados a situaciones que no nos permiten crecer. Debemos aprender a valorarnos, a querernos, a mostrar lo maravilloso que tenemos para dar a los demás.

Mostrarnos como realmente somos.

Aunque siempre habrá algo de nosotros mismos que no nos conforma y que deseamos cambiar, debemos estar orgullosos de lo que somos, de lo que hemos logrado, del largo camino recorrido con dignidad y valor. ¿Qué sentido tiene ocultarnos detrás de una máscara que, tarde o temprano, acabará por caer?

No ponernos trampas para amar.

Cuando el amor llega a nuestra vida lo hace como un torbellino, con la fuerza imparable del mar, con la energía arrolladora del viento que silba entre las montañas y agita las copas de árboles centenarios. Cuando el amor llega a nuestra vida lo hace para quedarse y llenarla de color y alegría. No le pongamos trampas, no dejemos que se diluya en el mar de las dudas y las sospechas. Vivamos para amar. Amemos para vivir.

Darnos siempre una nueva oportunidad.

La vida nos lo enseña a cada paso: siempre hay tiempo de dar una segunda oportunidad a quien se quiere. Y si sabemos cuánto nos queremos, ¿por qué castigarnos?, ¿por qué considerar que ya nada volverá a ser como antes? Aprender que debemos ser los primeros en darnos una segunda oportunidad es aprender a amarnos más y mejor, sabiendo lo que valemos como personas.

Asumir nuestros defectos.

Así como exponemos orgullosos nuestras mejores virtudes ante el mundo, con la misma franqueza debemos asumir nuestros defectos, porque son parte nuestra, porque con ellos se completa el universo que nos define como personas. Ocultarlos debajo de la alfombra no hace sino postergar el hecho de saber que existen, y trabajar para revertirlos.

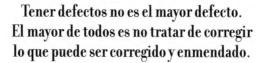

**Tener defectos no es el mayor defecto.
El mayor de todos es no tratar de corregir
lo que puede ser corregido y enmendado.**

ROQUE SCHNEIDER

Ser piadosos.

Con aquellos que sin querer nos lastiman, con los que poseen menos que nosotros, con los que necesitan nuestra ayuda… la piedad debe convertirse en un ejercicio de cada día, en un acto continuo de dar sin esperar recompensa, en una acción de amor que regresa a nosotros con más amor. La piedad llena el alma de luz y de esperanza en un futuro mejor para toda la humanidad.

Saber agradecer.

Cuando el orgullo nos ciega y no nos permite reconocer que hemos necesitado ayuda para superar un momento difícil, el alma se sume en la oscuridad más profunda.

Nunca es tarde para agradecer el amor que nos brindan, la mano amiga que nos ayuda a levantarnos. Nunca es tarde para agradecer a la vida por gozar del afecto y de la cercanía de tantos seres queridos. Nunca es tarde.

Conservar la inocencia de la infancia.

Los niños nos brindan la más maravillosa de las lecciones, y podemos aprenderla con sólo mirarlos: juegan y ríen, caen, se golpean y lloran, y un minuto después vuelven a reír. Los niños tienen a flor de piel esa inocencia que hace brillar su mirada transparente. Esa inocencia que, cuando nos convertimos en adultos, tiende a desaparecer, asustada ante el embate de las preocupaciones y las adversidades. De nosotros depende conservar la mirada franca, la sonrisa sincera, la capacidad de amar y sorprendernos a cada instante.

Asumir que tenemos miedo.

Cuando llega parece que lo hace para quedarse para siempre, y nos paraliza. El miedo no nos permite avanzar, el miedo nos detiene. Asumir que tenemos miedo es el primer paso para superarlo y, con calma y sabiduría, reflexionar acerca de aquello que lo causa, para intentar desterrarlo de nuestra existencia, y poder seguir avanzando.

Predicar con el ejemplo.

Podemos inculcarles muchos valores a nuestros hijos, podemos pontificar acerca del mundo y de cómo deberían ser las cosas, pero si lo hacemos sólo con palabras vacías de contenido, con palabras que no se corresponden con nuestras acciones, estamos simplemente traicionando a quienes nos escuchan, a quienes nos consideran un ejemplo, a quienes esperan de nosotros que vivamos de acuerdo con lo que pensamos, y con lo que sentimos.

Sentir orgullo de lo que somos.

Podemos vivir criticándonos, menospreciándonos, considerando que los demás son siempre mejores que nosotros… podemos vivir a medias. Pero la vida nos ofrece otro camino: vivir con orgullo de lo que somos y de lo que hemos logrado, de lo que aprendimos y de lo que enseñamos; vivir con orgullo, con ese orgullo que nos hace caminar erguidos, con ese orgullo sano tan cercano a la dignidad.

Vivir de acuerdo con nuestros valores.

Los valores que sostenemos son, para nosotros, pilares fundamentales de nuestra existencia. La lealtad, la solidaridad, la fe, el amor, la piedad, la esperanza son valores universales con los que todos estamos de acuerdo, pero que debemos enarbolar no sólo en los grandes momentos de la vida sino en cada instante de cada día.

Sostener los ideales.

Son la brújula que nos guía tanto en los días claros y luminosos como en aquellos oscuros y tormentosos. Son la insignia de nuestro barco, son la base y el motivo de todos nuestros actos. Perderlos de vista o, peor aún, traicionarlos, nos destruye como personas y nos convierte en seres vacíos.

Evitar herir a quien nos ama.

Cuando construimos una relación de amor depositamos en el otro toda nuestra confianza, y esa persona hace lo mismo, mostrándonos su alma desnuda, abriéndonos su corazón de par en par.
Podemos discutir, podemos pelear, pero lo que no podemos hacer bajo ningún punto de vista es utilizar ese conocimiento profundo, esa confianza ciega, para herir y lastimar.

Aprender a reconocer aquello que nos impide crecer.

Hay situaciones en las que nos vemos envueltos, o personas, que queriéndolo o sin querer nos impiden crecer. A veces por temor, otras veces por pereza, nos cuesta asumir que estamos estancados y reaccionar a tiempo para poder actuar en consecuencia.
Aprender a reconocer aquello que no nos permite crecer es el primer paso, el más necesario, para liberarnos de esas ataduras, para romper las cadenas que nos atenazan, y retomar el rumbo perdido.

Evitar que la tristeza endurezca al corazón.

En ciertos momentos de la vida la tristeza es inevitable, y debemos convivir con ella, asumiendo que existe, haciendo lo posible por superarla. Pero, además, debemos evitar que invada todos los momentos, que se instale para siempre, que rodee al corazón con un muro infranqueable. Si la situación que la generó queda en el pasado pero ella permanece a nuestro lado estamos cometiendo el peor de los pecados: no ser felices.

Recuperar el tiempo perdido.

Nunca es tarde para volver a comenzar, nunca es tarde para concretar ese sueño tanto tiempo postergado, nunca es tarde para decir adiós a la soledad y recuperar el tiempo perdido con un amor verdadero. Vale la pena volver a levantarnos, vale la pena sentir ese cosquilleo que creíamos perdido para siempre, vale la pena tomar conciencia de que seguimos vivos y de que tenemos mucho para dar y recibir.

No dejar para mañana lo que podemos hacer hoy.

Hoy es el día, éste es el momento, éste y no otro es el minuto preciso en que las estrellas están a nuestro favor, en que todas las circunstancias confluyen para que hagamos lo que sentimos que tenemos que hacer. No posterguemos la felicidad, no pongamos plazos a la posibilidad de vivir intensamente, no depositemos en una cuenta bancaria lo bueno que guarda nuestro corazón.

Dormir con la conciencia tranquila.

Ese sueño tranquilo y reparador, ese sueño que nos permite, precisamente, soñar y despertar a la mañana descansados y felices, prestos para enfrentar un nuevo día, sólo se logra si tenemos la conciencia tranquila, si nos vamos a dormir sabiendo que hemos hecho lo mejor posible, que no hemos traicionado, que no hemos herido, que hemos amado y aprendido.

**Ten buena conciencia y tendrás siempre alegría.
Si alguna alegría hay en el mundo, la tiene seguramente
el hombre de corazón puro.**

TOMÁS DE KEMPIS

No generar falsas expectativas.

Cada día, al levantarnos, debemos tener en cuenta que quienes nos rodean esperan de nosotros nada más ni nada menos que aquello que mostramos. Si lo que dejamos ver es una máscara mentirosa distinta a lo que somos en realidad, estaremos generando falsas expectativas que, tarde o temprano, se convertirán en fracaso y desilusión.

Prometer sólo aquello que podemos cumplir.

Sí, a veces amamos tanto que deseamos prometer el cielo y las estrellas, porque en esos momentos para nosotros no existen los imposibles, pero no olvidemos nunca que quienes escuchan nuestras promesas recuerdan todas y cada una de nuestras palabras, y esperan que las cumplamos.

Prometamos sólo aquello que creemos que podemos cumplir y guardemos coherencia entre lo que creemos que podemos y lo que realmente somos capaces de hacer.

Extraer el lado positivo de cada situación.

Aun en medio del barro podemos encontrar el oro. A veces el diamante más puro se esconde bajo toneladas de piedra gris e inerte. De cada situación, por dolorosa, por negativa que sea, podemos sacar un pensamiento positivo, una idea que nos haga ver que no todo es tan malo, que siempre hay un resquicio de luz, aunque estemos atrapados en la cueva más oscura.

Sugerir en lugar de imponer.

Podemos actuar por la fuerza, con prepotencia, arrasando con todo lo que se interpone en nuestro camino, sin discriminar a quién estamos dañando, imponiendo nuestro parecer. Pero también podemos recurrir al poder invencible de la ternura, al gesto que sugiere amable, a la sonrisa dulce que acompaña cada palabra. ¿Qué camino queremos tomar?

Hacer valer nuestras opiniones.

A fuerza de vivir y de acumular experiencias es que podemos dar opinión sobre aquello que nos interesa con conocimiento de causa, con argumentos que, aunque pueden llegar a ser equivocados, son válidos. Debemos hacer valer nuestras opiniones pues surgen de nuestra reflexión acerca de un tema, porque son la muestra cabal de lo que sentimos y de lo que pensamos, y no debemos dejar que nadie las desdeñe sin siquiera detenerse a escucharlas.

Dar sin esperar nada a cambio.

Cuando damos por el simple hecho de dar, cuando es nuestro corazón el que guía a nuestras manos para que brinden aquello que alguien necesita, cuando no esperamos la más mínima recompensa por nuestras acciones es cuando más recibimos. El premio a nuestras acciones, cuando son desinteresadas, es el más valioso: la paz del alma, el regocijo de un corazón solidario, la conciencia tranquila, el descanso reparador.

Hacer todo lo posible por cumplir nuestros sueños.

Pueden llamarnos locos o ilusos, pueden aparecer mil piedras en el camino, podemos desfallecer o sentir que es hora de retroceder. Lo que no nos podemos permitir es renunciar a nuestros sueños sin haber peleado por ellos, sin sentir que hemos hecho todo lo que estaba a nuestro alcance por concretarlos.

Aceptar el paso del tiempo.

Los años pasan veloces, mucho más rápido de lo que creíamos, y el tiempo deja sus huellas en nuestro cabello, que comienza a platearse; en nuestro rostro; en nuestro andar; en nuestras decisiones.

Podemos vivir el paso del tiempo como algo negativo, podemos considerar que no hubo nada mejor que aquella lejana juventud y vivir de añoranzas. Pero también podemos asumir que cada momento de la vida, cada etapa, tiene su brillo y su encanto propios, y que el paso del tiempo es nada más ni nada menos que la demostración cabal de que vivimos intensamente.

Impedir que el miedo nos paralice.

Quienes nos infunden miedo logran su objetivo si el temor nos paraliza. Aquello a lo que tememos no debe detenernos, sino hacernos reflexionar y conocer sus características y sus límites, para poder actuar en consecuencia, para poder seguir adelante con nuestra vida, sin negarlo pero sin dejar que nos impida vivir.

Reconocer nuestros propios límites.

Mostrarnos tal cual somos, con nuestras posibilidades y nuestras limitaciones, les permite a quienes se relacionan con nosotros de una u otra manera, saber qué esperar y no exigirnos en exceso.

Reconocer que no podemos con todo nos permite, a nosotros mismos, asumir que somos humanos, que tenemos defectos y virtudes, que tenemos limitaciones y que podemos trabajar para superarlas.

Rebelarnos ante las injusticias.

Si ahogamos en silencio nuestra protesta; si preferimos callar cuando vemos que se comete un atropello; si elegimos mirar hacia otro lado cuando cercenan los derechos de quienes forman parte de nuestra comunidad; si olvidamos que la rebeldía entendida como defensa apasionada de una causa justa es lo que mantiene encendido el fuego en el corazón comenzaremos a perdernos de a poco, a vivir sin ideales, a dejar que cada día transcurra sin un motivo que lo haga válido.

Esta sed de justicia, este hambre de lo justo, este desear, sin que puedan contenernos, lo que es bueno y lo que es bello, no se apagará jamás.

HÉCTOR INCHÁUSTEGUI CABRAL

Saber alejarnos de aquello que nos daña.

Hay momentos en los que nadie puede ayudarnos a tomar determinadas decisiones. Hay situaciones de las que debemos salir solos, con la fuerza y con la voluntad que sabemos que poseemos. Saber alejarnos de aquello que nos daña es, en realidad, aprender a cuidarnos, aprender a querernos. Es, también, valorar lo que somos y asumir que merecemos algo mejor.

Asumir las consecuencias de nuestros actos.

No podemos pretender que los demás se hagan cargo de nuestros errores, o que nos disculpen frente al mundo mientras nosotros corremos a escondernos debajo de la cama.

Así como la vida adulta nos da derechos y libertades, también nos obliga y nos da responsabilidades que no debemos ni podemos eludir si queremos hacer de nuestra vida algo que tenga sentido.

Aceptar que no siempre podemos ganar.

No somos invencibles, afortunadamente. Perder, aunque a veces nos llene de dolor y frustración, nos permite volver a levantarnos y sentir esa energía única y propia de quien renace de sus cenizas.

Saber que no siempre podemos ganar nos permite, también, valorarnos en nuestra justa medida, sin sobreexigirnos, sin sobrecargarnos, sin generar expectativas desmedidas.

Sentirnos satisfechos de lo que somos.

Porque luchamos para llegar hasta aquí, porque nunca bajamos los brazos, porque siempre nos guió el amor, porque nunca dejamos de aprender: tenemos muchos motivos para sentirnos satisfechos de lo que somos. Nos sobran los motivos para festejar el hecho de estar vivos.

No vivir de recuerdos.

Los recuerdos son fundamentales: nos emocionan, nos ayudan a saber cuál es el rumbo correcto, nos muestran quiénes somos y de dónde venimos, evitan que cometamos nuevamente el mismo error... pero no mucho más que eso. Lo importante es que vivimos aquí, ahora, en el presente más puro y que vivir de recuerdos del pasado no es realmente vivir. No podemos ser espectadores de un filme que nos muestra cómo fue nuestra vida. Debemos ser protagonistas de esta aventura que se filma a cada paso, en cada instante.

No quiero llorar sobre un pasado que ya no existe, ni soñar locamente con un futuro que no ha llegado. El deber del hombre se centra en un punto, el momento presente.

Napoleón Bonaparte

Sacar provecho de las lecciones que nos da la vida.

Cada situación, cada momento vivido nos deja una enseñanza, pero sólo de nosotros depende saber verla y cargarla en la mochila de las experiencias. Podemos pasar de largo, apurados, sin ver; o podemos detenernos un instante a observar y reflexionar. Como siempre, la decisión es nuestra.

Enfrentarnos a aquello que nos duele.

Cuando se nos presenta una situación difícil, de ésas que causan dolor y tristeza, no debemos mirar hacia otro lado, pues esto nos impediría enfrentar aquello que nos duele para que nuestro corazón y nuestra mente puedan hacer el proceso que necesitan para superarlo. El dolor que se posterga no se diluye en el mar de los recuerdos: queda pendiente, intacto, presto para regresar en cualquier momento, y con la más mínima excusa.

Estar dispuestos a volver a enamorarnos.

Sí, es cierto, las heridas del amor tardan mucho en cicatrizar y a veces no lo hacen nunca, pero la vida puede darnos una nueva oportunidad, y está en nosotros saber aprovecharla.
Sólo hace falta que tomemos conciencia de que esta vez va a ser mejor, porque hemos aprendido; y que asumamos que necesitamos de este amor como nuestro cuerpo necesita el aire puro, para respirar.

Vivir sin pensar en lo que opinan los demás.

La opinión de los demás es importante, porque necesitamos ese intercambio de ideas que nos enriquece y nos hace aprender; pero vivir pendientes de las opiniones ajenas ocupa todo nuestro tiempo y nuestra energía, y no queda nada, o queda muy poco, para ocuparnos de nuestra propia vida.

Saber decir adiós a tiempo.

Hay puertos donde nuestro barco no debería haber anclado nunca, pero era imposible saberlo de antemano. Fue necesario llegar a ellos para darnos cuenta, y ahora es nuestra responsabilidad saber decir adiós a tiempo, antes de que sea demasiado tarde, antes de que el daño sea aún más profundo. Dejemos que nuestro corazón nos guíe en la búsqueda de nuevos horizontes, que nos brinden la paz y la felicidad que nos merecemos.

No limitarnos a durar.

Pensemos en cómo nos gustaría recordar este momento dentro de muchos años. ¿Queremos vivir intensamente o sólo limitarnos a durar, a transcurrir, sin dejar huella, sin experimentar la más intensa de las pasiones?
No nos merecemos una vida gris, una existencia en la que los días se suceden unos a otros sin matices, sin brillo. Hagamos que valga la pena despertarnos cada mañana.

Derribar los muros que nos impiden mostrarnos tal cual somos.

Los convencionalismos, aquellas reglas no escritas que nos imponen gestos y conductas, de a poco van minando la pureza que hay en nosotros, aquellos rasgos que nos distinguen y que nos hacen únicos. Debemos estar atentos para no perder eso que nos define y hace que nos elijan de entre millones de personas parecidas. Debemos derribar esos muros que nos sujetan y nos mantienen encerrados entre prejuicios y leyes rígidas.

Aceptar que a veces no podemos solos.

A veces acometemos empresas cuyas dimensiones nos exceden, o nos envuelven dolores que parecen imposibles de mitigar. A veces sentimos que las fuerzas nos abandonan y deseamos rendirnos para siempre. A veces no podemos solos. A veces necesitamos ayuda, y debemos aprender a pedirla a quienes nos aman, con humildad, sin soberbia. Con sinceridad.

Evitar vivir pendientes del reloj.

¿Qué sentido tiene correr tanto? ¿Por qué ir de aquí para allá pendientes de los minutos, intentando cumplir con mil y una tareas? ¿Por qué no detenernos a meditar acerca de esta locura en la que nos vemos envueltos, de repente y sin buscarlo? La vida tiene un ritmo propio y maravilloso, que es el que nos permite avanzar pero, a la vez, poder detener la marcha para disfrutar del perfume de una flor, de la sonrisa de nuestros hijos, del cariño de nuestros padres, del amor de nuestro/a compañero/a.

No correr riesgos innecesarios.

Es cierto que el que no arriesga no gana. A veces es necesario arriesgar, cambiar de rumbo, dejar atrás determinadas situaciones para encarar otras nuevas y desconocidas. Podemos perder, es cierto, pero nunca nos arrepentiremos de haberlo intentado. Lo importante es que el riesgo sea el justo y necesario. Lo importante es no someternos a situaciones que nos desborden y nos excedan.

Escuchar al corazón.

Cuando la mente duda y no logra decidir el rumbo; cuando mil incertidumbres nos invaden; cuando nuestra cabeza se llena de palabras que no nos permiten pensar con claridad; es cuando debemos escuchar al corazón. Él es el que nos dictará el rumbo correcto a seguir, el que hará que pongamos lo que sentimos sobre la mesa, para actuar en consecuencia, siendo fieles a nuestra esencia, siendo leales con nuestro ser interior.

**Escucha, siente latir a tu corazón
y nunca jamás harás mal.**

Daniel Biga

Saber detectar a tiempo aquello que nos perjudica.

Sólo con la experiencia podemos lograrlo; sólo habiéndonos equivocado podemos aprender a evitar aquello que nos perjudica. Es por eso que debemos sacar provecho de cada situación, buena o mala, para aprender la lección que nos brinda la vida, para evitar un dolor mayor.

Aceptar los nuevos desafíos.

Se presentan mágicamente en todas las instancias de la vida, independientemente de la edad que tengamos. Nos demuestran que abrir puertas para descubrir nuevas posibilidades, nuevos mundos, es parte de la vida, de esa vida que merece ser vivida. Tener frente a nosotros un nuevo desafío y, por temor o pereza, no aceptarlo, es malgastar nuestra energía, es dejar de avanzar, es resignarnos a no crecer.

Rendirnos ante la avasallante fuerza de la pasión.

Cuando llega lo trastoca todo, invierte el orden de las cosas, las revuelve, las enloquece. La fuerza de la pasión nos avasalla y no nos pide permiso. Nos hace renacer, nos reinventa, nos hace sentir, otra vez, cada vez, maravillosamente vivos.

Aprender a decir que no.

Sí, es cierto, muchas veces cuesta decir que no. Hay algo en nuestro corazón que nos dice que quizás dejen de querernos, que al decir que no, corremos el riesgo de quedarnos solos, pero a la vez una fuerza oculta nos impulsa a expresarnos, a plantear nuestra oposición, a plantarnos como personas que tienen pensamientos y emociones propias.

Buscar siempre nuevos horizontes.

No podemos dejar de soñar, no podemos dejar de imaginar, de proyectar. Estar vivos es, en realidad, caminar sin pausa, buscando nuevos horizontes que nos colmen, que nos llenen de felicidad, sin menospreciar este maravilloso presente, que es el que nos permite volar en búsqueda de nuevos mundos.

Valorar lo que tenemos.

Pueden faltarnos muchas cosas pero no nos falta el empeño para conseguirlas. Podemos ambicionar tener determinados bienes materiales, pero esto no nos quita el sueño, pues sabemos valorar lo que tenemos, y lo que nos es más preciado: el amor, la dulzura, el afecto, la compañía. Somos millonarios en felicidad, y no nos importa nada más.

No llenarnos de obligaciones.

Las obligaciones son parte de la vida, es cierto, y mal haríamos en eludirlas. Pero llenarnos de obligaciones, vivir agobiados por un sinnúmero de responsabilidades sólo nos asfixia y nos impide cumplir cabalmente con todas. Dejemos un espacio para el disfrute, para el cumplimiento de los deseos, para soñar y fantasear.

Evitar atarnos a las cosas materiales.

A todos nos gusta vivir bien, rodeados de objetos bonitos y que nos hacen la vida más confortable, pero no debemos perder nunca de vista que lo esencial es invisible a los ojos, que lo verdaderamente importante no está en aquello que puede comprarse o venderse, sino en los afectos, en el abrazo, en la caricia. Atarnos a las cosas materiales nos hace perder de vista que el mayor tesoro está en nuestro corazón.

Lo que está delante de nosotros y lo que está detrás es poco importante comparado con lo que reside en nuestro interior.

OLIVER WENDELL HOLMES

Evitar ser excesivamente duros al juzgarnos.

Es sumamente loable que deseemos aprender de nuestros errores y que reflexionemos acerca de ellos, pero juzgarnos con excesiva dureza no sólo nos impedirá comprender qué fue lo que hicimos mal, sino que nos sumirá en la tristeza y la desesperanza. Seamos justos y piadosos, también con nosotros mismos.

Echar luz sobre las sombras.

El mejor camino para dejar atrás este momento oscuro y angustiante es comenzar a echar luz sobre las sombras, buscando el costado positivo de la situación, tratando de extraer el máximo posible de enseñanzas, viviendo el presente pero mirando hacia el futuro que, sabemos, será mucho mejor.

Ser claros cuando pedimos algo.

Es difícil que nos brinden lo que necesitamos si, por temor, timidez o vergüenza, no sabemos o no podemos expresarnos claramente. No está mal pedir un favor, no está mal manifestar un deseo, no está mal dejar que broten de nuestro corazón las palabras con que buscamos ayuda y consuelo.

No dejar pasar el tren de la vida.

Hemos pasado mucho tiempo detenidos en esta estación y ya es hora de ponernos en marcha. Nuevos pueblos nos esperan, rostros desconocidos pero amables nos recibirán. A lo lejos llegamos a escuchar el rumor inconfundible de la vieja locomotora que se acerca.

Ya llega, ya está aquí: el tren de la vida abre sus puertas y se detiene, y nos espera. Nuestra maleta es liviana porque la llenan sueños y esperanzas. Es hora de subir.

Saber que se puede.

Nuestras fuerzas flaquean y sentimos que estas nubes espesas y oscuras nunca nos dejarán ver el sol. Es difícil pensar con claridad, es difícil apostar al mañana envueltos como estamos en este torbellino que no nos deja pensar ni sentir. Son éstos los momentos en que debemos escuchar a esa voz tímida, tenue que, con inusitada firmeza brota de nuestro interior y nos dice que sí, que se puede.

**La adversidad descubre
al alma luces que la prosperidad
no llega a percibir.**

HENRI LACORDAIRE

Reconocer nuestras heridas.

No siempre hemos elegido el camino más difícil. Muchas veces nos atrajo más aquel sendero escarpado, en cuyo final creíamos adivinar un prado lleno de flores que, finalmente, se convirtieron en amargas espinas. Vivir es esto: arriesgar, no rendirse, ganar y perder, gozar y sufrir. Las heridas se convierten en cicatrices que reconocemos como expresiones reales y tangibles de que estamos vivos.

Asumir las responsabilidades.

Cuando tenemos un hijo asumimos una gran responsabilidad; cuando realizamos el trabajo diario asumimos una gran responsabilidad; cuando hacemos una promesa asumimos una gran responsabilidad. Las responsabilidades no tienen por qué ser una carga difícil de llevar si son la consecuencia de decisiones conscientes, tomadas con amor.

Confiar en el amor.

Si es verdadero, nunca nos traicionará. Si es puro, será el guardián más leal que pueda tener el alma. Si nos entregamos a él con alegría, nos colmará de momentos inolvidables. Sólo hace falta que confiemos, sólo hace falta que estemos seguros de lo que sentimos y de lo que sienten por nosotros, para disponernos a vivir el tiempo más maravilloso.

Seguir buscando respuestas, siempre.

La vida es tan increíblemente rica en su diversidad que nos plantea, a cada paso, miles de preguntas. Sólo de nosotros depende buscar las respuestas, y en esa búsqueda encontrar el sentido de cada día, el verdadero sentido de estar aquí, vivos.

Creer en las utopías.

Si no existen, entonces, ¿para qué creer en ellas? Si son sólo sueños que nunca se materializan, entonces, ¿para qué perseguirlas?

Las utopías sirven, precisamente, para caminar sin detenernos pues mientras lo hacemos, vivimos. Quien cree en ellas y camina para alcanzarlas nunca perderá la capacidad de soñar y de confiar en un futuro mejor.

No caminar en vano.

Hagamos que cada paso tenga un significado y un motivo. Hagamos que cada paso nos conduzca allí donde deseamos llegar. Y si nos equivocamos, sabremos que podemos cambiar de dirección y buscar un nuevo horizonte, pero también sabremos, al final del camino, que no hemos andado en vano.

Tratar de que el árbol no nos impida ver el bosque.

A veces dirigimos toda nuestra atención hacia una arista de un problema, sin tomar en cuenta que son miles las circunstancias que confluyeron para que viviéramos este momento. Debemos aprender a escuchar todas las campanas, a mirar el mismo asunto con otros ojos, a corrernos de lugar para que el árbol no nos impida ver el bosque. Sólo así hallaremos la solución que tanto anhelamos.

Hacer un pacto con nosotros mismos.

Podemos comprometernos a muchas cosas con aquellos a quienes amamos, pero si no comenzamos por comprometernos con nosotros mismos nada tendrá sentido. El pacto que firmamos ha sido redactado con esas pocas pero fundamentales palabras: no traicionarnos, no lastimarnos, sentir orgullo de lo que somos, criticarnos sin dureza, amarnos para amar y ser amados.

Disponer de nuestro tiempo.

Nuestro tiempo tiene un solo dueño: nosotros mismos. No dejemos nunca que sea un reloj tirano el que nos dice qué hacer a cada momento. No caigamos nunca bajo la mirada admonitoria de aquellos que buscan imponerse diciéndonos qué tenemos que hacer a cada momento. La libertad, esa gran palabra, debe guiar cada minuto que vivimos.

Aceptar que hay momentos de deriva y zozobra.

No siempre podemos controlarlo todo, no siempre podemos navegar por aguas calmas. Aceptar que hay momentos de deriva y de zozobra nos permite actuar como eximios pilotos de tormenta, firmes frente al timón para sortear las gigantescas olas, con la mirada puesta en el sol que asoma, tibio, en el lejano horizonte.

Seguir estremeciéndonos con cada beso.

Aunque el primero fue único e inolvidable, seguimos estremeciéndonos con cada beso, con ese diálogo intenso en el que sobran las palabras, en el que son los cuerpos los que se dicen, con su propio lenguaje, lo que anhelan, lo que esperan, lo que tienen para dar. Cada beso nos hace sentir nuevamente vivos, cada beso llena de intensidad el día que vivimos.

Levar anclas.

Todo está preparado. Tenemos alimento y bebida suficiente para esta larga travesía, y nos acompañan aquellos que tanto nos aman, y a los que tanto amamos. El viento de la libertad infla las velas de nuestro barco y la pesada cadena comienza lentamente a subir, trayendo el ancla que nos mantenía amarrados. Nos espera lo desconocido... nos espera el mañana.

**Creí que era una aventura
y en realidad era la vida.**

JOSEPH CONRAD

Evitar los pensamientos fatalistas.

Pensar que todo terminará mal o que nunca lograremos aquello que emprendemos es el peor boicot que podemos hacerle a la vida. La esperanza y el optimismo son las columnas que sostienen nuestros sueños. La pesadumbre y el fatalismo son las bombas que los destruyen. ¿De qué manera elegiremos, entonces, vivir cada minuto?

No dejar de querernos nunca.

Elegimos vivir así, con el corazón en la mano, brindándose a cada paso; con el alma despierta a la sorpresa y la ilusión; con la mente abierta a las preguntas; con el amor como bandera. Podemos equivocarnos, caer y volver a levantarnos, pero hay una fuerza interior que hace que nunca dejemos de querernos, porque ésa es la base sobre la que se asienta todo lo demás.